U0079439

啟動靈性開悟的六堂課

解密靈修者與靈乩

李生辰◎著

自序

因緣際會，步上「靈修」之途。順著老師引導以及同儕提攜，由懵懂而清晰，由疑惑進而領悟，漸能體會靈修的意義與奧妙。經過短暫六年時間，對靈修所探討的領域與課題，大致了然於胸。雖然靈修資歷尚淺，但每當感受靈氣震懾時，霎時目睹並非凡間景象，其形狀竟清晰可辨，栩栩如生，此情此景豈是人為意識所能造作。而與異界靈氣交感之剎那，明知所見是幻影，但竟如此真切，電光石火，時空交錯，何其有幸。因為靈修，結交漸廣，閱歷更豐，期間經歷了許多令人匪夷所思之事，玄之又玄，但也都只能意會難以言傳。

靈修者個人體會與靈修態樣各有不同，有人因受玄妙感召得蒙其益，進而奉獻畢生財力、物力，開堂建廟，宣教護法，帶班授徒。也有人自命不凡，聲稱通真達靈可與神佛交往，說得頭頭是道。更有人瘋狂迷戀，幾乎廢寢忘食，總想探求深不可測、永無止境的靈異世界。當然有人靈修經久仍難參透，無法與他人感同身受，只能艷羨而「拿香跟著拜」。不過更有人認為，靈修不過修心、修性，此為尋常之人本即當為，何須煞有其事般裝神弄鬼。而假靈修之名，為非作歹，既污衊了神明聖名且害己害人者亦有之。

靈修或靈修者所進行的各種學習與實踐，大都是為了淨化自我的心性或靈魂，期望能使之完美並達永生境界，以免除無休止的生死輪迴。靈修的屬性，若按其意識及形貌，很容易被歸類為宗教範疇。因為在一般的印象及實務上，導入靈修的時機與場合多在「道場」。基於宗教本是在為心靈服務，因此在某種程度上，靈修確實是藉由宗教途徑為自我的心、性、靈找歸向。換言之，靈修者往往依循宗教的方式或途徑，使自我內心淨化、純化，本性善良、慈悲，靈魂聖潔，言行寬厚、仁德。但靈修未必僅侷限於宗教的門徑，自我良知與理性的發揮，有時也不一定要透過宗教。

靈修的底蘊，乍看似屬於宗教領域，但其實應該是宗教、人生哲理、倫理道德的整合。如將靈修及靈修者所研修定位於宗教範疇，容易專注對形而上之探究，忽略靈修內涵在日常生活上應有的實踐，減低了靈修的意義與價值。靈修既是勉人勤修心性，又要求心性與言行合一，其理論與實務均應廣受世人接納。果真如此，靈修之事應有千百個好，但有時卻遭致負面評價。事端之所以迭生，是靈修者個人對靈修認知與理解能力不足，還是指導靈修之人心態與技巧的差池。想是必有其一，或兼而有之。

靈修者多如過江之鯽，但能確立靈修目標，心中自有定見，不憂不惑，悠然自在地修行，仍舊少數。所謂：「人身難得，中土難生，正法難遇，真師難逢」。降臨世間、生在這個國度、找到正確修行法門、遇到能真正指導的明師，利於修行的四個條件能夠齊備是很難的事。雖然如此，但仍有幸運者。個人既有幸置身靈修之門，渥蒙萬方法雨恩澤，非僅得探靈修之奧，亦得以略識靈修之妙。茲不揣淺陋，謹將自我靈修歷程所累積心得，詳加對比蒐羅自先進、先知的體會與感悟發而為文，望能助益孜孜不倦行進於靈修道途者。

作者自忖才短思澀，無妙筆生花之能，通篇並非字字珠玉。但本書寫作時，用字遣詞力求通俗易懂，在整體論說上，也試圖簡明扼要；在個別議題闡釋上，則盡量深入淺出。由於並未設定閱讀對象，不論讀者對靈修有多少認知，作者都企盼本書能發揮以下功能：

一、讓未曾接觸靈修者，或起心動念嘗試靈修者，除了明瞭靈修之意義與目的外，也能理解靈修的內涵與途程並予以客觀評價。

二、讓已接觸靈修者對照其所知、所識，除了明確靈修的定位，並希望藉本書之分析廓清盲點，重新審視自我靈修的目標，以確立應有的靈修心態。

三、讓已深入靈修者驗證其所學、所習，並藉本書所論述增益其信念，以期形成完整靈修理論，逐步建構自我的靈修體系。

靈修應順心隨緣，靈修者也應適情、適性。順心是依我心之自然，不生急躁，不起煩惱；隨緣是沉靜以對，得失自若，來去自如，絕不強求。而適情則是心情愉悅，身心保持平衡，工作、家庭兼籌並顧；適性又是隨遇而安，遊刃有餘，收放自如、瀟灑不羈。唯有如此，靈修道途始可長可久，靈修之心才現喜悅。願祝福所有靈修者，並共勉之。

目錄

第三章　靈修者與靈乩之進程

緒論

人類對延長生命的渴望，自古迄今從未終止。我國古代道家中的「方士」，他們想方設法修道煉丹，目的就是為了追求生命長存與天地同在。但生、老、病、死是自然法則，人的生命終有盡時，此一事實無法違逆。浸至道教開展，遂改弦易轍，著重修練「精、氣、神」的修真之術，以圖肉身死亡後的「生命」得以永生不滅。至於佛家則以持戒修行的途徑，勉人謀求了生脫死，斷除輪迴之痛苦，到達不生不死的涅槃境界。因此，不論道、佛家面對人的死亡，其所能追尋者，乃生命終了、肉身了無生氣之後的永生。

「離開塵世」是人們用以淡化生命終結之哀戚，以及模糊對死亡恐懼的說法。此一說法也導引出一個意象，人死後另有去處。換言之，人有今生與來世。人們相信生命在人世間終結之後，會走入另一個世界—來世，並接續其之前的生命—今生。至於會走入什麼樣的來世，以及如何接續，宗教（家）宣稱係依據個人在今生的是、非、善、惡做評斷。姑且不論這種說法具有多少真實性，祈望獲得美好的來世，成為宗教鼓舞人們在今生應一心向善、厚德植福、累積功德的著力點。

如同今日是昨天的明日，今生亦等同於前生的來世。佛教有過去、現在、未來的三世因果論，認為人是由前生接續轉世而來，並藉「六道輪迴」之說描繪來生的景象。六道輪迴論今生與來生之相續，以因緣果報為基礎，此說雖未必能令人人折服，但已深入人心：⑴六道輪迴區分「善道」、「惡道」，各道苦樂懸殊，提供人們六種自我來生的選擇。⑵輪迴意味著死生交替，前生、今生與來世不斷地重複，好像車輪般旋轉不停。⑶世間一切眾生皆不出輪迴，無一幸免；今生死於此道，來世或再生於（自）此道，或生於（自）彼道，離不開因緣果報。⑷六道輪迴的目的在警醒世人，未必生生世世皆可為人，今生善、惡種其因，來生所受是其果；有因必有果，因果報應，絲毫不爽。⑸趨吉避凶人性使然，寄望來世不致沉淪於惡道，個人在今生則應積極調整心性，極力抑惡揚善，並以此為出發點，經久不斷地努力，以期最終免除來生再入輪迴的苦難。

對於生死相續，今生與來世之論，道教則另闢蹊徑並認為：只要經過不斷地修練，可以使人不老、不死，乃至上登神仙世界。道教提出的清心寡慾、形神俱養之術，教人逐步修練以求性靈超脫凡塵，身心逍遙自在，精神與天地融為一體，終至長生不死，得道成仙，此為道教的來世對策。

為緩解人對死亡的恐懼而尋覓定心法，為生命從今生進入來世幸福之門找鑰匙，各個宗教都開出良方。宗教的指向，不僅在鼓舞人用心經營生命，也在撫平人對死亡的惶恐，更在滿足人對永生的想望。確實，接納宗教所研擬對策，令許多人淡化了面對死亡時的不安，使彼等既能欣慰度過餘生，心中也懷想著自我果真能躋身美好來世。

宗教對美好來世研擬的絕佳對策，其實就是一套調整人生的途徑，也就是俗話說的安身立命之道。依宗教家的觀點，平安度過今生並擁有美好來生的方法，可以用簡單一個字代替，就是「修」。由於教義及對來世立論的分別，修的內涵在佛教以修心、性為主，至於道教則不僅要修心、性，凡是構成人的物質與非物質部分都列為修的範疇。

析論修的內涵，佛、道兩家之說，恰好與儒家思想不謀而合。儒家所強調的，正是止於至善的自我修養，同時著重社會生活的人倫義理，漸而擴及自我與天地的和諧關係，達到天人合一的理想境界。因此，儒、道、佛三家對修的主張，雖各有特色，但在如何追求自我寧靜的心境，並進而與天地、自然融合一體，以期創造圓滿人生，既屬殊途同歸又產生相輔相成的效應。

人的生命是由身體與靈魂所構成，古今中外都持相同論說。身體的死亡既然不可免，因此追求永生只能寄望於靈魂。靈和魂的涵義雖有不同，但合為一詞，並經常單以「靈」一個字表稱靈魂。靈魂屬於生命體中非物質的部分，被認為是生命的核心，主宰著人的一言一行。人在死亡後，身體雖已無氣息，但靈魂據信仍未消滅並有其歸屬，或者為鬼魂，或者為神靈。

「靈」字的本義為事神的女巫，古代楚人稱跳舞降神的巫為靈。此外，靈也有靈魂、神靈、心靈、精神、聰明等意義。「修」是廣義字，其字義為整治、學習、鍛鍊、培養、使完美等。「靈修」一詞源於基督宗教，顧名思義是指今生修習、修養自己的靈，使其昇華並使之具有神性，不致在死後(來世)沉淪。但靈魂既附屬於人身，所以靈修就是人的修習、修正、鍛鍊。這種修習包括內在心性、靈魂、精神的學習、培養和鍛鍊，以及外在言行舉止的完美化。此一修習的過程，既淨化了自我心性和靈性，又深化了人與神的關係，使人得以在死後順利進入神的國度。

道家始祖老子主張：「致虛極，守靜篤」；「見素抱樸，少私寡慾」；「常能遣其慾，而心自靜，澄其心而神自清」，莊子則有「心齋」、「坐忘」之說，此皆為道家靈修意識的發軔。而佛家的「禪定」、「坐禪」，也是靈修的法門。雖然義理不盡相同，但靈修的核心要旨與目標並無太大差異。靈修者依循宗教的引領，不僅只信奉教規、戒律，更重要的是在生活上調整其言行，純化其心性，淨化其品德操守。而藉著靈修的思維及其途徑，靈修者也徹底清淨了自身內、外，為其進入永生(道家)，終止生死輪迴(佛家)開啟了大門。

綜合而言，靈修是一項自我人生的改造工程，是在為自我進入來世預作籌謀。由於人在死後肉身已腐敗，如果仍能「存在」，祇得是「非物質」之狀態，謂之「無形」。此一存在或與鬼，或與神為同一境界。換言之，人在生身死亡之後，非物質部分可能是（成為）鬼、是神，並依其生身之時的修為而定。生身時不但無所修為，乃至於無益於世人，為非作歹，死後當成鬼並入輪迴之惡道；生身時能有修為，為人稱頌不止，死後或可成神並擺脫惡道。

故論述靈修之意義，不僅在探討人應如何過渡今生，往往也會旁及人因靈修而得以順利跨越至來世，以勸勉、鼓勵靈修者。時下坊間習俗，對離世親人骨骸多行火化，使人死後即渺無蹤跡，如此一來人在無聲無息後也無形無象，充分展現了何謂無形。民間所說的無形界，指的是鬼、神所在。確實，說靈修、論靈修不免要圍繞鬼、神所在的無形界，這不但是一個極端神祕的境域，也是一個玄妙而不可捉摸的世界。也因為如此，所以靈修確有其引人入勝之處，千古不衰。

靈修因為不免涉及鬼、神，於是便存在著「誤區」，很多靈修者以能否感應或感知鬼、神，而論定靈修已達層次，或者「功力」高低。鬼、神之事難有絕對，常有言人人殊，各執一詞，各抒己見之現象。鬼、神之事，既莫衷一是，其論調、認定的確也沒有絕對權威，從而不須過分誇張其玄妙無形力量，但亦不宜低估神祕不測之處。人應以平常心看待鬼、神，虔誠、敬謹以對，認為確有其事、確實存在，鬼、神所在的無形界是與人所在的陽世並存之世界。

靈修者心中應該先放下鬼神之想，專心自我的修為，修養自我心、性、靈、氣，乃至於體魄，這才是正確的靈修心態。人生苦短，豈止文人墨客留下動人心扉之悲歎，人人在垂暮之年都會傷感，回首前塵，不勝唏噓。臨老之際，人既感傷歲月有限和生命的逐漸凋零，又感嘆生命的空虛。風燭殘年，體弱色衰，總想能夠再抓住些什麼，但又遍尋不著。

靈修能使人淨化心靈，安定心緒，傾聽自我內心最孤寂的聲音，認真省思如何鋪排未來的歲月，並坦然面對人生的終極旅途。靈修既能精進為人處世的風範，圓融人倫義理，培養祥和恬淡的心境，也能使人深切體認人生的終始都是因緣和合，緣聚則成，緣滅則散。所以，進入靈修領域以及身處靈修行列，或可使人在面臨生命的無常變化時，反而能處變不驚，順天安命，為自我人生劃下完美句點。

第一章

靈魂與生死論

人的生命終須面對死亡，此一不可改變的事實及深埋內心的恐懼、無力感，永遠困擾著人類。不論生就貧、富、貴、賤，愚、智、美、醜，死亡對任何人都絕對公平，毫無例外。自古以來，祈求長生，希望擺脫死亡，即為人類的夢想。在古代，能長生不老乃至不死、永生之人，被稱為「仙」或「成仙」。晉朝葛洪（二八四—三六三年）於其所著之《抱朴子・論仙篇》曰：「若夫仙人，以藥物養身，以術數延命，使內疾不生，外患不入，雖久視不死，而舊身不改」。如此說來，神仙方藥或成仙之術在古代似乎煞有其事。

穿梭生死間

除能長生不滅、永不死亡外，仙也被形塑成極虛靜、超脫自在、不為物累，並能騰雲飛行及幻化身形。史冊、典籍中不乏古人尋求仙丹妙藥以圖長生之傳述，而擁有無上權威的帝王更汲汲鑽營此道。《史記・封禪書》載：「自威（齊威王）、宣（齊宣王）、燕昭使人入海求蓬萊、方丈、瀛洲。此三神山者，其傳在勃海中……蓋嘗有至者，諸仙人及不死之藥皆在焉」。神仙可求、不死之藥可得之說實在誘人，在方士極力遊說之下，秦始皇就曾三次遣徐福往海上尋覓不死仙藥。西漢武帝也相信方士之言，熱衷於求仙。

平心靜氣看生死

古代的仙方、仙藥和祕術（通稱方術），其目的都希望能使人永遠維繫生命，免除死亡。方術設法藉由兩種途徑使人長生：其一，尋找各種礦、植物等配置藥方，使人服食後得以益壽延年。其二，積極研究、尋找自身的命門，勤加修練，以規避死亡的降臨。方士用爐鼎燒煉含鉛汞等礦石，以配製維持長生的金丹，此一過程稱之為煉丹術、金丹術、燒煉術，而為了與之後的人身修練區別又被稱為外丹（術）。含鉛汞等礦物煉製而成的紅色或丸狀藥物，古人認為服食後生命能長存不死，羽化成仙。但其實服食含鉛汞藥物並不利於人的身體，於是漸被捨棄。唐朝以後，修練養生之術著重在鍛鍊體內行氣和導引呼吸、吐納為主，稱之為內丹。內丹以人身做丹鼎，以精、氣為藥物，以元神為運用，經一定的練養步驟，使精、氣、神在體內飽而足、旺而盛，凝聚不散，結於丹田，以求逆修返源、長生駐世。至此，內丹修練遂取代外丹術。

雖然神仙之說普遍流傳，成仙之想深入人心，而神仙修養也似乎有其方，但人仍應回歸現實。晉朝陶淵明（約三六五—四二七年）曾詠詩：「三皇大聖人，今復在何處？彭祖愛永年，欲留不得住。老少同一死，賢愚無復數」。「五柳先生（陶淵明號）」之意有二：⑴有生就有死，這是生命的必然事實。⑵生命無長短之分，死亡亦無身分之別。

延長生命、抗拒死亡雖是人類的理想，但生命的規律是造物者的安排，任何生命（物）都要歷經出生、成長、衰老和死亡的過程。人人都期望長命百歲，然而未必能從己願。相較於過去，人類的壽命已日漸增加。昌明的科學、精進的醫療技術，已然有助於現代人類延長生命。過去人們常說：「人生七十古來稀」（唐・杜甫《曲江》詩），現在則有：「人生七十才開始」的說法。

晉朝嵇康在其《養生論》中說，人類的自然壽命（天年）是一百二十歲。當前國人的平均壽命雖已超越七十九歲，但個人的生命期限未必與此相等。古人認為：「人生而命有長短者，非自然也，皆由將身不謹，飲食過差，淫泆無度，忤逆陰陽，魂神不守，精竭命衰，百病萌生，故不終其壽」（梁・陶弘景《養性延命錄》）。

除古人所述，一般與個人生命長短相關的因素或為：(1)遺傳基因；(2)先天營養狀況；(3)出生後的營養供給；(4)居住及生活環境；(5)自我體能鍛鍊情形；(6)從事職業；(7)心理狀態；(8)勞動環境；(9)醫療保健；(10)避免突發事件的能力等。雖然如此，但仍有人驟然喪生，其致死原由則令人費解，旁人遂以死者「沖煞」、「（遇）兇神」、「命歹」、「運衰」等言之。因此，人的生命隨時也可能畫上休止符。

《說文解字》對「死」的解釋為：「死，澌也，人之所離也」。澌，各書皆解釋為「盡」，也有解釋為分、離之意。據此，死可定義為：「個人生命結束並與世長辭」。傳統上，死亡的定義為：「心跳停止且無自主性呼吸運動」。由於此種認定已有爭議，美國哈佛醫學院特設委員會於一九六八年把死亡定義為：「不可逆的昏迷或腦死亡」。近年以來，腦死亡已經成為判定人死亡的準則之一。關於腦死亡，其特徵為：(1)對外界刺激完全沒有反應；(2)沒有呼吸和活動，包括人工呼吸器停止三分鐘後仍無自主性呼吸；(3)完全缺乏反射功能，瞳孔對光並無反射且呈擴散；(4)腦電圖平直（無腦電波顯示）；(5)二十四小時內重複測試仍呈以上特徵；(6)去除體溫低於32℃的低體溫患者，和因藥物濫用而至深度中樞神經抑制的患者。

凡是生物都有死亡之期，這是生命的必然現象，也是生命的基本特徵之一。人雖然貴為萬物之靈，但依然要面臨死亡，既不可能被替代，也絕對無法逃避。人何時會死亡無從得知，因為突發的意外隨時會致人於死。就人而言，生命的死亡有以下特性：⑴不可逆性─生命一旦死亡，肉體無法再復活；⑵無機能性─一旦死亡，所有生命的機能均停止；⑶普遍性─死亡是公平的，所有的人都會遭遇；⑷原因性─導致生命死亡的原因，必有其「自發因素」或「外力因素」。

戰國時荀子曾曰：「人之所欲，生甚矣；人之所惡，死甚矣」（《正名篇》）。戀生懼死是人的本能，也是人類普遍的心理。人們以「過世」、「去世」、「逝世」、「辭世」等做為「死亡」的同義詞，就是希望減弱死亡令人恐懼的面貌，但此並無助於改變人們對死亡的刻板印象。《抱朴子．地真篇》曰：「生可惜也，死可畏也」。人對自己面臨死亡會顯現出極端惶恐，對他人面臨死亡則以無奈對之。能無畏無懼、坦然正視死亡並接納之人，少之又少。人在生命臨終之際，心中定然感到不安、焦慮和恐慌，因為人生幸福美滿，太值得珍惜眷戀了。死亡除了意味著將不再有明天外，更意味著將使自己與所愛的一切永別。

人之所以懼怕死亡，也許有時並不是對死亡的無知，反而是對死亡的理解或帶著想像。死亡之所以令人焦慮和恐懼，是因為：⑴臨終過程的軀體痛苦，以及因懼怕此種痛苦所帶來的心理惶恐；⑵我們設想自己死後仍然有意識、有感覺，而軀體和心靈卻處於被幽閉、隔離、棄置，或在某種長期的刑罰情境下；⑶我們將被迫切斷所有的情感聯繫，失去所有的關愛、慰藉與保護。

人如果真能坦然應對死亡，接納死亡的必然性，並以不同的心態看待死亡，或許可以開拓自我生命的新視野。如何在心理上克服對死亡的恐懼？有宗教學者認為：⑴如果生命只會不斷地老化卻不會死亡，那才是最可怕的事情。因此，死亡對生命而言，是必要而有意義的。⑵死亡絕非是萬劫不復的可怕深淵，沒有死亡的人生是無法忍受的，它讓生命得以休息之後再出發。⑶死亡只是生命的一個轉換階段，絕對不是墮入終結，而是邁向另一個嶄新的開始。⑷換一個角度來看，因為有死亡期限的警惕，吾人的生命才會活得更為積極而充實。

哲學、科學及宗教家對人在死亡降臨時的探討，都各有說法與見解。在「瀕死經驗」（Near-death experience,NDE）的報告中，瀕死經驗者對死亡都有深刻感受。依瀕死經驗者的報告，彼等對面臨死亡最突出的核心感受為：⑴意識離開身體，飄浮至空中，看到自己垂死，甚至眼見醫護人員對自己進行搶救，或聽到相關的聲音；⑵看見一黑暗隧道，並從其中望見盡頭為一片白色的光芒；⑶感受如釋重負的寧靜、平和及解脫，甚至帶著欣慰狀態。但人在死亡之際的情景，目前尚未形成一致說法，也未有定論。從而，死亡的面紗依舊未揭，其景象也仍撲朔迷離。

人在死亡之後究竟如何？我國古人的說法，人是由軀體和靈魂兩者合而為一，人的生命雖已告終，即便死後軀體也已在土裡腐蝕殆盡，但靈魂卻依然存在並未毀滅。《禮記・檀弓篇》云：「骨肉歸復於土，命也。若魂氣則無不之也，無不之也」。古人認為，人死後靈魂會和祖先在一起，而他生前過怎樣的生活，死後也一樣過著這樣的生活。

相信人死後靈魂仍存在，此一見解在我國起源甚早。人類學者挖掘先民生活遺址，相應的葬儀驗證了靈魂不滅的信仰。這是先民智慧初開之際，對人在死亡之後的普遍、共同想像。經考古學者考證，生活時代約為一萬一千至八千多年前的山頂洞人死後，屍體仍埋在生前居住的洞穴內。因為他們相信，死者的靈魂冥冥中仍和氏族一起生活。而代表夏（朝）文化的河南偃師二里頭遺址，部分墓葬中有豐富的陶製「成套禮器」陪葬，考據認為這是供人死後的靈魂繼續使用。

古埃及人也極重視墓葬，因為他們也認為死亡是生命的間斷，而不是終結，人死後靈魂依然存在。為了使靈魂能有歸宿，古埃及的法老王們也都曾費盡心機，窮盡人力、物力，構築自我死後的生活世界。

人對未曾經歷之事總是心存寒慄，古人靈魂不滅的說法，未必僅止於緩解自我對生離死別的哀淒，有時也在安撫人們內心對死亡的不安與焦躁。「且夫深入九泉之下，長夜罔極，始為螻蟻之糧，終與塵壤合體」（葛洪《抱朴子》）。人在死亡後埋身土裡，不見天日，長夜漫漫，肉體逐漸腐爛，先是受蟲蟻啃食，最後只剩枯骨，想起來確實令人不寒而慄。

為了化解面對死亡的惶恐，教導人們如何在意識上對抗死亡、超越死亡，宗教（家）乃應運而生，並將靈魂不滅之說納入教義。靈魂不滅之說的意義在於：⑴人的靈魂如果能不滅，就不怕生命在死亡時即停止、消滅，自然就不會那麼懼怕死亡。⑵人的靈魂如果能不滅，意味著死亡之後，還有持續的「生命」。⑶人毋須在乎肉體的死亡，應追求靈魂的永生。

在天主教就宣稱，死亡並非生命的終結，而是進入永生的門徑，是出離肉身與主同在。「我們坦然無懼，是更願意離開身體與主同住」（《格林多後書•五—八》）。天主教認為，死亡是人由現世轉入來世的分界。人生分為兩部分：第一部分是人的靈魂和肉身結合為一，即現世所過的生活。第二部分是人的靈魂離開肉身，由現世轉入來世的生活。人在現世，肉身因年老力竭，或因重病失去了功能，靈魂便脫離肉身轉入來世，這時肉身便宣告死亡。人的靈魂在離開肉身後，要到天主臺前受審判，賞罰他在生時的功過。因此，死亡的只是肉身，靈魂並未死亡。而基督教也有，人「死後（會）復活」並接受上帝「最後審判」的論述。

佛教所建構的「死後世界」景象，更在表達「死亡」不是「生命」的消失，而是另一個「生命」的開始，唯另一個生命所存在的境界，則另當別論。至於道教因崇尚神仙信仰，聲稱人可以透過「形神雙修」的方式，到達靈魂不滅的「神仙境界」。神仙可分為兩種，一種是先天即有的，一種是由人（死後）晉升的。道教對修練成（神）仙以及其境界的陳述，強調個人死亡之後仍可延續其生命，並由「有限」而至「無限」。

生死相隔在一線

生與死之間隔、差異、判定，有時僅只一線間。確實，對人生或死的認知（定）有時就只在一線之隔，就憑一口氣而已。《管子・樞言篇》：「有氣則生，無氣則死，生者以其氣」。在道家，生命被認定是「氣」的一種存在形式，而生與死之間的轉變實際上也是「氣」的聚散變化。《莊子・知北遊》曰：「人之生也，氣之聚也，聚則為生，散則為死」。當然，道家所指涉，聚之使人以生，散之使人以死的「氣」，不僅只是呼吸至人體內的「（空）氣」。

除了「氣」的聚、散外，某種過程的轉化也被提出，輔以標誌人的生與死。《高上玉皇胎息經》云：「氣入身來謂之生，神去離形謂之死」。神即元神，也就是俗稱的靈魂，形則指身體。《胎息經》曰：「若欲長生，神氣相注。相注者，即是神氣不相離」。《太上老君內觀經》亦云：「氣來入身，謂之生。神去於身，謂之死」。「神去於身」即靈魂出竅，又稱靈魂出（脫）體。從而，古人也以靈魂是否離開肉體，界定人之生死。

靈魂出體，在瀕死經驗者常見。瀕死經驗或臨死經驗，是一種在接近死亡時，一些人所經歷的現象與所見景象。瀕死經驗者在靈魂出體後，其所經歷現象與所見景象包括：⑴看見天堂或地獄，看見親人，看見宗教人物或上帝；⑵看見超我和超時空的景象，回顧自我一生的生活；⑶看見其他超驗的景象。瀕死經驗者多數有「靈魂脫體反應」，其生理上先是感覺：

肉體所承受的痛苦，真如佛經描述之「四大剝離，如生龜剝殼」，那種痛楚是生前任何苦痛所不及。其次，脫體反應之情狀便接著出現：看到兩個自己，靈魂高速移動或往上飄移，這時擺脫身體痛苦，心靈異常平和；所到的空間比「伸手不見五指」還黑暗，或是有彩霞、雲海、金色光芒；另一個世界的人面目都不是很清楚，彼此都不講話；有些人會出現如同電影般快速倒轉影像，在很短時間回顧一生。

就瀕死經驗者而言，靈魂脫體的過程近似經歷死亡。依其現象，靈魂脫體的類別為：⑴暫時離體，會出現夢境、影子、失神、疾病等；⑵靈魂寄存於身體某一部位，或寄存於他物中；⑶靈魂永遠離體，人便會死亡。靈魂脫體並經醫學判定已死之人，其生命現象雖已消失，有時竟能還魂而復生，此亦偶有所聞不足為奇。以靈魂是否脫體做為生死的界定，顯然並不可靠。但靈魂若永遠脫體，去而不復返，即應為生命（肉體）之死亡。

靈魂究為何物？來自何處？與中國古人見解相同，基督宗教也將「人」劃分為靈魂與軀體兩部分，而靈魂又分為「靈」和「魂」。人類的「靈」來自上天，有別於其他生命體，使人類表現出智慧或理性。「魂」即是生命力，是血肉的反射意識，所有生物都有。因此，基督教有「人類是萬物之靈」的說法。基督教神學中，認為靈魂有三種起源：⑴靈魂創造說──此說認為，每個人的靈魂是在母體成胎或出生時由上帝創造的；⑵靈魂先在說──人的靈魂是預先存在的，而其先前存在的狀態以及所經歷過程，即現在靈魂的狀態；⑶靈魂傳殖說──人

的靈魂乃隨著肉體的出生而繁殖，因此是由雙親一直傳給兒女們。

我國古人認為，靈魂分為「魂」和「魄」，而魂與魄二字連用首見於屈原的《國殤》。所謂：「身既死兮神以靈，魂魄（剛）毅兮為鬼雄」。綜合古人的見解，魂魄的意義分別為：⑴魂魄的來源─魂、魄是人與生俱來的，「本從形氣而有，形氣既殊，魂魄亦異」。⑵魂魄的性質─魂、魄均是一種無形的介質，存在於人體之中。魂從神，是氣；魄從形，是靈。⑶魂魄的功能─魂主精神，而魄主身形。「附形之靈為魄，附氣之神為魂也」。⑷魂魄的比附─就魂魄兩者而言，由於「魂附於氣，氣又附形」，以故「魂以氣強，魄以形強」；「形強則氣強，形弱則氣弱」（唐・孔穎達注疏《左傳》）。⑸魂魄的屬性─魂屬陽氣，魄屬陰靈。《說文解字》曰：「魂，陽氣也；魄，陰神也」。《大戴禮・曾天子圓》亦云：「陽之精氣曰神，陰之精氣曰靈」。⑹魂魄的從屬─魄依附在人的形（肉）體上，人死之後先離魂（氣），魄隨之消散而離去，生命即以此告終。

依道教說法，人的魂魄為「三魂七魄」。三魂在肝下，狀如人形。《黃帝內經》云：「心藏神，肝藏魂，腎藏精，肺藏魄」。三魂之名分別為：⑴胎光─太清陽和之氣也，屬之於天，常欲人清淨。⑵爽靈—陰氣之變也，屬之於五行，常欲人機謀萬物。⑶幽精—陰氣之雜也，屬之於地，常欲人好色、嗜慾、穢亂昏暗（《雲笈七籤•說魂魄》）。這三氣會合而成為靈魂，如缺少其中一魂，或一魂被塞住，則人就會呈失魂狀態。

至於「七魄」則為陰神，藏於人體內之肺部，分別為：⑴屍狗；⑵伏矢；⑶雀陰；⑷吞賊；⑸非毒；⑹除穢；⑺臭肺。「每月朔（初一）、望（十五）、晦（最後一天）日，七魄流蕩，交通鬼魅」（《黃庭內景玉經注》）。

道教三魂七魄之說，係為成就（內）丹道之修練。三魂者，意謂人身上有三種氣質，而修道者應攝守之，不可令它散去。所謂：「夫人常欲得清陽氣，不為三魂所制，則神氣清爽，五行不拘，百邪不侵，疾病不縈，長生可學」。而七魄則為「身中之濁鬼也」，亦即人體中積陰之氣，屬雜質，必須加以淨化，修真之人要制伏之。「道士徒知求仙之方，而不知制魄之道，亦不免於徒勞也」（《雲笈七籤•魂神部一》）。

三魂在民間也另有不同說法，即靈魂、覺魂、生魂：⑴靈魂主宰人的意識，又稱「主魂」。「靈魂」為天魂，人若死後，它會直往天庭報到。⑵覺魂主宰人的善惡羞恥，又稱「視魂」。「覺魂」為地魂，人死後會往地獄報到。⑶生魂主宰人的壽命，又稱「象魂」。「生魂」為人魂，死後往墓地報到。「七魄」分別為：「喜」、「怒」、「哀」、「懼」、「愛」、「惡」、「慾」，主導世人的情緒面向。因此，魂為精神意識的主宰，魄則為眼、耳、鼻、舌、身之感官慾望。

此外，另有頗為特殊說法，指人在生之時，三魂共聚並各有所司：⑴靈魂入於玄關藏神，乃主掌眼睛視覺；入於心，乃主掌心識。故靈魂之功用在人身居於主宰發號司令之地位，而且其能量亦是三魂之冠。⑵覺魂入於肝、腎，在人身主掌氣力之支配，在三魂之中乃屬負責執行動力之地位。⑶生魂入於脾、胃，主人身之動靜，為主掌人身存活之延續，故在人身乃處於輔佐之地位。

人在瀕死時，三魂離，七魄散，謂之「魂飛魄散」。古人以為，人體生病時就是魄要散了，所以要用藥物去阻止它散發，如果魄散了就容易惹陰鬼上身。生命既已滅絕，魂魄各歸其所，「魂氣歸於天，形魄歸於地」（《禮記・郊特牲》）。在魏晉南北朝以後，人們認為：「人死後，三魂又各歸所司－祖宗牌位（靈魂）、地府（覺魂）、墓碑（生魂）」。雖然如此，但傳聞進入輪迴時，三魂會在來世再次聚首。而人往生後，每七天會消失一魄，這也是為什麼要為往生者做「七」的原因，七個七天，陪往生者走完最後一段路，送走往生者。

人死後三魂之所在尚有他說，靈魂入冥，生魂入墳，覺魂入祿位。古人雖將靈魂歸處分別為地府、墳墓、祿（牌）位，其實魂祇其一，或入地府，或入墳墓，或入祿位，全憑魂之境遇。其人在生時作惡多端，死後應受地府制令所懲，則魂押在地府，俟制令期滿方可離開地府，另去他處。其人如既死無葬身之所，則魂無墳可歸。其人一旦屍骨無存，再加以無人聞問，豈能入祿位。是故，當親人於郊外祭掃時，魂在墳墓；當親人於家中祖先牌位前祭拜時，魂則在祿位。

總結古人對靈魂之為物、歸屬，以及其做為生死之隔（判）的認知如下：⑴人是由精神（魂氣）與肉體（形魄）組合而成。⑵魂與魄是可以分離的，人活著時，二者合一，一旦人死亡，二者就分離。⑶人的生死與魂魄的活動密切相關。人死，魂魄不是一般的離異，而是魂氣上天（但有其條件），形魄入地，進入不同的境地。

與魂魄相關，道教中也有一些派別認為，人的靈魂是一種擁有意識的特殊物質，並稱之為「元神」。道家講的「元神」藏在「泥丸宮」（現代醫學稱松果體）；「元神」可以換位，常在心中，所以中醫講「心藏神」。「元神」構成的粒子最小，擁有的能量最大，可以制約其他在空間的生命成分，所以是人真正的主宰。「元神」是無形的，肉眼看不到的，是現今科學不能觸及與研究的。雖然如此，但道家認為：⑴元神可以控制；⑵經過修練就可使元神進出肉體，稱之為「元神出竅」。中醫與道家都認為「元神」才是人真正的主宰，大腦只是「元神」反映到物質空間的臟器。

《黃帝內經》說人是「天地合氣」產生的，人的生命包含兩大部分：無形的「天的成分」與有形的「地的成分」。更進一步說，人不僅具有「有形」的身體，還蘊涵許多「無形」的生命成分，例如：神、魂、魄、意、志、氣、命門。當人清醒時，就是由「元神」發出思維、意識，透過大腦發號施令，控制著人體，產生在「有形」空間的各種行為活動。

至於佛教，並未使用「靈魂」這一名稱，「靈魂」在佛教被稱為「神識」。《楞嚴經・卷八》曰：「臨終時，先見猛火滿十方界，亡者神識飛墜，乘煙入無間地獄」。佛教認為生命是非常非斷的，生命在死後既無不死的靈魂，又非完全斷滅。依佛家的見解，在色身散壞後，生命並未完全斷滅，而是以「中有」的形式繼續存在。由於處在前世命終時的「死有」，與後世再次轉生的「生有」的中間，故稱為中有。

中有也稱中陰身，存在於人死後到再度受生之期間，此期間長短因人而異，至多為七七四十九天。換言之，人死後四十九天之內應轉世。中陰身是「生命」的過渡型態，屬已死未生之間，兩邊不著，既不屬六道眾生，而狀雖似遊魂野鬼，然亦未必是鬼。人在死後，普通之人皆入中陰。唯修持有術、極善之人，或生淨土，或生天界。而極惡之人，亦不入中陰，墮種種惡趣。

中陰身於未經投生之前，其神識時昧時明，昏迷復清醒，清醒復昏迷，深感極不安定，極不自在。此時，縱使癡戀眷屬親朋，無奈已與彼等隔世，亦莫可奈何。佛教基本上雖不認同靈魂之說，但中國人重視祖靈，從而對靈魂不滅、不死之說法，傳入東土的佛教顯然亦慎重以對。民間通俗之佛教，在

人的組成	來源	生命成分
有形的部分	地的成分	五臟、六腑、四肢、百骸
無形的部分	天的成分	神、魂、魄、意、志、氣、命門

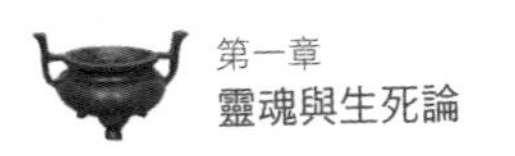

喪禮中對已死之生命誦經超渡，接引亡靈往生西方，這也是一種明顯肯定靈魂的相應做法。

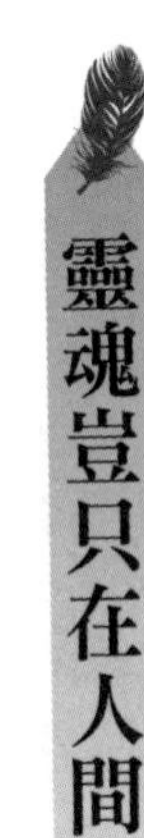

靈魂豈只在人間

人在生時，「靈魂」被認為存在於軀體內，主宰人的思想、行動。人死後，靈魂則脫離肉身，或去至天（堂），或去至地（獄），或去至不可名之處。然而，「靈魂」的意義及指涉相當廣泛：⑴有時「靈魂」指的是人類的精神、意識、心性的綜合體，代表人無形的生命。⑵有時「靈」和「魂」又是同義的重疊字，譬如「亡靈」等於「亡魂」。⑶有時「靈」和「魂」近似卻不相同，「靈」是「靈體」，「魂」是「幽體」。⑷有時「靈魂」一詞是泛稱，涵蓋了「靈」、「魂」和「魄」。

其實「靈」與「魂」之間並無太大分別，「靈」甚且同時指涉「魂」、「魄」兩者，而「魂」與「魄」則有區別。在道家認為，魂屬陽，魄屬陰，並且「魂善」而「魄惡」。「魂」與「魄」兩者間可區別如下：

⑴「魄」是一種生物的本能，例如食慾、性慾、逃避危險等等以及無意識的反射作用。所以「魄」必須依附在肉身上才能發生作用，一旦肉身死亡時，「魄」也就隨著消散無形。

⑵「魄」既被視為生物的本能，那麼「魄」就不是人類所專有。只要是生物，就都有這

種代表本能活動的「魄」。

⑶「魄」雖然是生物本能，但與「魂」的關係很微妙。「魄」並不完全接受「魂」的指揮，而有其「自主機械動作」（自律神經）。譬如心跳就是「魄」的作用之一，正常人是很難用意識（魂）命令心臟停止跳動的，畢竟心跳是生物本能之一。

⑷「魄」和「魂」相依相存，「魂」一旦離開肉身，「魄」的作用也隨之停止，反之亦然。但有時「魄」的力量很強，譬如蛇或蜥蜴之類，已被砍斷之軀體仍可不停的扭曲蠕動，長達數小時之久。

凡有生命者皆有靈魂，據說植物只有一條生魂，沒覺魂和靈魂，一般的動物有一條生魂和一條靈魂，人則有靈魂、覺魂和生魂等三種。天地萬物既都有魂，其來源雖不同，但我們都應予以敬重。人切不可以自視高傲，妨害、輕忽其他生靈，而應以平等心對待之。即便世人中每一個人的靈來源也不同，從而魂魄對個人的形塑亦不相同。人因為有魂魄，形成了自我意識。有高傲之人，有謙遜之人，有暴戾之人，有和氣之人，其性格皆從其魂魄，同卵胞胎，彼此間亦存有差異。

為何少有人知道、感覺靈魂的存在？因為就人而言，死亡是單行道，這條路一般人從未走過，是「往而不返之路」（《約伯記・十六－二十二》）。雖然極少數人曾有過死而復生的經歷，但對於他們的報告卻很少受重視，或者被認為是「精神幻覺」。對瀕死經驗之研究已彙集數十個案例，但這些個案當事人都不願意出面說明穿越生死門的經驗，以免被人嘲笑「胡言亂語」。如何證明靈魂確實存在？哪些情形能證明其存在？

瀕死經驗

用科學方法來研究死後的「生命」是不可能的，把一個死人救活後再加詢問，或許是可行的辦法，有些醫生就曾接觸這類死後又復活之人。在記錄這些具有瀕死經驗者的體驗後，這些醫生相信確有證據顯示靈魂存在，以及死後還有「生命」。

瀕死經驗者都有過「靈魂出竅」的經驗，在極少數的「現身說法」中，詳實描述了穿越生死門的奇特過程。而對瀕死經驗者所做的精神鑑定，顯示彼等狀況正常，並認為他們沒有說謊的必要。

（受）託夢

託夢，大多是往生的親人經由夢境向陽間傳遞信息，是靈對靈的溝通方式之一。因為不是所有人都能通靈，且靈與靈之間未必具備互通的條件。當一個（冥界）靈魂無法對另外一個（陽世）靈直接溝通時，只好在想溝通對象的夢裡說話。

一個人在生之時如有很多願望或職責尚未了卻，死後常會向與他有血緣關係的親人在夢中交代。當親人夢醒後，經查證夢境中所得知的事，竟然有絲毫不差者，不免令人嘖嘖稱奇。

在難以找到證據的刑事案件中，冤魂向有能力主持公道者託夢、伸冤，進而突破案情，順利找出兇嫌之情節在媒體上也常被報導。

（被）附身

（被）附身有人稱之為「奪舍」，奪舍是奪人居住之屋舍，此舍即指人之身體也。（被）附身是「外靈入體」，即自我以外之靈進入身體。當進入附身狀態時，被附身者的言行會出現與原先人格不同的特徵，有些會有伴隨身體的痙攣、扭曲或怪異的行為和聲音。換言之，被附身者身體內（同時）存在著兩個靈，而自我原本的靈此時雖然並未被取代，但不發生作為。

被附身者在外靈附身時，即便自我意識清楚，自主能力尚在，但仍會表現出一些與自己平常迥異的言行舉止。為何會發生這種突兀的現象，被附身者有時並不能理解，但就是順其自然，內心既不加以排斥，意識上也不曾想去做自我控制。由於被附身者當下的言行宛若外靈本人，甚至讓相識者認為不折不扣地傳達了外靈（本人）的意思。在實務上，附身有不同類型。就人在外靈入體時是否有主觀意識、自我表現能力而論，附身可分為自願性與非自願性兩種。至於就外靈入體的時間而言，則有暫時性與長期性之分別。

所謂自願性附身是指，人因為有需求，主動、自發性地讓外靈附其身。自願性地讓外靈附身，通常是在人主觀意識清楚的情形下發生。如乩童、法師等因「辦事」需要，主動祈求外靈附身。反之，非自願性附身，則通常是在人主觀意識不自主的情形下發生。如被外靈要求為其超渡、唸經，或外靈企圖藉有緣人之身體合併修行，以期早日轉世等。自願性的（被）附身，通常時間較短，且自我意識、自主能力有時並未失去或只是暫時失去。至於非自願性的（被）附身，則其時間長短不一，其自我意識、自主能力往往會失去。外靈之所以會附身的原由極複雜且多樣，一般而言，人在元氣（陽）或精神上較虛弱時，容易為外靈附身。

人已被外靈附身而不自知之情形常見，除非遇見高人有時難以點破。至於被附身者為何種外靈所附，必須加以明確辨別，不可含混唬弄，以免誤人。非僅神、鬼、先人的靈魂，其他人的靈魂乃至凡有靈者，也都可附身於人。常見的外靈附身類別有：⑴神靈附身─神靈來附身，一般發生在乩童身上。⑵動物靈附身─動物死後的靈來附身，如古書中的狐仙等。⑶鬼靈附身─俗稱中邪，中邪（被附身）者表現出對所接觸的人、事、物等，不能依自然、客觀的原則行事，而是有悖常理，違反常態。⑷除了乩童以外，一般曾發心（願）自稱獻出靈體，並借供驅使者，因緣際會，亦容易遭外靈附身。

被外靈附身有時雖不易被察覺，但有經驗、能力者卻很容易加以分辨。外靈附身常見之態樣有：⑴臉色蒼白，面帶病容；⑵身體虛弱，無精打采；⑶精神恍惚，自言自語；⑷眼神渙散，表情呆滯；⑸行為怪異，反覆無常。以現代心理學的觀點看附身，學者將之詮釋為「雙重人格」或「多重人格」。精神病理學一般也將附身的現象視之為「神經（官能）病」

（Neurosis）或「精神異常」（Mental disorder），是精神疾病的癥兆。有時我們看到的神情怪異者確實屬於精神病，但有一些則純屬附身的現象，不能一概而論。一些表面看似「精神分裂」或有「多重人格」症狀的病人，經過對存在其周圍的線索加以觀察、詢問，也可以確認是否受外靈長期附身所致。

（被）招魂

民俗信仰認為，當人受到過度驚嚇，可能會促使魂魄離體，若未善加處理，生命極其危險，嚴重者或將死亡。《抱朴子．論仙篇》：「魂魄分去則人病，盡去則人死」。因此，當有人被驚嚇以致昏迷時，需要藉助「招魂」儀式，將離體的魂魄帶（招）回，使昏迷者還魂。

招魂一般常見於喪葬，其目的是將死者離體之魂魄召回，並送往陰間。但招魂不限於已死之人，生者若因故導致神智不清亦可招魂，民間的「收驚」即屬招魂。人的頭頂囟門俗稱「天靈蓋」，三魂七魄據信由此進出。一般收驚通常行之於嬰幼兒、幼童，這是因為彼等囟門尚未閉合，突受驚嚇特別容易失魂。因此，當嬰（幼）兒外出返家後持續哭鬧不休，或者有些已稍長的幼童突然臉色發白、發青，原本紅潤的臉頰轉變成沒有血色，並且在印堂（兩眉之間、額頭處）會隱隱出現鐵青色，這些都是受驚嚇的現象，閩南話稱之為「著驚」。此時，必須請道士（或通靈者）以收驚或相關儀式，將離體的魂魄帶（喚）回。

「著驚」未必僅限於孩童，以下幾種情形也有可能使成人感到心神不定、身體不適或病

痛，必須請通靈者收驚：⑴突然受到各種人、事、物、聲等之驚嚇；⑵與婚喪喜慶之事相沖煞；⑶卡到土神（土禁）或其他無形的靈；或者不小心觸犯或驚擾邪靈或外方之靈；⑷祖先靈魂欲懲罰或警告子孫之不是或不敬等。

失心瘋

失心瘋者一般認為係遭逢重大變故，精神受極度刺激所致。失心瘋通常也被視為精神病，患者神經錯亂，精神失常，瘋癲、瘋狂、瘋言、瘋語。在醫學上，此病症又叫「神經紊亂性心智缺失症」，而其症狀的表徵就是：「人在，魂不在」。

失心瘋即是成語中的「失魂落魄」，或者「魂不守舍」，其嚴重者為受「勾魂奪魄」。當人於瞬間發生重大意外事故，如遇嚴重車禍、目睹親人遇害等，雖性命倖免於難，唯因太過驚恐，魂魄可能於剎那之間飛離。事後如未做即時、適當處置，時日一久將難以回魂。

對遭逢重大變故的倖存者，心理諮商與輔導都是心靈的療癒方式，可以協助受害者走出陰霾，唯其前題是受害者能順利接納諮商與被輔導。但如果受害者理智已失，心性不在，無法以諮商與輔導方式處理，這時就需要藉助有能力的修行者予以靈療才能恢復其神智。

「見」鬼、「撞」鬼

鬼是飄盪、悠遊的靈魂，可能以有形體的狀態，也可能以無形體的狀態出現。鬼如果以有形體的狀態出現，其形象可能是善面，與常人一般，也可能是惡面，呈猙獰狀。一些非正常死亡的人，由於突然受死，魂魄難安；又或死者屍體未被善加安葬，魂魄無所歸依；又或死者陽壽未盡，受冤而死，心有不甘。從而，這些魂魄就可能隨處飄盪，成為遊魂。遊蕩的鬼魂，大都心境煩躁、表情苦悶、悲悽哀怨，這也就是遊魂總是在泣訴、怨憎的緣故。

在「見」鬼、「撞」鬼的敘述中，鬼魂最常出現之處為：(1)死者發生意外地點；(2)墓地；(3)亂葬崗；(4)殯儀館；(5)太平間；(6)停柩在家期間。鬼魂之所以在該地出沒，被認為是死者生前在此處有過極其強烈的情感變化，如悔恨、不安、恐慌或對暴死之恐怖等等。至於見鬼、撞鬼、（乃至）被鬼魂纏身的人，除了被認為要對死者不幸的遭遇負責，或與死者生前不幸有關外，也有是因為鬼魂對其人有所祈求。

一般所說的「見」鬼，除了少數通靈人可以「見」到鬼並與之溝通外，其餘包括：(1)鬼魂幻影、物件易位；(2)出現怪光等視覺怪異；(3)周遭令人突然感覺怪異氣息；(4)身心難安，霎時感到寒顫、頭脹痛、起雞皮疙瘩；(5)聽到無人的笑聲、叫聲、腳步聲、鈴聲、樂器自然發聲等怪異聲，這些現象都可被視為是（有）鬼魂或者見鬼。至於如果真正見到有形體的鬼，一般人也並不容易察覺出，除非鬼以惡面呈現。

靈界探索

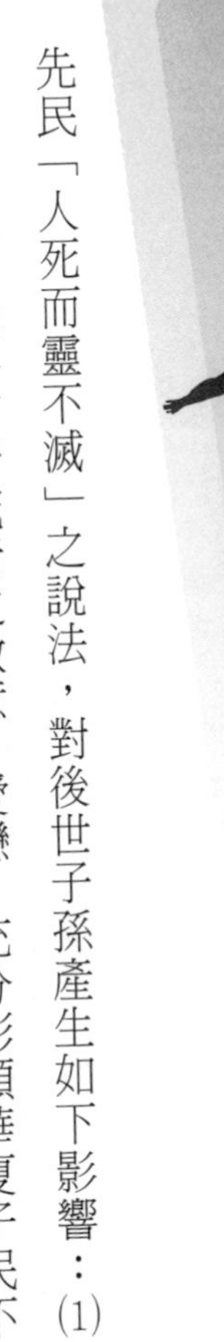

甲骨文—鬼

先民「人死而靈不滅」之說法，對後世子孫產生如下影響：⑴因心存「靈魂不滅」而對死者之敬意、愛戀，充分彰顯華夏子民不忘本之孝道。《禮記・祭義篇》曰：「生則敬養，死則敬享」。⑵由靈魂不滅所衍生的鬼神信仰，蔚為風俗，厚葬及祭祀祖先之舉，上自帝王，下至平民，莫不景從。《孝經・喪親篇》：「為之宗廟，以鬼享之，春秋祭祀，以時思之」。

人死後，因為魂魄歸於地（地下、陰間），故稱之為「鬼」。據《爾雅》解釋，鬼是「歸」之意，即回家的意思。《禮記・祭法篇》：「人死曰鬼」。甲骨文「鬼」字中的「田」字，不是「田地」，是一個面具。「田」字下面加「儿」字，「儿」字（音仁）是一個面朝左跪坐的人。至於那個「ㄙ」像尾巴，在金文的字形才有。「鬼」原來並不是人死之後的「狀態」，而是與原始的宗教祭祀活動有關。古代的巫祝在祭祀時，為了增加神祕氣氛，往往要化裝。「鬼」字便像一個巫師，戴著令人恐怖的面具扮演鬼怪，進行祭祀活動。後來人們想像，人死後就如同那種鬼樣，於是將人死後的形象稱之為鬼。《說文解字》釋鬼：「人所歸為鬼。從人，像鬼頭。鬼，陰氣賊害，從厶」。

雖然如此，但因為人的魂是氣狀（或其質地為氣），歸於天，亦可為「神」。《禮記·祭義篇》：「其氣發揚於上，為昭明、焄蒿、淒愴，此百物之精也，神之著也」。其氣向上揚升，仍可使人感應其昭明（光亮）、焄蒿（氣味）、淒愴（傷感），這是千百種物質中最精華的，也是表示神最明顯之處。換言之，人死後視其氣之態樣、變化，或為鬼，或為神。

人在生時，生活條件、社會地位本各不相等。因此，古人雖定以「眾生必死，死必歸土，此之為鬼」（《禮記·祭義篇》）。然而仍有分別：⑴統治者、社會精英因其「用物精者，則魂魄強，是以有精爽，至於神明」（《左傳·昭公七年》），死後可為神。⑵一般人，死而即為鬼。鬼存在之處在地下，在墓塚中。⑶「有道雖死，神歸福堂」。精氣強盛者，其魂除化為神外，因生前係屬有德之人，死後也能安享於福祿殿堂。學者研究，漢朝以前鬼與神概念混而不清，鬼、神之分別應在漢之後。古人之所以重視對鬼、神的崇敬與祭祀，除了彰顯事死如事生、事亡如事存之精神，敬其所尊，愛其所親，更希望能避開鬼的作祟與獲得神的庇護。

靈界的內涵

人死之後的魂魄，不論為鬼、為神，皆屬靈界，但各自殊途，（為）鬼在陰（界），（為）

神則在陽（界）。《淮南子》：「凡屬陽者為魂，為神；凡屬陰者為魄，為鬼」。陰、陽之說，起源於先民對自然現象的觀察並加區劃，最初係表示相對光度。「陰」，原指背光的陰暗處，《說文解字》曰：「陰，暗也；水之南，山之北也」。《說文繫傳》亦釋之曰：「山北水南，日所不及」。「陽」本義為山之南或水之北，是日出時日光照射之處。《說文解字》曰：「陽，高明也」。陽之際，因受日光照射，其時為白晝，故代表溫暖、有生氣，比作人活著；陰之時，因無光亮而致昏暗，其時當為夜晚，故代表寒冷、孤寂，比作人已死。

除了表述情境外，陰、陽也用以表述人生命存在的時間與空間。人活著時，因可見著陽光，所以稱之為在陽世（間）。死後，既已不復見陽光，所以稱去至陰間。除了肉眼可見之空間外，我國古人意識到另存在一（肉眼）不可見的空間。此一不可見的空間是人死後靈魂的去處，其範圍無法得知，其狀態亦不可述，謂之「無形界」。無形界分上、下界，其所容納之靈則為鬼、神。鬼在無形界的下界，神在無形界的上界。因為「天為陽，地為陰」，以及神者陽之靈也，鬼者陰之靈也。所以綜合而言，靈在陽者，在天，在上界為神；在陰者，在地，在下界為鬼。由於對鬼、神崇敬，連帶著使人建立陰、陽的意識，也使人對無形界心生敬畏，更使人知道敬鬼、神即應敬天、地。

除了因靈魂不滅衍生的鬼神信仰外，先民基於「萬物有靈」的信仰，舉凡天、地、日、月、山、川、風、雨、雷、電等自然力，均早已為上古先民幻化為各式各樣的神，如日神、月神、雷神、土地神、河神、山神等等。「萬物有靈論」也稱「泛靈論（Animism）」，指的是天地萬物、自然界現象皆有其靈，並控制、影響其他自然現象。因為「山川之靈，足以紀綱天下者，其守為神」（《國語‧魯語》）。所以，古代天子（帝王）既擁有天下，而天下又以山川為代表，從而為天子守護天下，守護山川者是隱含無比權威的神靈，天子一則上封之為神以維繫天下，再則必以隆重之禮定期祭祀之。除了天、地、山、川之外，其他日、月、星辰，乃至風、雨等也都因帝王感其靈、敬其為神列為祭祀之對象。

商、周兩代的社會不僅崇拜自然力之神祇，同時也十分重視祭祀鬼神。因為人們深信，人死後的靈魂仍可以作祟，使後世在生者經歷病痛或致其遭殃。總之，萬物有靈所形成的自然崇拜之神，以及人死後靈魂不滅的鬼、神，在周朝均已被人們奉之為信仰與祭祀之對象。而人們總合信仰與祭祀並以陰、陽區別，形成天神、地祇、人與鬼三個靈界及信仰系統。隨著先民祭祀與信仰的對象日漸擴大，靈界內涵也逐步豐富化。

天（界）神

天界神起源為神靈化的天、地、日、月、雷、電、風、火等，係先民基於對自然現象、自然力和自然物崇拜並信其有靈所致。屬於天界神有昊天上帝，青、黃、赤、白、黑五帝，以及日、月、星、斗、風、雲、雨、雷、電等等。在秦朝（前二二一－一〇七年），受信仰與祭祀的天界神就已為數甚多。《史記‧封禪書》：「雍（州）有日、月、參（晉星，即參宿）、辰（商星，即心宿）、南北斗、熒惑（火星）、太白（金星）、歲星（木星）、填星（土星）、二十八宿、風伯、雨師……，百有餘廟」。

天界眾神浸至道教，乃有天庭之稱並設官分職，天帝為玉皇上帝，乃萬天之尊；天、地、水三神為三官並為輔助之神；二十八宿分成東、西、南、北四個方位，其餘尚有眾多不同職稱之天神，皆各有職司，完全體現以帝王為尊的中央行政結構型態。

(1)自然崇拜之神

先民崇拜自然之神並期望備受護佑，使風調雨順，五穀豐登，人畜平安。自然之神各自主宰某種自然現象，先民並賦予祂們人格，例如土地公、星君、雷公、電母、風師、雨師、雲師、河伯等，且率皆各有其名。《禮記・祭法篇》：「山林、川谷、丘陵能出雲為風雨，見怪物皆曰神，有天下者祭百神」。

(2)神話傳說之神

上古神話傳說中的神，以盤古和女媧最著名。盤古開天闢地，女媧熔煉五色彩石補天，其「後乃有三皇」。相傳宇宙本為混沌一團之氣，盤古以巨斧將其一劈為二，清的氣往上浮成為天，濁的氣往下沉成為地，從此混沌便開朗了。盤古以手撐天，以腳蹬地，於是天每日增高一丈，地每日加厚一丈，一萬八千年後，天已極高，地也極厚。天地既劃開，盤古「噓為風雨，吹為雷電，開目為晝，閉目為夜。死後骨節為山林，體為江海，血為淮瀆，毛髮為草木」（三國‧徐整《五運歷年紀》）。

女媧為上古神話中的創世女神，依《山海經》所載是人首蛇身。女媧以泥土造人，創造人類社會並建立婚姻制度。其後天塌地陷，於是女媧煉石補天並斬龜足以撐天。據《山海經》中所記，列為神話傳說之神的尚有：⑴三皇－太昊伏羲氏、炎帝神農氏、黃帝軒轅氏；⑵五帝－少昊金天氏、顓頊高陽氏、帝嚳高辛氏、帝堯陶唐氏、帝舜有虞氏；⑶東王公、西王母。

⑶圖騰崇拜之神

圖騰崇拜是先民把某種動物或植物做為氏族的標誌以及崇拜的對象，例如：龍、鳳、虎、熊、花等。在商、周時期，有兩種備受崇拜的圖騰，一種是商氏族所崇拜的玄鳥（鳳），另一種則是周氏族所崇拜的龍。龍、鳳被先民賦予非凡的地位，分別為帝王與后妃的化身及形象代表。龍、鳳在民間被視為神獸，與白虎、玄武（由龜和蛇組合成的一種靈物）並列為四神獸（四靈）。在圖騰崇拜之下，被神化的動物往往是擬人化或半擬人化，屬人面而獸身者在《山海經》中就頗多記載。

⑷神仙

仙的古字亦作「僊」，《說文解字》解釋為「長生僊去，從人從䙴，䙴亦聲」。「䙴」即「遷」之意，即由人所變遷。因此，仙乃由人變遷、轉化而成（神靈）。古人認為，透過修練而「得道」者就能成仙。又，「仙」古亦寫作「仚」。「仚」字為人在山上貌，入山而居也。《釋名．釋長幼》：「仙，遷也，遷入山也」。由此可見，仙離不開山，要想成仙就必須遷入山中修練。

人修練成仙，可長生不死，天上人間任仙行腳。「能通變之曰神仙」，仙除了可以入水不濡，入火不熱，遨遊天際外，更可以形神俱妙，隨時隨地「散而為炁（氣），聚而成形」。《莊子．在宥》所記的廣成子，《淮南子．齊俗》所記的赤誦（松）子，以及《史記》中的鬼谷子、劉向《列仙傳》中的八仙、葛洪《神仙傳》中的陰長生等皆為神仙。

依其形成，仙可分為三個等級：⑴上士舉形升虛，謂之天仙。⑵中士遊於名山，謂之地仙。⑶下士先死後蛻，謂之屍解仙。而後期又增加一種鬼仙，就是修練上不成功或者根本沒修練，卻符合儒家道德標準的人死後所成。成鬼仙者，其肉體得先死亡，靈魂也要先變成為鬼，然後才能成仙。

地祇神

社稷、五嶽、山林川澤、河海等，與民眾生產及生活相關之地表上所有自然界，均各有其職司之神並謂之地祇。而御地之神又稱「后土」，凡屬地祇均轄之。封禪郊祀亦稱祭天地社稷，此為古代天子、諸侯的重要職責，封、郊是祭天的尊稱，禪、祀則指祭地而言。

大地滋養萬物，使人得以生生不息，如同人類之母。由於民間以天屬陽為父，地屬陰為母，主宰大地山川之神的后土，遂與主掌天界的玉皇上帝相配，並以玉帝為乾元之主，后土為坤維之主。后土既統御整個大地，從而后土被尊之為「地母至尊」，亦稱「地母元君」。

聖賢

在遠古時代，聖賢多為氏族之領導人。彼等以其智慧、能力，或教授群眾生產，或發明先進技術，或率民開疆闢土，或設立典章制度，或領導族人抵禦外侮。聖賢生前既受族群所擁戴，辭世之後依然為人們景仰、崇拜、追念。聖賢之類別：(1)先王—初民社會的領袖，有伏羲、神農、黃帝；其次，有堯、舜、禹；再其次，有商湯、周文王。(2)先聖—早期社會中道德、智能極高之人，如：伏羲發明八卦，神農發明醫藥，黃帝發明車船，均受到崇拜。(3)行業神—人民選擇與本行營生有相關事蹟的「古聖先賢」為行業神，俗稱「祖師爺」。例如：胡靖為爐公先師，孟昶為南管祖師爺，田都元帥、西秦王爺（唐明皇）為梨園祖師爺，其他尚有：馬頭娘—養蠶業；杜康真人—造酒業；陳七子—梳篦業；蔡倫—造紙業；蒙恬—製筆業；灶王—廚師；趙西元帥—錢莊；姜子牙—相面與卜卦業；吳道子—油漆彩畫業；王維—畫店。行業神與本行特色相關，祂們能守護本行業。行業奉祀其行業神，一來強化組織並防止外人危及行業利益，二來號召本行組成份子團結合作。

世人對聖賢之崇敬，乃基於其為族群英雄、道德典型、技藝超群，深刻影響人們生活，感動人們心靈。後世子孫感恩戴德，為表示追思，將聖賢上升為人格化之神，如孔子（至聖先師）、孟子（亞聖先師）、魯班（巧聖先師）、關公（關聖帝君）、華陀（神醫）等。聖賢中，也有因為宗教之尊崇而予以全然神化，如道教奉老子為道祖並尊為太上老君，奉張道陵為教主並尊之為（祖）天師。

王爺

王爺又稱千歲、千歲爺、老爺、王公、大人等，王爺膜拜與祭祀是臺灣民眾特有的信仰。臺灣民眾奉祀的王爺以李、池、吳、朱、范五府千歲較著名，其餘尚有數十姓王爺。臺灣民眾所信奉的王爺大體上有以下來源：⑴瘟神系統─王爺最早被認為是死於瘟疫的厲鬼，之後演化成「南巡北狩，代天理陰陽」的瘟神。瘟神系統的王爺神通廣大，是早期臺灣西部沿海地區大多數民眾的保護神。⑵鄭王系統─以明鄭祖孫三人，即鄭成功、鄭經、鄭克塽為王爺。⑶英靈系統─其生前之文治武功為世人所稱道之歷代名人，死後也有被尊祀為王爺。⑷家神系統─家鄉名人或祖先生前對地方有義行貢獻者，死後被奉為王爺供祀於廟。⑸戲神系統─唐明皇在安祿山之變後亡命西蜀（西秦舊地），民間降其格名之為「西秦王爺」。因唐明皇曾於後宮興築戲臺聘藝人名伶表演，西秦王爺遂為戲曲界之祖師爺。

鬼

⑴祖先

祖先是人的根源，祖先的功德垂於一家一姓，後世子孫慎終追遠，本屬孝道。依古人鬼神觀，人死後的生活與在生時並無差異。所以祖先雖然已離世，但也仍有飲食、金錢等用度之需要，子孫應在喪葬及爾後祭祀中供奉，否則先人因得不到祭品會淪為惡鬼。祭祀祖先是傳達感懷及追思之意，當然子孫也冀望能獲得他們保護。尋常百姓家中正廳都有祖先牌位，通常在神案側邊，子孫晨昏定省並視祖先為自家神。祖先（牌位）閩南語稱之為「公媽」，客家語稱之為「阿公婆」，每日早晚奉香敬茶，逢年過節則子孫們團聚並備齊牲禮祭拜，以饗先祖。

(2)鬼

世人聞神之名，則肅然起敬，虔誠敬禱；聽見鬼時，則心有餘悸，避之唯恐不及。鬼被視為純陰之氣，其氣重濁，一般認為是平常人與惡人死後所化。為了避鬼（氣），臺灣民間以茉草加上香茅草、野茅根捲成一束，在喪禮告別式場外置入熱水盆中供客人洗手、洗臉，就是想能祛除身上沾染的鬼魂之氣。

①無祀孤魂野鬼

人死後若未經適當喪葬，亡靈難安，聽說會作祟生人。特別是凶死者，因為懷著怨仇與不滿離開人間，更容易成為孤魂野鬼或厲鬼。在民間信仰及習俗上，因憐惜孤魂野鬼未能享受祭祀，深恐彼等不得安寧到處為禍，每年中元節民眾遂備齊祭品普渡之。中元（七月十五日）本是道教三官大帝中地官誕辰的盛會，人們除敬拜地官外，亦藉法事誦經普渡眾鬼使亡魂得以赦罪。佛教東傳後，受目連救母故事影響以及南朝梁武帝倡導，佛教盂蘭盆節遂與中元節合而為一。「中元普渡」中，設食祭祀、誦經超渡表達了人對亡靈與孤魂的救度和慈心。在臺灣，民眾習於稱無祀孤魂野鬼為「好兄弟」，一則設想化解彼等怨氣，一則期望相互友善。而建祠安頓無祀孤魂野鬼並供奉香火，亦為民間風俗，其類別有三：a.萬善祠；b.大眾爺；c.義民廟。

萬善祠

萬善祠，係將被遺棄或遭遺忘的無祀亡靈、遇難遺體，或者因社區開發、修路、建築、遷葬所挖掘的孤墳及枯骨聚集，由地區居民建祠供奉，使亡靈有所歸屬，並題碑為「萬善同歸」。

大眾爺

大眾爺即「群眾之魂」，同屬無祀亡靈。大眾爺所收祀者，大都係因族群械鬥、流血衝突死於非命者亡靈。後世子民唯恐眾亡靈非屬自然死亡，且深怕彼等因死不瞑目而轉為厲鬼，繼續滋擾生靈，乃為之建祠。臺灣基隆「老大公廟」是最典型的大眾爺祠，也是厲鬼信仰的表現。清咸豐元年（一八五一年）八月，原籍漳、泉兩地民眾因細故在鮖頂（今南榮公墓）發生大規模械鬥，死者高達一〇八人，屍骨盈野。地方人士將此事件中歿者之遺骸集中埋葬後，另籌資建「老大公廟」以供奉眾亡靈。

義民爺

義民爺為地方的民兵、義勇，因自發性組成義民軍協助官府勘亂，在保衛鄉土的義戰中英勇殉身。義民軍為公捐軀後，地方人士特別建廟供奉以慰其英靈，而官府亦頒旨表揚。新竹縣新埔鎮枋寮義民廟稱之為「褒忠義民廟」，清高宗（乾隆）御筆頒賜「褒忠」（乾隆五十三年），以嘉獎並同官軍作戰陣亡之民間義勇。雲林縣北港鎮義民廟則稱「旌義亭」，清高宗於同年亦頒賜「旌義」之匾額，以表彰協助官軍平亂戰死之鄉勇。

②厲鬼

厲鬼是枉死、橫死、冤死、搏鬥死、自裁死的亡靈，因屬「不得其地、不得其時、不得其法」的凶死，所以容易成為厲鬼。民俗信仰上，厲鬼無法順利轉世，只得遊蕩。「鬼有所歸，乃不為厲」（《左傳・昭公七年》）。厲鬼既屬未得善終或受冤屈而死，傳說會以各種禍災方式尋仇。厲鬼胡亂飄盪，人不幸遇到，小則受驚，大則重病，甚至有生命危險。

(3)精靈

動物、植物精怪，「蓋精氣之依物者也」（《搜神記・卷六》）。在「萬物有靈」的信仰下，古人認為，不僅水中的魚、鱉，陸上的狐狸、蛇、鼠，路邊的古樹也均有靈性，可以成精為怪，而狐妖則是最著名的精怪。傳說動物修行五百年以上，而植物經千年以上的修行也能成精。在臺灣，桃園市楊梅區楊新路上立有「白蛇廟」，新北市石門區十八王公廟中有「義犬」，臺中市大里區有「樹王公」，民眾均虔誠奉祀香火，顯然已將精靈升格。

靈界的景象

靈界，可區劃為三界：⑴人界—陽世（間）；⑵鬼界—冥界（陰間）；⑶神界—天界。與冥界相對，陽世為現世的人間，亦為屬靈的世界。《禮記・禮運》有云：「故人者，其天地之德，陰陽之交，鬼神之會，五行之秀氣也」。人為鬼、神之會，其意有三：⑴人（正）立於鬼、神交會處，（死後）既可為鬼亦可成神。⑵人的靈或來自於冥界，或來自於天上神界。⑶陽間（人界），可以為陰間（鬼界）與天界（神界）的交界。究其實，人既為鬼、神之會，人的靈原應可與其本源相通。唯自出生以後，人的靈受塵世間種種貪念蒙蔽而逐漸迷惘，使靈日益喪失其本能。

人乃靈和肉身結合所成，而以靈為人的本質。除了具有靈氣外，靈也內含人的心性、智慧、思維等。降生於每一個人的靈，其屬性均不相同，此源於投胎及轉世因緣之不同。投胎及轉世因緣不同，人的心性遂不相同。佛家認為，轉世於人間有五大管道：⑴有些是前世為人，今生再重新投胎為人；⑵有些是在地府幽冥（界）受完苦報之後，因緣成熟，靈魂今世重新投胎為人；⑶有些人是從天界轉世人間；⑷有些人投胎人間是乘願再來；⑸有些人是從阿修羅界轉世而來。

人的肉身有眼、耳、鼻、舌、四肢等以及其他器官屬物質，為父母所育。肉身有形有像，隨人造化，強弱不等，異於靈之不見其形、不見其像。至於人是在出世之後才有靈魂，還是嬰兒在母體內就有靈魂？當婦人自有孕起，胎兒的生命力完全由母體靠臍帶供輸。但胎兒一方面接收母體的心性，若干遺傳來自母體；另一方面又對母體外能有感應，發展自我。因此，顯然胎兒雖未出世，但應已有靈（性）存在。人生在世數十寒暑，肉身生而長，長而衰，衰而死，其不死者唯人之本質—靈。

古人以「黃泉」隱喻人死後之去處，但黃泉僅為埋身之所，實則靈魂應未隨軀體葬於地下深處。然而人死後，靈魂既已離體，魂魄歸何處？據民間說法，「陰間」為亡靈歸宿之處。「陰間」，是「陽間」的相對詞，也稱「陰界」、「冥界」、「陰司」、「陰曹地府」等，唯其意涵稍有不同。「陰間」、「冥界」，此為亡靈死後歸處之通說。就其意象而言，雖然陰間、冥界之屬性與範疇已很明確，但並未標識出其方位、區域。至於「陰司」、「冥府」、「陰曹地府」，係屬結構與機構體制，民間認為是審判、羈押鬼魂之所。在民間信仰上，陰間已為各宗教所詳加描述、建構，並以此誘導（引）世人想像其情景，以增益宗教對世俗之影響力。

自秦、漢以後，人們認為人死後亡魂會歸於泰山下，而泰山神—東嶽大帝即主司冥界。「泰山君領群神五千九百人，主治死生，百鬼之主帥也」（《雲笈七籤・卷二十二》）。後來又認為酆都為冥界入口，而酆都之神—酆都大帝也統攝冥界。東嶽大帝、酆都大帝就職能、屬性、管轄幾乎相同，一般民間認為兩神為同一神。唐、宋之際，隨著佛教地獄觀傳入及散布，同時也導入了閻羅王主司地獄之說。

「中國人死者，魂歸於岱（泰）山地也」（《後漢書・烏桓、鮮卑列傳》）。

地獄審判示意圖(引自：大方廣網站)

出現閻羅王一詞並由祂主司亡靈之審判，見於東魏孝靜帝武定五年（五四七年）楊衒之所撰之《洛陽伽藍記》卷二。「死經七日還活，經閻羅王檢閱，以錯放免。……閻羅王敕付司，即有青衣十人，送曇謨最向西北門。屋舍皆黑，似非好處」。自此，人死後去至冥界，以及在冥界訂有審判一事躍然紙上。

閻羅王也稱閻魔王，為梵語 Yamaraja 之譯音，原是印度婆羅門教中管理陰間的王，佛教沿用之。在佛教中，閻羅王主司地獄，其職為統領陰間諸神，掌管輪迴，以及審判亡靈在為人時的言行並給予相應的懲罰。閻羅王統率地獄，並將地獄分為十殿，十殿均各有主，稱地府十王。十王名號不同，合稱十殿閻王。十殿閻王之說源自明、清，閻羅王遂取代道教原有的東嶽大帝，掌理冥界。

世人常有「蓋棺論定」說法，認為人死後一生功過自有評論。這句話深富警世及告誡意味，其更深層的含意在於：人死之後，靈之歸屬尚待評定、尚有裁判。當生靈離開陽世後，城隍府君遂查閱「生死簿」，並總結該人於陽世間總總是非善惡成案，並按流程送往地獄進行審判。經由十殿閻王執法後，進行賞罰。

靈既為人心之主，按儒家人性本善之說，靈應為善根。但佛家以靈乃帶業而來，因為業有善、惡之別，從而人生在世的言與行未必皆良善。比照在社會生活中，對其心有偏頗且其言行亦不善者，自必依社會律法論處，以彰顯社會公理與正義。人在肉身死亡後，靈既至陰司，當先受裁定，以確定其歸屬。為惡之人離世後，人間律法雖已無能為力，但宗教上認為人死後仍有「審判」，對返回靈界的靈魂必加嚴審，以分別其歸屬。是故，陰間之存在為容納亡靈，冥府設獄則在審理、懲治有罪亡靈。

關於人死後的審判，《新約聖經》記載：「人人都有一死，死後且有審判」（《希伯來書・九－二十七》）。道教經典《太平經》中也有陰府召人靈魂，考人魂魄的說法，文曰：「大陰法曹，計所承負，除算減年。算盡之後，召地陰神，並召土府，收取形骸，考其魂神」。

在人死後，城隍府君彙整死者在陽世時之善惡功過，連其魂魄押送十殿閻王，經嚴峻審訊並查明因果後定其賞罰。地府之執法及賞罰判定，由第五殿閻王—閻羅天子總協調各殿閻王行之。至於地藏王菩薩亦論善惡，唯主司「治心」及教化，民間尊奉為「幽冥教主」。

佛教提出地獄說用以描述陰間情狀，並以「六道輪迴」為地獄說的核心。六道中最底層就是地獄，其為人時即已作惡多端、罪孽深重者，死後當墜落地獄輪入鬼道。地獄有十八層，第十八層地獄即十殿閻王的第九殿—阿鼻地獄，深陷其中者，所受之苦永無盡期。佛教中的「十八層」地獄，並不是指地獄的一層層的下探直到第十八層，地獄是不分層次（級）的，而是按其區域、性質分別命名，定其刑罰。十八層地獄是依人在陽世所犯罪行輕重，決定其受罪時間的長短。每一層地獄比之前一層地獄增苦二十倍和增時一倍，全是刀兵殺傷、大火大熱、大寒大凍、大坑大谷等的刑罰。當到了第十八層地獄時，苦已經無法形容，也無法計算出獄時日。

民間傳說地府設獄懲治亡靈，此一認知已深入人心，牢不可破。人們都清楚地府有十殿，每殿均設有各種大小地獄，其刑罰之慘烈尤甚於陽世官刑千百倍，令人不忍卒睹。在世時好為惡者亡故後在地府的境遇，常令親人憂心。陰、陽兩界雖相隔，但仍通其氣。實務上，除非遇通靈且有其機緣者，否則難識地獄之情狀。假使令世人得親見地獄慘狀，則當令人為之膽裂心驚，豈敢再繼續為惡。唯世人雖未必以地獄為空談，但多數人總以其犯行乃神不知、鬼不覺，且有些奸邪詐偽並未形諸於外，不可能為他人所得知，遂心存僥倖認定可以逃脫其罪。殊不知「孽（業）鏡臺」前無從遮掩，罪魂在面臨此鏡時，其陽世所有惡行一一呈現，纖毫畢現，絕難脫逃。

基督教對地獄的認定也很清楚，彼處乃犯罪不得赦免之人最後、永恆的歸宿。在地獄，沒有智慧、聖潔，沒有神的公義，只有痛苦、孤獨，如同火烤、蟲咬。天主教（徒）認為，煉獄是信徒死後靈魂暫時受罰的地方（或狀態），關押的是已經確定將會得救的信徒。煉獄在天堂和地獄之間，靈魂淨化後便可進天堂。

關於煉獄，《聖經》中雖沒有出現這個語詞和直接闡釋，但教廷認為《聖經》曾暗示煉獄的存在。天主教的教義認為罪分大罪和小罪，大罪即該死罪，是使靈魂死的罪；小罪是不至於死的罪，可以在煉獄煉淨。有功德的天主教徒死後可以直升天堂，但信徒若在生前犯了未經寬恕的輕罪和各種惡習，靈魂就會下到煉獄受火煉，經淨化後才可進入天國。若在世信徒為煉獄中的靈魂虔誠祈禱、佈施，以及請神父做彌撒，便可拯救靈魂早些離開煉獄。

佛教、道教、印度教、現今的猶太教和基督宗教等，皆有地獄的觀念、說法，但冥界、陰間和地獄的意義不盡相同。冥界、陰間是亡魂存在的「空間」，而地獄則是囚禁和懲罰罪孽深重的亡魂之所，可說是陰間的煉獄。一般鬼魂所在的陰間景象如何？據說陰間也有飲食，但比不上陽間的飲食美味。鬼每吃一次就可飽足多日，並不需要一日三餐。對於陽世間所供奉的祭拜品，鬼只能聞其氣息，所以在祭祀時，要將供品中的食物外遮、封閉（物）除去。有些人為了避免祭品沾塵，在祭祀時刻意以保鮮膜或塑膠袋（套）罩住，這是不恰當的。

陰間景象異常平靜，不似人間吵雜擾嚷。鬼的穿著類同陽世，但極樸素且並無奇裝異服。鬼隨處依附，僅閉目休息，不像陽世之人要睡上七、八小時。鬼走路也甚快速，不像人間那麼遲緩，而且被認為會跟隨著人。有些修行者描述，一些想早日投胎的鬼，會隨著他們四處聽經，甚至就跟在身邊修行。部分修行者騎、開車時，自己就可以感受身後的重量，而且感應到似乎有鬼魂存在。

天界為神界，乃陰間、陽間以外的靈界。天界聚集眾神靈，包括眾天神、地祇、神仙、冥界神靈、先聖、先賢等。天神、地祇、冥界神靈其來有自，先聖、先賢本基於對祖先之崇拜，因有功於國於民，亦被列入神界。至於神仙係指修練得道永不死之人，或修練至最高境界可進入神界之人。神和仙都在天界，神是死後轉生，仙是修長生者。神和仙的區別在於：神是死授，仙是生修。

天界之中，「元始天尊」、「靈寶天尊」、「道德天尊」是道教無極界中最高神祇，受尊之為「三清道祖」，而玉皇上帝則是民間信仰中的最高神、眾神之王。玉皇上帝擁制命諸天、統御四海五嶽之神的權力，被尊稱為「諸天之主」、「萬天之尊」，但其地位次於最高神靈三清道祖。玉皇上帝「承三清之命，察紫微之庭」，掌管一切神、仙、聖、賢和人間、地府之事。天界眾神均列班隨侍玉皇上帝左右，猶如人間的皇帝和公卿。陶弘景所撰《洞玄靈寶真靈位業圖》之中，將道教龐雜的天界眾神系統排列，並嚴密地劃分為七個等級，每個等級皆有居中位的主神，以及（可）居其左、右位之輔佐神。

民間信仰中，天界有三十六天宮，七十二寶殿，可謂瓊樓玉宇。天宮金碧輝煌，儀杖、侍女井然羅列，直彷佛人間帝王宮廷。（唐）白居易即曾詠詩：「須臾群仙來，相引朝玉京。安期羨門輩，列侍如公卿。仰謁玉皇帝，稽首前致誠」。天界諸神各有所司，舉凡日月星辰、山川河海、井路門灶，皆有其神。而攸關世人之福禍、吉凶、生死，其權亦由各主管之天神所掌。

（唐）李賀《天上謠》一詩中所描述的天界景象，其幽雅情境也令人興起無限遐想。眾神置身天界，凌空飄渺，悠閒清靜，怡然和諧，優雅而自在。天界的天兵、神將騎天馬，飲天河，於上界則衛護天宮，肅穆威嚴；臨凡塵、降人間則除魔降妖，伸張天理。「天上一日，人間一年」，天上神界近乎寧定不移的歲月，相較於苦短的世間人生，真可謂相去十萬八千里。

靈界的規律

天、地運行與相互交感既形成了天道、地道，創造出有形之自然界，又化生陰、陽，孕育出無形之靈界。陰係月，無光，隱密之意；陽係日，光亮，顯露之意。陰、陽不但是一種相對情境，也是人生死狀態的表述，更是有形與無形世界、現象的代稱。陰、陽彼此對應，在實質與概念上，是此消彼長、此起彼伏。雖然如此，但陰、陽之間仍維持著：⑴相互依存；⑵相互為用；⑶協力合作；⑷彼此交融；⑸彼此平衡的關係。

天在上（界），地在下（界），人在其中（間），此為自然界，亦為有形界。天為神界，地為鬼界，人立其中不為神亦不為鬼，此為超自然界，亦為無形界。人因為有肉身且有靈，於是乎人遂可與有形天地的自然秩序，乃至與超自然無形天地的神、鬼之靈相互交感。人在生時，靈存於有形天地；人死後，靈存在於無形天地，或入於鬼界，或入於神界。人於生時靈在陽，為陽之靈；死後靈在陰，為陰之靈。人之靈既不在陽，則在陰；不在陰，則在陽。凡此皆必有其規律，並依此規律運轉，方能使天、地、人三界之靈得以各適其所在。然此一規律，仍必須統合人於有形界與無形界的秩序共論，始可明之。

天地有道、人秉其道

人與天、地並列為三才，人的靈為無形天、地所化生，肉身則仰賴有形天、地之資以供養。雖然並列三才，但人不可誤會與天、地等齊。天擁日月星辰、雷電風雨，使晝夜分明，四時交替，此一規律名為天道。地有高山流水、沃野千里，使阡陌縱橫，年谷順成，謂之地道。天降風雨霜雪，地得甘霖滋潤，天地相合，厚生萬物，利益眾生。是以地道順天道、承天道、應天道，萬物各安其命，各遂其生。天、地之道如相違，則生機不發，萬物難存，人亦不活。故天、地交感，天、地之道和諧，人道得立。人既受天覆地載，當感念天、地恩德，常懷被澤蒙庥於天、地之思，使萬物共存，是謂善盡人道。

《莊子・齊物論》：「天、地與我並生，萬物與我為一」。其意為，人如能順應天、地，依循天、地自然之和合，則可立足於天、地之間；人能尊重萬物，保持彼此平等、共生關係，則可相輔相成，融為一體。《道德經》云：「故道大，天大，地大，人亦大。域中有四大，而人居其一焉。人法地，地法天，天法道，道法自然」。「道」含有規律、道理、道術等多重意義，但其最核心的意義是—做為天、地運行的規律，萬物生存的依據，人立身行事的基礎與法則。所以，人能順應天、地並與萬物融合，即在於效法地順之於天，而天又效法道順之於自然。因此，人的行為，其終極應遵循自然，順應自然，體現「以輔萬物之自然而不敢為」之精神。

生死流轉、不悖陰陽

凡人始受胎即有靈，在天界即已獲登載入冊，所謂：「籍係三元（三官大帝），名書（玉皇）上帝」。而人之一生，吉、凶、禍、福、壽、夭等雖屬自作自受所致，但亦受神祇在冥冥中監管、裁決。人自作自受者為其肉身、性命，受監管、裁決則為其靈。玉皇上帝、紫微帝君、五斗星君、三官大帝、泰山府君等形成嚴密機制，掌理人的生、死、禍、福。天界與地府神祇各司其職，共同考校人之一生功過，凡人自出生之日起的善惡均予以詳加記載並彼此核校，定時清算。而「東斗主算（紀算保命），西斗記名（記名護身），北斗落死（解厄延生），南斗上生（延壽度人），中斗（曰）大魁（掌保命）」，總監其靈（《太上說中斗大魁保命妙經》）。「受生之時，五斗星君、九天聖眾注生注祿，注長注短，注吉注凶，皆由眾生自作自受」（《太上老君說五斗金章受生經》）。

人的生命死亡，也由天地之間的神祇依程序報請有司判定。《太上靈寶業報因緣經》云：「人欲終亡之時，皆是地司上奏諸天，諸天按察，依其部籍定其死名，敕下三界官屬，四司五帝收其魂魄，絕其生氣矣」。至於人有疾病、刑厄、凶禍、官災、牢獄、水火、刀兵種種困苦，也都是地府、冥司所考罰。

人死後靈必有所歸，或歸於天，或歸於地，皆依其在生時之造化，天、地亦不違也。人既已亡故，當其靈魂由陽世轉入陰間時，個人之境遇即迥然不同。亡靈先由陰司之牛、馬將軍牽引至城隍府君處，先經有司檢閱生死簿，依個人在生時之功過核計其款受。一生多善行，積有陰德之人，其靈可授以神職，或再經十殿之轉輪王，投胎人間。一生多行不義，為非作歹者，其靈則留在陰司地府依罪之輕重，受各殿之刑。

道教信仰中，靈界體系是以「天」、「地」、「人」、「鬼」四個面向交織、互動。(1)天既指現實的宇宙、蒼穹，又指神祇所在之天界，受奉之以為天道。因為神靈為陽氣，因此神靈所在的天界也稱為陽界。⑵地既指現實的地表和萬物安生之處，又指鬼魂所存在之冥界有時也稱為陰界或陰間，受奉之以地道。⑶人既統指人類，也指個人。人所居之地青天朗朗，白日昭昭，謂之陽世。人們習慣稱陽世為陽界，但在認知上不應與神靈所在的陽界混淆。人固可稱陽世為陽界，但不可稱神靈所在的陽界為陽世。人的一言一行當正直無私，行事磊落，奉行人道、人德。⑷鬼指人死後之所歸，即鬼魂。人盡其一生能修善德，尊天地之道，謹守人道，則亡故後可脫離苦海，自陰界超升，名籍不錄於鬼界而列為神，此為道教傳揚經由虔修而成就自我的途徑。

人之靈既不離冥、陽兩界，因此無論在冥、在陽皆由有司各依其律論之。人生時在陽世所作所為，死後之靈在冥界亦必受判定及承受其後果。「為善者，天報之以福；為不善者，天報之以禍」（《荀子‧宥坐篇》）。雖然有人在生時於陽世作惡多端，果報未現，也許是前世福份尚未享盡。古人云：「善有善報，惡有惡報，莫言不報，時候未到」。

「欲知前世因，今生受者是；欲知後世果，今生作者是」（元‧劉謐《三教平心論》）。此乃佛家勸誡世人守善去惡之說，其意義正體現生死之流轉與陰陽之道。「今生受者是」，所論固為人肉身在陽間、現時之事，但個人苦樂所以不同，可推斷出其人在前世所作所為，或出生之前於陰間之款受。而「今生作者是」，亦不僅隱含將顯現人死後其靈於陰間所受，尚可推至來世（輪迴）之境遇。

「善惡到頭終有報，只爭來早與來遲」。善惡為因（緣），苦樂為果（報）。人如真有過去、現在、未來三世，則其生死流轉及苦樂之循環，按佛家的說法即是因果報應的浮現，並依其在現在世（為人時）的善惡評斷。生死之流轉與陰陽之道所論者，其意涵如下：⑴天（陽界）、地（冥界）、人（陽世）三界，同屬靈界。人出生或死亡，意謂著其靈出入於冥界、陽世率皆由三界有司認定。⑵人的靈或源自於天界（陽界）降轉，或來自於冥界輪迴轉世。⑶陽世、冥界皆有出生入死，靈入於冥界，即亡於陽世，靈生於陽世，即亡（消）於冥界。⑷一如陽世，冥界也有善惡的懲罰；人在陽世享樂或受苦，乃承續冥界之賞善罰惡結果。

《素問・陰陽應象大論》云：「陰陽者，天地之道也，萬物之綱紀，變化之父母，生殺之本始」。天地之間萬事萬物的發生、演展、變化、消亡之根本原因，以及交感的規律，皆各有其遵循，以證陰陽間相通、相生、相映之道。而人既存在陰陽之中，肉身之生死與靈之流轉自不違陰陽之道，而人之靈亦隨肉身之生死受天地與陰陽界所統制。

陰（冥）陽異界、感應各殊

《莊子・至樂篇》稱，一切有生命的物體都源於存有「氣」，所謂：「氣變而有形，形變而有生」。「天地者，形之大者也，陰陽者，氣之大者也」（《莊子・則陽篇》）。「氣」不僅是構成「形」的原質，其龐然之氣，又各自「顯示」在陰或在陽之形。至於人，「人之生，氣之聚也。聚則為生，散則為死，通天下一氣耳」（《莊子・知北遊篇》）。所以，氣之相互聚散運動不已，成為萬物生死流轉及是否存在的表徵，而氣之龐然且大者，進而區分其為陰（氣）或為陽（氣）。

《列子・天瑞篇》亦云氣，「清輕者上為天，濁重者下為地，沖和氣者為人；故天地含精，萬物化生」。神或神界為天，其氣清輕為純陽，純陽之氣的特性為：清輕、熱、升、動。而諸天既由陽氣所成，其生成則各有氣數。至於位在天界之神則「因氣結變，託象成形，隨感而應，無定質也」。如陶弘景《登真隱訣》云：「所謂天兵天將，『官將及吏兵人數者，是道家之氣，應事所感化也，非天地生人也』」。

鬼乃平常人與惡人死後所化，其氣重濁屬純陰之氣，特性則為：沉濁、寒、降、靜。「鬼神者受積陰之氣，陰鬼之道，鬼貴無形，故棄陽而煉陰之氣，氣積即息，息即歸陰，陰即歸死，有得死者，故名寂滅。寂者，凝靜也；滅者，空無也。鬼道貴無形，蓋任空寂」（唐・彭曉《紅鉛火龍訣》）。

萬物既各隨所稟之氣而生，自有巨細柔剛、聲色臭味等氣質與才性之差異。人與天、地，與鬼、神，與萬物之間，雖有大小、幽明、通塞之不同，但皆屬於氣化之生理，所以彼此（本）可相通、相契合、相互感應。但絕大多數人對於陰界、陽（天）界的形與氣已無法生其感應，區分彼此之不同。因為人們常陷於情慾，貪執自身利益，遂迷失本性，其交感能力漸減，從而亦難通於陰、陽。

天地合道、映之於人

人之靈既出於此，又入於彼，則陽世與陰間彼此為異界。雖為異界，但陽世與陰間為共存、並存，此自具有「天眼」的通靈者可得到驗證。俗話說人、鬼殊途，陽世與冥界之間，鴻溝難逾。但依據通靈者的說法，他們可以「看見」冥界景象。在臺灣南部地區有稱之為「觀三姑」的「觀落陰」，是屬於觀靈術的一種。觀靈的過程不僅能清礎的見到景物，而觀靈者本身的意識也是清醒的。觀落陰的過程中，觀靈者靈魂並未離體，但卻能見到幽冥界的事物，顯然冥界與陽世間乃共存、並存。

冥界就緊緊和陽世貼在一起，它們存在是（絕對）實際的。冥界與陽世難以切割，就如同一枚錢幣的表裡一般，彼此緊密但仍有區隔。至於天界，並非就在冥界的相對面。天界不但和陽世間緊密，而且也和冥界貼在一起。

《荀子・天論篇》曰：「天有常道矣，地有常數矣，君子有常體矣」。常道、常數、常體皆指一定的運作法則、規律，此法則、規律就是「天、地、人」三才各有各的秩序。換言之，三個不同的世界是三個不同的空間，各自依其律法運行、管理，各有各的制令，彼此（本）不礙。

但古人卻認為，不論在生或離世，人的命運均受天、地、神祇公道而無私之判定所支配。《道德經》云：「天道無親，常與善人」。而《西升經》也說：「積善善氣至，積惡惡氣至」。

換言之，人只要能夠時常行善，天、地於彼界必適時感應而降福（氣）。反之，人如果刻薄而不行善，天地亦隨時感應，必定降下災殃。所以，人的福禍吉凶、生死存亡，雖然與神、鬼對人的感應有關，但顯然又取決於自己的道德行為。

《尚書・伊訓篇》云：「唯上帝不常，做善降之百祥，做不善降之百殃」。此處所謂的上帝不常，是指上天並未定論，完全取決人的行為。人若常為善，則天、地必能感應之而使其得福，若常為惡則必降之禍災。子曰：「鬼神之為德，其盛矣乎！視之而弗見，聽之而弗聞，體物而不可遺」（《中庸・右第十五章》）。意謂神、鬼是極致地彰顯其德行，但人的肉眼是看不見的，耳朵是聽不見的，但祂卻體現在萬事萬物之中，發生什麼事都不會遺漏，都會體察出，也都會有反映。

生死之對策

就自然律與必然律而言，人與生就會有死亡，這是無法改變的。西漢文帝（前二〇二－一五七年），曾說：「蓋天下萬物之萌生，靡不有死。死者天地之理，物之自然，莫可甚哀」。而明朝劉基（伯溫）所作之《鬱離子・論鬼》中也說：「夫天地之生物也，有生則必有死。自天地開闢以至於今，幾千萬年，生生無窮，而六合不加廣也，若使有生而無死，則盡天地之間不足以容人矣。故人不可以不死者，勢也」。

戀生懼死，人情難免。唯明朝葉子奇曰：「死生，天地（間）之常理，畏者不可以苟免，貪者不可以苟得也」（《草木子・卷之二下》）。俗話也說：「閻王注定三更死，絕不留人到五更」。人既以氣聚而生，氣散而死，凡人如能坦然視之，則死亦何足懼。「太虛不能無氣，氣不能不聚而為萬物，萬物不能不散而為太虛，循是出入，是皆不得已而然也。知此，可以言生死之理矣，可以生順死安矣」。又或者能視死生為：「夫人之得氣以生其身，猶火之著木然。魂其燄，體其炭也。人死之魂復歸於氣，猶火之滅也，其燄安往哉？故人之受氣以為形也，猶酌海於杯也，及其死而復於氣也，猶傾其杯水而歸諸海也」（《鬱離子・論鬼》），令死生來去自若如此者，則於生死亦豈嘆惜哉。

囿於世人對死亡實難以處之泰然，死亡之苦惱與恐懼始終困擾著人類，從而成就了宗教救贖世人之功德。不論東、西方宗教，教義的核心植基於解析人對死亡之惑，撫平對死亡之恐懼，並由此衍生、增益其內涵。各宗教關於人之死亡，自有不同解讀以及對策，唯其所論亦不出「超越」、「擺脫」之道。

「佛」

佛教的生死輪迴說，承繼自婆羅門教「輪迴」的教義。輪迴（梵語，Saṃsâra）原是印度婆羅門教主要教義之一，婆羅門教認為四大種姓及賤民於輪迴中生生世世永襲不變。佛教再將婆羅門教原有的天道、祖道和第三道等三道輪迴，擴展為六道四生。

輪迴說認為，「人」之生死永遠處於循環（交替）狀態。當人死去以後，其「識」（精神或意識）會離開人體，經過一些過程

六道輪迴示意圖

後進入另一個新生命體內，該新生命體可以是人類，也可以是動物、鬼、神。在這一過程中，一個人的識當下所存在的狀態稱為今生，存在前一個輪迴的生命體是前世，下一個則稱為來世。前世決定今生，今生決定來世，使三世因果相依，生死循環相續。

在輪迴的過程中，凡有生命者（必）有前世和來世。一個人的前世不一定是人，也許出於神界，也許是鬼界，畜生界；反之，來世去處亦如是，此謂之「六道輪迴」。六道輪迴之六道，（由上而下）分別為：⑴天道；⑵阿修羅道；⑶人道；⑷畜生道；⑸惡鬼道；⑹地獄道。所謂輪迴，乃上下浮沉的生死輪轉。換言之，死於此道（後），或（再）生於此道，或（再）生於彼道。至於（能）得生於何道，取決於死前之善、惡業。

業（梵語，Karma）係造作、行為之意，包括人過去、現在與未來的行為。有業就會有業力，業力即行為所引發的結果。佛教業力說亦採自婆羅門教，其要義在於：⑴現在之我乃是過去一切行為的結果；⑵我之未來即現在一切行為的結果。人的業力會累積，成為一種潛在力量，也是主導輪迴的因，不單顯示現世的結果，還會無止息地延伸至來世。「業」，有三大類：⑴身業；⑵口業；⑶意業。身業就是身體行為，或身體行為的結果。口業就是口說的話語，或話語產生的結果。意業就是內心所思所想，也就是意念或意念的結果。

身、口、意業三者，身、口之業形之於外，易為他人所見，但意業卻深藏於己心，有時並未顯露。意業雖然是人的內在意識，但往往影響身、口二業，有時就因為它促使人發生行為或產生行為結果。身、口所造業，既會隨著意念（業）而起，則念善（者）造善業，念惡（者）造惡業。如此說來，意業在三業之中具有策源、根本、薰染之作用，長期潛伏於心，難以對治。

意念是想法、意圖，除人的行為中屬於反射動作者外，其餘皆源於自我之意念。意念既受心思左右，一切業力可以說是心造作之結果。人既有行為，就必定產生影響或形成相對應的結果，這就是因果律。換言之，受人行為影響或承受其結果者，可能是自己，可能是他人，或兩者皆有之。自我行為之影響或結果，有時造成他人難以彌補之傷害。雖然我已造業，他人可能也因我之行為蒙受傷害，但未必被即時察覺。因此，人在起心動念時，當慎之又慎。

人既須待人接物與他人時相往來，有意無意間就難免生出業力。業力是利他或害他，影響他人深或淺，有時難以估量。有些業力，當下也未能定論是善或惡。但當因緣時機成熟，果報現時，利害、影響、善惡率皆分明。業力雖累積，但存於何處？業力存於時空，所存時限難論。當人造了業後，遇緣且條件成熟就起作用，即現果報，如同風與火的形成，均有其條件。地表上的空氣遇熱上升，遇冷下降，冷暖空氣相互間不停地對流遂形成風，對流情狀決定風力及風向。火是可燃物遇夠高的熱或溫度，且在氧化劑助燃之下始生。其物雖可燃或屬易燃物，但燃點不足或者並無助燃，火亦不起，這就是業與果報之間相互關係的具體描述。

因果昭彰，纖毫不爽。一個人今生如能行善、修善業，他的來世也許仍為人；若求一善而不可得，來世將墮為鬼或畜生。三界六道之中的一切行為，既脫離不了惡業和善業，一旦善業和惡業累積後，自必感召天、人、鬼、畜等六道之結果。雖然，人在今生所做善、惡業，可決定來世的果報，但臨終時心存善、惡之念，仍有扭轉情勢的功能。《大智論》云：「從生做善，臨終惡念，便生惡道；從生做惡，臨終善念而生天上」。

但人無論如何積德行善，即便再世為人，仍依舊要歷經生、老、病、死，人世間始終是個苦海。為了要擺脫生死不已的「輪迴」，佛家另外創造「涅槃」之說。涅槃（梵語，Nirvāna）為佛教修行者的終極理想，意譯為滅、滅度、寂滅，指滅切貪、瞋、癡的境界。只有到達涅槃境界後，因為所有煩惱都已滅絕，所以人不再輪迴，跳脫生死，永生西方極樂世界。

涅槃亦作「圓寂」，即諸德圓滿、諸惡寂滅之意。涅槃並非死時才能證得，肉身尚在者稱「有餘涅槃」，肉身已死者稱「無餘涅槃」。涅槃之境，即是超越時空的真如境界，也是完全靜寂的至高無上境地，是佛家修行者可達最高境界。

「道」

道家立論，天地間充塞陰、陽之氣，二氣融合、調和化生萬物。《道德經》曰：「萬物負陰而抱陽，沖氣以為和」。王充於其《論衡》中亦曰：「天地合氣，萬物自生」。綜合前揭所云，推演出如下意涵：(1)天地之間（自然界）是陰、陽二氣相互融合與調和的氣場；(2)萬物乃陰、陽二氣調和所生，亦需藉天地調和陰、陽二氣始生；(3)陰、陽二氣的變化關係著一切生物的存亡，人亦無法例外；(4)人一則體內的陰、陽二氣必須調和，再則必須與體外的陰、陽二氣調和。

人透過自律神經，經由吐納使體內與體外之氣不斷交換，藉以存活。人既不能片刻離氣而生，唯氣乃瞬息即變，從而古人遂著力於強化自體吐納，並依陰陽互推之理，變化自我體內之氣。雖然尚未辨別出空氣中有氧與二氧化碳之分，但道家以陰、陽表示氣之異且思考如何調控，用之有效調理體內之氣變化，就現今觀點此亦符合科學與邏輯之論。

天地之間，當陽氣外發（散）時，陰氣就內收（斂）。在陰陽相對的二氣彼此作用下，萬物不斷地調整、維持自身對二氣之平衡，才能充滿生氣、保有活力。自然界陰陽二氣有序地（自發）互動，四時八節次第運行，萬物之生命始得以永續。人能明白此理，依此情勢，循此發展，既可順天地間陰陽二氣的變化思考與之調和，即可延生、長生。

氣是人體生命存活的基本物質，臟腑機能藉之啟動，細胞藉之活化。除了體內陰陽二氣必須調和之外，體內之氣的聚散狀態也標誌著人的生死。《莊子‧知北遊》云：「人之生，氣之聚也。聚之則生，散之則死」。氣進入體內過程以及存在體內，名之為「聚」。氣自體內而出或者盡出而不復進入，謂之「散」。一旦氣不復入於人體，表示此人呼吸衰竭，心臟遂停止跳動，體溫乃逐漸下降，生命即死亡。莊子對於人因為「氣聚則生，散之則死」之說，成為道家及其後道教積極探索人如何養氣以護其生、衛其生之發想。

既能藉氣鞏固生命，道教遂據以理出諸般調控、駕馭、變化體內之氣的作為。早期精研道（家）術者著重於補氣、調氣、養氣以延生，所以彼等被冠以練氣士之名。人尚未出離母體時，其體內已有之氣稱為「元氣」。自出生之剎那起，藉著呼吸使自體內、外之氣不停地交換、循環，人的元氣遂得以補充。而注入且聚於體內之氣亦促使各器官正常啟動，既活化了生命機能，也強化了生命動力，維持人體生存與增長。從而，於日後生命過程中能勤於補氣調元者，不僅益增自我生命泉源，更是實踐、體現養生與長生之道。

氣雖不可見，但可感受其存在。氣入於人身，既可使人意識自我存在，活出自我，同時也隨人而轉並對人發生無形之作用。當氣入身，遍行於體內：⑴體強時則氣強，體弱時則氣弱，反之亦然。故人可藉調、控、轉體內之氣，益增體魄。⑵因體內行氣，使人散發、流露其內在之心性。換言之，氣除可使他人見我氣勢，覺我體強或弱，亦可使他人明我心性。他人因感受我之氣，或使其對我肅然起敬，體我正義凜然之靈；或使其覺我和藹可親，感我溫文儒雅之性；或使其望我生畏、退避三舍，見我奸邪之心。

氣既可影響人之心性，亦受人心性之影響。人可改其氣，變其氣，遂易其心性。氣既關乎人之心性，常繫人一生之名與命。其人雖已亡故，唯其在生時所具之氣尚存人間，受他人不斷地評說且雖死亦難以安寧者多矣。（晉）張湛（約三二〇—？年）於其《列子注》中云：「是以聖人知生不長存，死不永滅，一氣之變，所適萬形」。是故，人當於體內存何氣，死後留何名聲，使人有何感，任憑人自思自量。

明白藉服食鼎爐提煉礦石所成丹藥延生之弊端後，習道術者求長生的想法遂轉而以修練自身精、氣、神為主。修練自身精、氣、神又稱內丹（術），為道教確立為養生延命的修練途徑。綜合內丹之意義如下：⑴內丹以人身為鼎爐，以自身意念強弱為煉丹之「火候」，藉修練「精、氣、神」等使之於體內結成丹藥，用以強身健體、提升生命動能、祛病延年。⑵內丹之修練途徑以練氣為核心並擴而充之，同時修練與體內之氣息息相關且受氣激發、連動、活化的「精」與「神」。⑶內丹術認為，人如果能按照陰陽、五行之相互對應日積月累地修練，就可轉化體內精、氣、神，一則強身健體，提升活力，再則延長己命，壽滿天年。

「精」始終是人的生命活力泉源，既是胚胎形成之初的基礎物質，也是胎兒出生之後維持生命力的根基。「氣」啟動、驅動生命機能，是生命活化的原動力。「神」則是心性、意識、知覺等一切生命現象的表現，而自我生命力之展現就是「神」的存在與作用。精、氣、神孕育於胎兒之時者為先天，挹注於出生之後為後天。先天之精是「元精」，自受胎之瞬間即已生成。先天之氣為「元氣」，為胎兒於母體內所涵養之氣。先天之「神」名之為「元神」，乃人體受胎之時上天所注入之靈。胎兒本其元神（靈）之存在，以元精為生命基礎，藉元氣不斷地運行而形成自我心性，孕育自我。

自出生後，人體內之元精、氣、神雖獲增補而充實、茁壯，但受七情六慾干擾，使三者難免污染而失其質樸，且日日耗散、刻刻漏洩。於是，元精乃流為交感之「濁精」，元氣流為口鼻呼吸之氣，元神流為思慮之「識神」。長此以往，不唯精神渙散，了無生氣，軀體亦漸成枯槁。故道家主張用逆還先天之功夫，將後天之濁精，練成元精；將口鼻呼吸之氣，練成元氣；將思慮之識神，還為元神，使己命如大地回春。

人的精、氣、神有「人身三寶」之稱，彼此之間既形影相隨、須臾不離，又相互為用、相互轉化。精、氣、神三者間存在相輔相成、相得益彰之事實與現象，其相互作用之結果可謂具體反映人的健康狀態、生命力強弱。凡人精力充沛則氣就足，氣既足則神乃旺，神旺則身體強健。反之，精虧則氣虛，氣既虛則神亦弱，神弱則體衰力竭。緣此，精、氣、神三者當善加養護並使之協調、一致，同時提升，以維持、促進生命活力。至於，人如何增強三者動能並使之返還本元，以期益壽延年，則又被道教奉為念茲在茲的修行、修道門徑。

精、氣、神三者彼此連帶、互動，共同維繫生命，不可或缺，亦不可失其均衡。《太平經》云：「神者乘氣而行，故人有氣則有神，有神則有氣，神去則氣絕，氣亡則神去。故無神亦死，無氣亦死」（卷四十二）。「知神氣，可以長生，故守虛無，以養神氣。神行即氣行，神住即氣住。若欲長生，神氣相注」（《太上洞玄靈寶高上玉皇胎息經》）。順著深究有形精、氣、神三者調養之方，道家並發展出潛修無形心、性、靈的理論與策略。所謂：「神養於氣，氣會於神，神氣不散，是謂修真」（《三茅真君訣》）。在中醫，人體內精、氣、神三者有效調理，亦做為保健養生與治療疾病的基礎。「養心則神凝，神凝則氣聚，氣聚則形全」（《醫鈔類編》）。

除其結構與需求應當均衡外，人之精、氣、神三者尚須識其指（揮）、管（制），以明調養、掌控之道。具體而言，精、氣、神三者統攝於心，表徵於性，反映於形（體、態）。人之心既主思維、意識、精神，大凡意志、信念、企圖之展現率皆從心所欲、依心所止。人心若思強身健體，則：⑴聚精會神而運其氣；⑵啟發肌肉、神經動能；⑶賦予體魄動力；⑷驅使四肢、筋骨運動。一旦筋骨活絡，人體內臟腑亦充分發揮機能。如此持續不斷、反覆行之，遂見其人精力飽滿，氣息勻暢，神情奕奕。精、氣、神三者調和、平順而俱足之人，其性情必溫和且平易近人，望之和顏悅色、不慍不火。反之，面容無光者常見憔悴之象，多半精力不足，神情委靡不振，氣息無力，弱不禁風。

綜合而言，內丹（術）對如何積極保、養、調、控人的精、氣、神、形有術亦有方。「全生之術，形氣貴乎安，安則有倫而不亂。精神貴乎保，保則有要而不耗。故保養之道，初不離乎形氣精神」（《素問・病機氣宜保命集・原道論第一》）。行內丹之法於道門亦名為「性命雙修」，或稱「修性煉命」，意謂針對「性」與「命」的修練，故可分「性功」與「命功」。

從字面意義論，性功內修與內練精、氣、神，是修己心、完美己性；命功益增體魄、強化形骸，是修己身、延長己命。性功為命功之基礎，命功則為性功之反映。精、氣、神修練有成者，則自心端正、自性明亮、自氣高節，望之即有霽月光風之貌。能如此者，肯定胸襟開闊、精神煥發、身輕體健，年登耄耋亦已然可期。

然而，道門之修性練命尚有更進一層意涵。性功指的是對精、氣、神所成的自我意識、思維、心性之修練，而命功則是針對修練精、氣、神之後，對生命產生實質影響之修練。換言之，性功屬於練「虛」，命功則在練「實」，其兩者間之關聯如下：⑴性功形塑無形之我，命功形塑有形之我；⑵性功鍛鍊元陽、元氣、元神並轉化其素質，使之能與無形界順暢交感；命功則修練和益增元陽、元氣、元神並強化自體動能；⑶懷質抱真、懷真抱素，其實修性或練性就是修練人性並使之轉為神性，而練命則是培植己命具備成仙的要件。

道門修練之目的始終都在「修真」，意即藉由學道修行的過程求得「真我」。修真即「借假（身）修真（我）」，意在「去偽存真」。道門認為，人的軀殼（體）是假我，元神才是真我。人自出生以來，由於受情慾遮蔽使本心、本性蒙塵，在靈也日益迷失下只見虛偽、矯飾的外表。「去偽存真」就是藉由修練，洗淨和蕩滌心、性、靈的層層污穢，還其原貌，求得真我。

道教將修真得道稱為「修仙」，並認為無病無疾、長生壽永、返老還童、羽化登仙之術，乃盡人可學、盡人可修、盡人可成，只要善自修練，盡人可致。成仙之術，道門所力陳的修練途徑與面向其概要為：⑴修道之人透過練精化氣、練氣化神、練神還虛、練虛合道之過程中，完成精、氣、神三者合一之性命雙修與心、性、靈、氣之昇華。⑵內練精、氣、神之過程中「練精化氣」、「練氣化神」之作為已然有助於益增體魄，益延己命。⑶與此同時，「練神還虛」、「練虛合道」則是練我之靈與氣，使之得與無形界相通，得與天地、道法合於一。

雖然，修性煉命具有延生、登真之效，但人如果不能與天地合德，亦即外德不足者，其修練仍難有成就。因此，修道者平時應特重德行，即講求個人外在的修為。此之所以道門修練，始終強調「神形兼修」、「內外雙修」，其目的即在建立完美自我，以期：⑴在生之時，如能與天地合德，靈與氣自然能通天地，與天地神祇相互交感。⑵離世之後，因在生時之修為、德性既可配天地神祇，靈則不入幽冥並得登聖域。

「儒」

子曰：「志於道，據於德，依於仁，遊於藝」。這是儒家所期許的人生內涵，也是人行事應存的章法，更是極致表現自我生命的寫照。儒家之人生觀、生死觀，是希望人能認真面對現實生活，思索如何讓生命發揮其價值，毋須議論死亡之後會走入什麼「世界」。雖然如此，儒家是重生而慎死的。

在生死論說上，儒家除了尊重生命、珍惜生命外，對死亡則秉持慷慨凜然、沉著面對的精神。「死有輕於鴻毛，有重於泰山」；「當其貫日月，生死安足論」等都是描述人的生命應求其價值，而非論其長短。依儒家論點，人終其一生的作為，一定要符合「仁」的原則，所謂：「志士仁人，無求生以害仁，有殺身以成仁」。

儒家的生死觀，其特點為：⑴強調生命的價值，立足現時的人生，主觀面對各種挑戰。人生應積極於「立德、立言、立功」三不朽，以造福社會並揚名後世。⑵子曰：「未知生，焉知死」；「未能事人，焉能事鬼」；「敬鬼神而遠之」。因此，面對生死的課題，儒家主張人應先處理好自我在生時的問題，死亡（後）的世界雖非虛妄但仍未定論，人還是應回歸到現實生活。

曾子曰：「士不可以不弘毅，任重而道遠，仁以為己任，不亦重乎。死而後已，不亦遠乎」。儒家的人生哲學，著重弘揚仁義學說，並強調自我終生積極力行與實踐。再者，子曰：「朝聞道，夕死可矣」。意謂「道」是很重要的，一旦體會了道，就趕快去做，雖然只能實行一天的時間，也就足夠了。儒家提出「格物、致知、誠意、正心、修身、齊家、治國、平天下」等八目為修身之法，鼓勵世人循序漸進，由內而外，由近而遠完成目標，創造永恆的生命，這就是實踐「道」。

佛、道、儒三家藉由對死生之警覺，勸誡世人確立對策。人對生時之依戀不捨，以及面對死亡時之恐懼人人相同。人如何應對此一嚴肅課題，最終是否繳了白卷，在臨終時自我肯定心知肚明。人畢其一生，歷經幾多無常變幻世事，使苦樂相隨，稱心、順境之時，雖遠少過處於失望、逆境之際，但人仍渴望長久生存在世間。生命近似風燭殘年之期，臨終時身心的痛苦，常令人欲訴無門。死亡既不可免，要擴大內心對其恐懼，放大其傷悲，或是坦然面對減輕其哀戚，乃至積極轉變並延展生命的跨度，只在人的一念之間，全賴自我智慧抉擇。

修道是古代道家藉由對生死的理解，拆解生死之祕，以及對自我形體的觀察，所提出的生死對策。而「所以教人修道，則修心也；教人修心，則修道也」（《太上老君內觀經》）。因此，修道不僅注重修練靈與氣，更在使自我的心性合於天道、地道、人道，與天地並存。藉修道提升自我，以求擺脫、超越生死之苦惱，各宗教所見並無不同。《太上老君內觀經》：「道無生死，而形有生死。所以言生死者，屬形不屬道也；形所以生者，由得其道也。形所以死者，由失其道也。人能存生守道，則長存不亡也」。姑且不論是否能夠長存，人活著的時候，不僅是為讓自我身、心、性、靈、氣能活潑舒暢，需要修道。為了讓心、性離苦得樂，將來死亡之際能夠心安理得，更需要修道。

「道」做為天地萬事萬物根源，既存在宇宙之間，也存在於人心之內，做為人立足於世的根本。所謂：「心本是道，道即是心；心外無道，道外無心」（《重陽真人授丹陽二十四訣》）。「故心者，道之體也；道者，心之用也。人能察心觀性，則圓明之體自現，無為之用自成，不假施功，頓超彼岸」（宋・張伯端《悟真篇淺解》）。

修道始於修心，因為心主宰人的言行。人的一言一行是善或惡，取決於人的起心動念。佛、道、儒都教人從認識自心入手，以為修道（持）的根本，且皆不離「心為之道」的觀點。道家曰：「道也者，不可以言傳口受而得之，當虛心靜神，道自來也」（《太上老君內觀經》）。儒家曰：「人心惟危，道心惟微，惟精惟一，允執厥中」（《尚書・大禹謨》）。

佛家注重「明心見性」，修道的目的除了泯除受污染的心性，顯現其光明外，還要讓生滅、苦樂無常的生命，轉化成不生不滅，常樂自在。《太上老君內觀經》曰：「道以心得，心以道明。心明則道降，道降則心通」。道家注重「修心練性」，即運用一定的修練方法和技能，使人徹悟死生並藉由修道讓自我心性回歸本源，得與天地同在。至於儒家則注重「存心養性」，即存本心，養本性，回歸於至純、至善之天賦人性，達到天人合一。

總之，道家言天、地、人合一，儒家亦然。《中庸》曰：「唯天下至誠，為能盡其性。能盡其性，則能盡人之性。能盡人之性，則能盡物之性。能盡物之性，則可以贊天地之化育。可以贊天地之化育，則可以與天地參矣」（《中庸・第二十二》）。（唐）武則天（六二四－七〇五年）曾說：「佛道二教，同歸於善，無為究竟，皆是一宗」（《禁僧道譭謗制》）。所以，在論生死及其對策上，豈是佛、道，更言佛、道、儒皆一同也。

第二章

靈修的識別、內涵、機轉

世人殫精竭慮地探索生命的奧祕，費盡心思想掙脫死亡的羈絆，經千百年後深刻領悟：⑴假使生命可長可久，似天地般永無止境多麼美好。但人的身體隨著歲月消失逐漸衰老，生命必有終止之日。⑵人無論使用什麼方法，都不可能練就「不壞之身」，也無法停止身體的老弱病亡。⑶靈是一種無形狀態的非物質，人人都有。靈能貫穿生與死，並未隨人肉體死亡而泯滅。⑷靈是人的本質，擁有意識，使生命得以活化。靈主宰著人，並使人顯現自我與他人之分別，是內在而真正的我。⑸人與生就有靈，本極其純樸，在生命過程中的各種經歷、變化常使靈變質。但靈如能褪去所受污染，仍可還其原本面貌。⑹既然肉體會滅亡，靈才是真正的我，如果能在（肉體）生命結束後，求得靈的永生，也值得欣慰。

「天人合一」，「天地與我並生」，都隱含人追求與天地等齊，融合於有形與無形之天地，也蘊含人對永生的渴望。然天地何其廣袤，既是無垠空間的聚合又是無限時間的延續。人如何與天地相提並論，又融於何處、何時？天地有兩個維度，除了人肉眼所見有形有象的天地外，另有一無形無象的天地。要使人融入天地，必求其方式。於是，人既然有靈，而且：⑴靈是無形狀態，適足以融入無形的天地間。⑵但無形無象的天地是神靈所在空間，一般人的靈並不具備進入此境界的條件。⑶於是，不論是在人身生或死時，人的靈必須到達一種出神忘我、肖似神明與清淨無瑕、無垢的地步，才能融入天地之間。

眼見歲月倏忽而逝，為免苦嘆生命空寂，人生在世如能立訂一更高、更重要、更深層之使命，修正及純化「假我」，積極修練「真我」，厚植融入天地之根基，豈不快慰哉。真我就是佛家的「摩訶般若」（簡稱般若），又稱本心、實相，是生命的原貌，也是生命的內涵、實質。不論本心，或靈性，或真我，都是人本質的最深層部分，不會隨生命消失而「雲散煙消」。

靈性是人最深、最內在的「我」；是遠比人身體知覺、心智、人格及感情更深一層的自性本體。靈性具有無窮力量，但常受忽視，因為它有時並未以真面目示於人。雖說靈性本善，但人有時會出現異常言行，令他人百思不解、詫異不已，這是因為每個人的靈性中，多少仍隱藏一絲邪性。人可經由努力，使邪性不生。「一日三省吾身」是儒家的策略，其目的在勸人經由不斷的省思，淨化靈性，去邪歸正。而佛家的靜坐或禪修，也是相同的目的。至於道家，則教人打坐，修真養性，收心求靜，清淨己心。總之，尋求內在靈性無限的淨化並推升之，如果有幸尚能側身神明境界，乃至與天地融合，常會使人真正感受生命存在的意義與價值。

靈修的識別

人的靈性既是自我本心，靈修便是自我本心、靈性、心靈的修練（持）。靈修除使人的靈性純淨且合於真、善、美外，並可經由修練的過程孕育出人生的大智慧。人人都應該進行靈性的修練，並非只限於已皈依（信）某宗教者。就實質論，靈修既能使自我感受存在於天地之間的價值，也能幫助個人優化人生並到達生命終極目標。此一見解甚為客觀、持平，並非空泛之言。靈修一詞，普遍風行，靈修者比比皆是；然則「橫看成嶺側成峰，遠近高低各不同。不識廬山真面目，只緣身在此山中」（宋・蘇軾「題西林寺壁」）。個人認知立場不同，接觸心態不同，對靈修之立論自然不同。何況，雖身在其中但尚難將靈修予以區分者應非少數，爰簡要析論之。

以神觀論

靈修與神、神靈的關係為何？簡單地說，因為：⑴靈修是要為靈在人死後找出路，如果能使自我的靈似神一般受人崇敬，則肉體雖已化為烏有，亦不足以為憾。⑵靈修是項自我改造與改善，使自我的靈在生前死後都接近（活出）神性。(3)但人很難改變自己，完成靈修目標經常要大費周章，並且必須藉助神靈的力量引導、鼓舞，始見其效。(4)如果能夠依附神靈的影響力，靈修者的靈性將可逐步、有序的超塵拔俗，進而融入神的世界。

比較靈修前後個人感受（應）之差異，靈修者常自認能與神佛接近並意識祂們的存在，這種意識無形中成為持續靈修的推力。因為領受神佛引導，所以靈修者對宗教秉持虔誠的信仰。靈修者雖以神靈為修行之引導，但亦有不藉助神靈力量，直接訴求自我靈性的修練，固可區別為「有神」的靈修、「無神」的靈修。

「有神」的靈修

「有神」的靈修，可分別為：(1)一神靈修；(2)多神靈修。一神（教）以天主教、基督教，以及伊斯蘭教為代表。所謂一神是指，天地萬物由一神所創造、控制、毀滅，神被稱為造物者，有大能、權威主宰一切萬物。由於相（確）信、承認宇宙中只有一位至上神，在基督信徒為「天主」、「上帝」，在穆斯林為「阿拉」。一神教主張，人當全心信仰唯一真神，靈修即親近神，追求人與神合一之道。

人死後靈性將復活，人一生對靈性培育及其成果也將受神檢驗和判決，這種說法在基督信徒與穆斯林都相同。因此，帶著一顆純潔的心去見真主（神），尋求臨終後美好的歸宿，即為基督信徒與穆斯林靈修的目的。為期靈命（性）成長與淨化，讀經、默想、禱告等列為基督信徒日常的靈修功課。至於穆斯林，除了應持「念、禮、齋、課、朝」等五種功課外，每日則按時向真主禮拜五次，以求淨化和提練心靈。

多神教以道教為代表，這是古老民族的宗教型態。古老民族常將自然界有形有像者，以及一切不可知、不可見之無形無像者賦予神靈，並按其職司予以區別。因此，除自然神外，尚有各種與民間生活相關的神，乃至民族英雄、氏族祖先亦奉為神。多神教認為神靈崇高無比，神聖至極，具悲天憫人、救苦救難的情懷，並有絕對的靈力可以護佑蒼生。不過人仍應自我要求，重視人倫關係，把遵行道德做為對神靈信仰的實踐。除神靈之外，仙也是多神教中人們信仰和崇拜的對象。神、仙雖屬於神靈的境界，但都可以由人修練而成。至於能否於死後成神或仙，就取決於人自身生前的努力。

信仰神並渴望親近神，乃至於晉身成神（仙），人就必須在生前，甚至死後積極靈修。由於是多神信仰，所以靈修時可得助於其靈力的神靈非常多。實務上，在靈修的途程，靈修者始終奉一尊神靈（明）為師，並與之感應及從其修練、修道者有之。靈修者為求經由不同法門修練、修道，奉不同神靈（明）為師者亦有之。「太上老君」、「瑤池金母」、「觀世音菩薩」、「天上聖母」、「關聖帝君」、「孚佑帝君」、「道濟禪師」、「準提佛母」、「九天玄女」、「中壇元帥」等等，都是倚道門靈修者，奉為引導、助力其體悟自我修道「心法」，砥礪自我品德，開啟自我智慧，豐富自我靈命，明亮自我靈性的恩師。

「無神」的靈修

「無神」的靈修，係指靈修者不依賴神靈力量進行內在心、性的修練。無神靈修追求的是自我內心靜謐與靈性提升，修行未必經由宗教途徑，也未必帶著神靈的因素。經由靈性修練，使自我不斷地朝向完美前進，以達到個人與宇宙本體合一是無神靈修的最終目標。

無神靈修者以一套系統的鍛鍊方法（如瑜伽、靜坐等），開展內在的靈性修練。與「無神」靈修主張相近的，有印度教的「冥想」和「靜慮」。而佛教中的「止觀」和「禪定」，也被視為同義詞。冥想是停止一切意識對外之活動，而達到一種「忘我之境」的心靈自律行為。靜慮等同於冥想，其意即專心斂念，守一不散之謂也。至於止觀則是止息一切妄念，觀察一切真理。禪定就是在定之中產生無上的智慧，並以無上智慧印證一切事物的真如、實相。

佛教不否定神的存在，但否定神的權威，主張人的生命應由自己主宰，自我心、性才是主人。所謂佛是已覺悟之人，人是未覺悟的佛，只要積極修心、修性，努力開拓自我心靈世界，人人都有機會成佛。

以體制論

人生在世數十寒暑，每當回首前塵往事，能自我肯定者少，持前途茫茫、人生渺渺之憾者多矣。年近遲暮，眼見在世時日無多，內心愈發慌亂，只能坐困愁城。此之所以年老者喜好接近神佛，無非是想藉宗教之洗禮滌心塵、開智慧，鎮靜心靈，協助自我安頓後續生命，順利人生終極歲月。對垂暮之年者而言，身體機能已退化，行動亦遲緩，但內心總期盼能趨身神佛座前，蒙神佛感召，投身神佛懷抱。修行宜早不宜遲之理，不言可喻。依其過程是否經由組織或制度化區別，靈修（行）可分非體制與體制的靈修。

非體制的修行

非體制的修行者，即一般宗教信眾的修行者，在佛門稱之為居士（意為居家修道之士），道門則稱為居士、門徒、信徒、信眾或者弟子。非體制的修行者，一般或稱為在家眾。個人選擇皈佛、道兩家法門修行，有時未必要納入其宗教體制而行出家。非體制修行的過程沒有宗教制式約束，少了繁文縟節，按照自我生活步調、作息需求、時間分配修行。換言之，未必要（如果需要）出家，在家同樣可以修行。《六祖壇經》云：「若欲修行，在家亦得，不由在寺」，即是指此。

佛教的講堂、精舍，道教的宮、廟等道場，都歡迎信眾修行，積極融入道場活動（例如參加道場的誦經團），並由住持或宮主自任為導師。信眾只要誠心奉行教義並由師指導，嚴格遵守教規、確實接受戒律、勤於聽經聞法、日常善言善行，在長期薰陶下，雖無體制約束但修練個人心、性、靈的成果必然可期。雖然修行講過程，論結果，但比較而言，修行的結果應重於過程，所以，非體制的修行讓修行者心態自由、心境寬廣、心理輕鬆。

在家眾如依附道場修行，通常排定有課表及修行科目，俗稱功課。在家眾於道場修行期程長短不定，由於遇到「瓶頸」或「障礙」始終無法突破，或導師也無法使其開悟及精進，有些修行者會離開該道場，另覓他處學習或甚至終止修行。在家眾的修行者宜依自我性格、條件、感覺，選擇合適的修行法門。只要把持方向，不道聽塗說，不過於狂熱，不盲目附和，就不會走火入魔。

修行時，與其他人共修之便，在於可相互模仿與交換學習心得。反之，個人單獨修行則無從查考、驗證自我體悟是否正確與真實。修行必有「所得」，肯下工夫者感受自然就多，唯人人感受各不相同，不能一概而論。修行有無價值，全憑個人體會，自我判斷的基準在於：(1)德行是否美化；(2)人格是否優化；(3)人生觀是否善化。修行所得歸於自己，雖可與他人分享心得，但別人很難有相同感受。修行者可以展現多種價值，但最重要的是實踐自我學習之心得。

體制的修行

進行體制（內）的修行，在佛門就是出家眾的修行。出家眾與一般信眾的修行，具有「修行意志、修行環境、修行層次、修行深度」上的差別，但是就修行本質而言，仍屬一致。換言之，兩者的修行目標與內涵，基本上是相同的。

出家眾行深度的修行，並以之為職志。所謂深度的修行，即受戒修道。深度的意思是指除點的、分散式的排程外，進入從覺醒起至夜晚寢息為止，全面式的修行。以佛教而言，受戒修道就是出家修行，亦即剃落鬚髮、拋棄華服、遠離世俗凡塵、謹守寺院戒律，清心苦修。佛門出家眾修行的目的在了生脫死，自度度人，其出家眾修行者概如下：⑴年滿二十歲受俱足戒的男子稱為「比丘」，受俱足戒的女子稱為比丘尼。⑵通曉佛法，而且能引導、教化眾生修行者稱為「法師」。⑶通曉禪定，一心坐禪者是「禪師」。⑷年齡長、智德俱優者是「長老」。

寺院、精舍、講堂是佛門出家眾聚合、修道之處，通常位於環境幽靜、景色宜人的崇山峻嶺中，以成就修行者所嚮往的淨心清修。出家眾潛心靜修的本質，就是經由途程不斷地證悟本性，最終希望能到達佛的境界。道場主要的規範在維護出家眾日常修行，禪坐、禮佛、拜懺、唸佛、持戒、課誦、抄經、持咒、朝山、義工服務、團體課誦等，這些都是修行者的功課。時至今日，推行慈善福利工作，參與社會教化活動，只要是淑世利人之事，也被廣納為出家眾修行的內容。

至於在道教，道士是經由度師授予三皈五戒後，專職學道修行且具有神職身分者。因為具有神職身分，所以向信眾佈達教義、傳道、弘法，主持道場祭典儀式（科儀），為信眾進行祈福、制解，以期蒙獲神明賜福、解罪，乃至於超薦新亡者（做功德）、安靈、陰宅風水等等率皆道士職司。神、仙崇拜是道教信仰特徵，道士憑藉修道以期契合神、仙境界。道士有男、女之別，男為乾道，女為坤道。

道士需拜師入門學習，經試煉合格後再經一定程序、儀式，始授以法籙和道職。傳統上，道士養成、學道都在道壇進行。而且道士的傳承多以家傳為主，很少對外人開放。因為有些道法的玄密術數，如遭居心不正的修行者濫用恐有害他人。不同於以往，現今某些道場已公開招收、教授有志者修道、學道，並且於學成後直接由道場考校及頒發奏職證書。道士依其修行程度、道法造詣，以及名稱、教職分別如下：(1)「道士」為修習道術的專職道教徒；(2)「道長」是教外人士對（出家）道士的尊稱；(3)女道士亦稱「道姑」；(4)「法師」是精通教義、教理並能為人師者，也是對道士的尊稱；(5)道士中學法精進、能主持齋醮科儀者，亦稱為「法師」。法師中，道功最高並為道場科儀進行時之總執司者稱「高功」。至於「天師」是專稱，乃教主張道陵或其嗣位掌教子孫之專稱。

道教別稱「玄門」，即玄妙之門。玄門修道日常有早、午、晚課，早課誦《清淨經》，懺罪悔業，以結仙緣；午課誦《三官經》，消災賜福，可結人緣；晚課誦《救苦經》，超渡鬼魂，可結鬼緣。修道即修心，修心即修道。修道者除了日常持誦經文外，克服己心，修養己身，平素善心、善行、善言、善語等，都是修道者對經典、教義的具體實踐。

除了修行，道士也重視修練五行八卦、符咒之術，這些都必須藉有緣度師的引導。論道門修行、修練的核心，主要為內在心性上力求高尚人格與完美品德，至於外在形體上則設法擺脫生老病死困擾。修道者既以度己度人為職志，從而在修練上，一方面向理想的神、仙境界邁進，達成自度；另一方面修練與神靈溝通的技術和能力，用以濟度他人。為符合此一目標，對一個修道者來說，身心與道法修練當並駕齊驅，同步邁進。

以師承論

依大方向論，道教修行的宗旨是性命雙修，得道證道；而佛教則是擺脫輪迴，往生淨土。雖然共同點都在教人脫離人生苦境，但佛教是出離三界，得證涅槃，道教則追求最終人與天地合一。

自我可習型靈修

自我可學習型靈修是指，想修行者自我可以閱讀學習題材，自我思考議題，自我組織修行內涵，自我檢視和監督修行過程，以及靈活運用所攝取的知識解決疑惑。由於修行資源和修行管道日益多元與普遍，開闊了自我修行的環境。特別是宗教組織積極經營與運用各種傳媒（電視、網際網路），或者經常舉行宣教活動（如佛教之各種法會），使有心修行者自由、方便獲得所需資材，擴增個人獨立自主、自覺學習的深度與廣度。

如何進行自我可學習型靈修？時下坊間廟宇公開陳列民眾發心印贈之善書、經冊，也有許多開悟者傳道的多媒體影音資料，供人自行取閱。此外，更有空白抄經本，方便他人讀誦、抄寫經文，這些都有利於個人進行靈修。自我學習型靈修者常藉自我針砭，以及在生活中充分實踐教義，使人感受其良善品德、高尚人格、慈悲情懷，十足彰顯修行成果。換言之，只要不是只有在心理上意識，以及表面上認知修行的內涵，而是能夠將道理、心得身體力行者，也具有相同修行效果，達到修行目標。

修行固然講求師承，但個人決心和毅力也很重要，俗話常說：「師父引進門，修行在個人」。修行能否入道、悟道，緣於個人慧根。所謂入道、悟道，是指真正體會修行的意義與價值。六祖大師云：「迷時師度，悟時自度」，師父只是指點迷津，真能悟道源於自性。至於修行多久能悟道，也取決於個人平時之勤勉度。就像一棵樹上，哪朵花會先開，哪粒果會先熟，快慢難測。事實上，禪宗修行講求「頓悟」—頓見真如本性，強調直指人心，見性成佛。所謂：「前念迷即凡夫，後念悟即佛」，因為人人本具佛性，修行者只要自我肯勤修即能自悟，亦皆可成佛。

佛教修行強調修心，並期望到達「心無罣礙，無罣礙故，無有恐怖，遠離顛倒夢想，究竟涅槃」之境地。在佛教，在家、出家修行者皆始於受戒執身，以遵守戒律並配合靜坐、唸佛、拜懺等功課，來淡化自己的習氣，使心清淨。修行者自心清淨後，面對諸般境界，才能事事自在，省去無謂煩惱。

受制於無明、煩惱與業，人生而又死，死而又生，六道輪迴之苦難以超脫。即便在生之時，人人也無不感嘆生命之中歡樂太少，苦難太多。人生歲月看似漫長，然時光飛逝，倏忽即屆遲暮。一旦年老色衰，病魔纏身，撒手人間之期接近眼前，人人心中都有道不盡的苦，說不完的哀戚。佛家之所以教人要修心，以心只要能靜，則可了悟一切；能了悟，則不惑、不懼，無所罣礙，無所遲疑。能不疑不惑者必具大智慧，不但可轉迷開悟，超生了死，亦可解脫輪迴，證道菩提。《金剛果論》云：「若有人悟自心，把得定，做得主，不造諸惡，常修諸善，依佛行持，立佛行願，佛說是人，不久成佛」。

佛家的修行著重自我行持，亦即要能「自悟」、「自覺」。其意義在闡明，修行應該是不假他人的自我覺醒。修行之成果是自己修來自己得，淺修則小得，深修則大得，所謂：「你若修得功，別人分不得」（《大乘金剛經》）。

師徒相傳型靈修

在道教，修練自古以來即講求師徒相傳，天人相通之術只有在師徒間祕密傳承，世所罕聞。就修行而言，道教門派間的功法、竅門本就各異其趣，而修道有成者，其術數之祕訣、心法有時也只會傳給有緣有德之人。至於「道藏」所收編之歷代典籍，既浩瀚繁雜且內容常艱澀難懂，必須透過師傳始能融會貫通。道門選徒，擇而不泛，非得師傳授且受戒「入道」，實難窺道家修練之玄機。道教的入教儀式嚴格，經傳度受牒後才是道教徒。道教徒稱為「三清弟子」，需終生信守教規。未經入教儀式者不具教徒身分，只能稱信（教）士。

道教之修練，其功法體系龐雜，各分畛域，各自專精，凡入門修行者必須經師細密指導，才得以明白、通曉其步驟。道教的修道法門因宗派而有不同，其派別屬性如下：⑴積善派——積功修德，靜修神人相感。⑵經典派——研證經義，敬修神人相顯。⑶丹鼎派（也稱全真教派）——結丹煉養，敬修神人相發。⑷占驗派——陰陽易卦，敬修神人相應。⑸符籙派——飛符演法，敬修神人相通。

符籙派以符為媒介，藉以通神、招靈、保命、劾鬼。符指書寫於紙、帛上的筆畫屈曲、似字非字、似圖非圖的符號、圖形；籙指記錄於諸符間的天神名諱祕文。符籙是神靈威德的顯現，是修道者表現神靈強大神祕力量的載體。要使符籙發揮效能，必須畫符者以及所畫之符皆具備條件。雖然有時畫符者已離世，但符籙的威力仍可存在。

宗派間途徑雖然各異，但道門修練仍以外德、內功為要旨，以養性、修真為目的。道門修練之過程、方法、訣竅，率皆經明師實際體驗，唯明師能通其法、解其惑、釋其疑，此所以修練必須擇師與從師。弟子們只要一步一腳印，尊師重道，依法修持，就能節節應手，步步順利。

道門修行至高無上的目標為天人合一，成神和仙是修練的至善、至美境界。道門弟子修練強調性命雙修，其修行內涵，包括清心寡慾、品行端正、吐納養氣、強身健體和名之為神（靈）通的修練。在修練過程中，因為有時會產生超我之感應與異能，從而深深吸引著修道者，但其真偽有時自我未必能辨。一般修道者在經長久修練後，往往心存益己助人之思。確實，能存助人之心且真能助人才算明白修道的旨趣。度化眾生，幫助他人袪病、消災、解厄，慷慨解囊等，舉凡一切可實踐無私無我之言行、德行者，不論展現於有形或無形，都是修道者的功課。

所謂：「明師難得，真道亦不輕傳」。道門中歷來重視求明師指教，如果沒有高人指點，光靠自己摸索，如同盲人騎瞎馬。窮理、盡性、了命之祕，瀚海無涯，一紙之隔即隔千山，如無明師指點迷津，任百般聰明者，也難通透道法、道術中之玄虛奧妙。未得明師指導，則理難盡義、性難明真、命難漏盡，修業很難達到上乘境界。「師尋徒易，徒尋師難」，有心向道，尋師是難，但世間並非無師，能尋到明師接引，才能修道有成。

靈修的內涵

「靈修」本屬基督信徒用語，指的是教會的內修生活。基督信徒的靈修，以「默想神的話語，即聖經的話語」，經由內心懺悔、親身體驗，結合對《聖經》文字的感悟來修正自我心靈，恢復原來潔淨的靈魂。就基督信仰而言，靈修是神、人之間建立關係的途徑與歷程。狹義來說，靈修是個人透過不同活動深化自我靈命，從中加深上帝與人之間的關係。廣義來說，靈修是基督信徒的生活，信徒於生活中融入《聖經》的教導及對神或天主的體驗，以深化天、人之間的關係。

在天主教，靈修以前稱之為「神修」，並分為三步驟：(1)煉路，人先淨化自己的心；(2)明路，在思想、言語、行為上仿效天主；(3)合路，使自我身、心、靈與天主心心相契。天主教靈修三步驟的目標，就是使人完美並與天主（神）達到完滿的合一。因此，常在神面前自省、悔悟是基督信徒靈修的重要功課，其目的在盡除一切心、性、靈成長障礙，使自我逐漸完美，以符合神的期望。對照基督信徒的靈修信仰與訴求，恰與中國儒家曾子所謂的「吾日三省吾身」不謀而合。

除基督教、天主教以外，伊斯蘭教（尤其是蘇菲密教派）、佛教、道教，乃至巫術、瑜伽、其他宗教的祕傳儀式等，那些追求心靈上解脫，觀念上超越，人的本性回歸，以及無法言喻的超越、神祕體驗；或是想成為現世聖人、至人、完人；或是開悟、得道的修練之士之修練過程等都稱靈修。靈修之說已經普遍化，唯大凡論靈修，是以修心、修性、煉命、練氣為修行課題。至於健康的身心、卓越的品德、圓融的為人處事等乃靈修過程自然產出，亦屬靈修應有之效益，靈修者當一併精進。

修心

修心即修改、整治自心，使其完美。修心要旨有二，一是純化己心，一是淨化己心。純化己心講求昇華，使己心不謀略、不算計。淨化己心講求沉澱，使己心不貪求，不奢念。修心是一種內心真誠地自省、自悟，也就是對自我心靈不斷地除塵、掃除種種污穢。修心就是對自心，「時時勤拂拭，莫使惹塵埃」（禪宗神秀大師語）。修心在道家謂之「心齋」，依現代術語來說，就是「心靈環保」。修心之道，就在時時生起疑問心，不停地自我反思與捫心自問，這是極其有效純化、淨化心靈的方法，也是實踐心靈環保的要領。

為何要修心？首先，修道之人必先使自我內心純淨，此為修道的基礎。「人以難伏，唯在於心，心若清淨，則萬禍不生，所以流浪生死，沉淪惡道，皆由心也」（《太上老君內觀經》）。也就是說，人自心經久累積的過度慾望極其高漲、頑強，最難以改變。因為這樣，人往往身受其害，自食苦果。如果人自心能破除貪念，無所奢慾，不存非分之心，就不至於再招引任何禍端。確實如此，探究世間罪惡、禍害原由，不也都是由於人心貪婪不已，總是覬覦他人所起。《太上清靜經》云：「人能常清靜，天地悉皆歸」。人能修心，既淨化心靈，也掃除貪、嗔、癡，斷除了罪源、禍根。從此內心無限寧靜、寬廣，即使再廣大的天地也能容納。

其次，修心才能開智慧，才能感通天地。「心者，生之本，神之變也」（《素問・六節藏象論》）。人的心，是生命存活的根本，是人生命和生活中一切言、行的發軔者，具有主宰精神意識、思維、形神（精神、外貌）等變化的功能。人的心如能安定、平靜則智慧生，內心始終無法定與靜者，其思緒必混亂，豈止六神無主，百病隨之而來。（唐）司馬承禎（六四七—七三五年）曾說：「心者，一身之主，百神之師。靜則生慧，動則生昏」。人心能靜，神自清、自明，心、神遂合一。《易經・繫辭上》曰：「寂然不動，感而遂通天下之故」。人的心一旦寂靜不受擾動，對萬事萬物自然皆可感知，而且定然通曉其來龍去脈、前因後果，顯現個人大智慧。

再其次，修心不僅在感通天地，更在融入天地之中。天、地、人並稱三才，人在天地之間本可到達與「天地交而萬物通」（《易經・泰卦》）。《老子章句》云：「天道與人道同，天人相通，精氣相貫」。人道之所以可通於天道，以其心可感知也。換言之，人如能經修養自身心靈，並體會天地生養萬物之心，一則可與天地交感而合其心，再則彼此間精神、靈氣也可相互貫通。因此，人既頂天立地，如何經由修心使自心如乾坤般朗朗，到達我心即天心，天心即我心之境界，方不失與天地並稱三才之譽。

更再其次，修心尚能使人明白當回饋天地之恩德。《孟子・離婁上篇》：「是故誠者，天之道也；思誠者，人之道也」。天地很誠意地化育萬物以養人，何曾有負於人。但反觀人為逞其無窮貪慾，肆無忌憚地暴殄天物。人當反思如何泯除以自我為尊的思想，與自然和諧，以至誠無我、虔敬的心回報天地。《莊子・在宥篇》亦云：「有天道，有人道。無為而尊者，天道也；有為而累者，人道也」。天地看似無所作為，但應受到尊崇；應有作為，而且要累積其作為的是人（道）。所以人要勤於修心，而且要時時慎思，做何回饋，以順應、圓滿於天道，才是為人之道。

如何修心？靈修者修心有兩個面向，即內化與外顯，相互激勵。內化係不斷反求諸己、自我檢討，積極改善自我言、行。外顯則是將內化的實質表露於外，散發優質的人品。其具體作為如：(1)內心能制止貪慾，則斷除惡習；(2)內心能持正不撓，則摒退奸邪；(3)內心能無私無我，則心慈好善；(4)內心能嚴以律己，則清風亮節。

宋儒張載（一〇二〇—一〇七七年）勉人「為天地立心」，此可視為修心之最高指標。為天地立心，所立的是天地對人的慈悲以及仁德之心；也就是，修心之人要提升自我的本位，培養出如同天地對人般的襟懷。西方哲學家笛卡兒（Descartes，一五九六—一六五〇年）名言：「我思，故我在」。修行之人在生活中如能不斷用心反求諸己，修正、消除以自我為中心的心態，常存惻隱之心與利他之想，多行仁義廣積陰德，始能與天地同心，找到自我在群眾與天地間的定位。

修性

性與命，古人以為源自天賦。《中庸・第一》云：「天命之謂性，率性之謂道」。意即人的本性乃上天所命（注）定，依本性行事，就符合道。但性與命之間尚須釐清，性是人內在的各種心理、精神的表徵，包括：心態、意志、性格、稟賦、秉性等。命是人外在形體的活動，是生理、肉體的活力表現。人的性仍應有其物質基礎，須經由形體之活動予以呈現，故性與命連用，稱為性命。

人的性係天命，遂名之為「天性」。性既是與生就具備的，所以又有「本性」之稱。天性就是本性，人多半依據天性表現其言行，即俗話所說「率性而為」。我國文化對人的本性，大致有四種觀（論）點：⑴人性本善，以儒家的孟子為代表。⑵人性本惡，以儒家的荀子為代表，有「人之性惡，其善偽也」之說。⑶人性無善無惡，代表人物為告子。⑷人性既善又惡，代表人物是西漢的揚雄，他認為「人之性善、惡混。修其善則為善人，修其惡則為惡人」（揚雄《法言．卷三．修身》）。

綜合而言，人的天性有以下特點：⑴人的天性本自良善，所謂：「人之初，性本善」。⑵「性相近，習相遠」。初生之時，人的天性大致相似，但受之後的生活環境影響，使人產生習性並各自差異。⑶遺傳因素和胎兒時期，孕育、培養了人的天性。心理學家研究後認為，子女善良的天性多半源於母愛。⑷「苟不教，性乃遷」。少了教化，人就很難再維持善良的天性。⑸「江山易改，本性難移」。雖然時空、環境都已不同，個人也已接受了教化，但有時仍難以改變其天性。⑹人類能夠長盛不衰，因為天性善良的人較多。

自出生以後，「六慾」之樂使人原有純真本性日漸褪色。六慾指的是：⑴眼的見慾，使人貪圖美色珍寶；⑵耳的聽慾，使人貪圖美音讚語；⑶鼻的香慾，使人貪圖撲鼻芬芳；⑷舌的味慾，使人貪圖美食口快；⑸身的觸慾，使人貪圖舒適享受；⑹意的意慾，使人貪圖聲色、名利、恩愛等。不斷地醉心、渴求種種慾望，使人本心、本性如同明珠蒙塵，失其亮潔，又似熒熒一燈，忽明忽暗。本性既失其真者，常言行乖違，行徑荒腔走板。修性即是自我導航，使我本性回歸真、善、美，長存人性應有光芒，使他人樂於親我、近我，令他人感覺我如同長夜明燈，給人溫暖。

道門教人修性是從本性與道德之修為入手，古人認為緣此可復歸其自然之人性，找回其真性。找回真性之過程就是「修真」，修道有成者也稱為「真人」。道門認為，一般人只要努力修道，最終皆可超凡入聖進而「登真」。修真過程講求修性煉命，區分修性之「性功」與煉命之「命功」。「性功」與「命功」在概念上：⑴以性功修內在心性，命功固外在形骸；⑵性功乃命功之基礎，彼此要相互配合，始收相輔相成之效；⑶性功、命功應與時並進，經由性命雙修，人可達與天地同體、天人合一之高深境界。

如何修性？修性即本性之追求，與修心彼此之間互為目標與手段，互為表裡。修道之人之所以將「修心練性」、「修心養性」、「存心養性」等，自我本心、本性之完美化並論，其意即在說明心、性之修養應齊一且無輕重之分。正所謂：「盡其心者，知其性也」（《孟子・盡心上篇》）。因此，欲修性首先必須「先正其心」，並以遵從儒家的「仁」為起修點。「仁者，愛人」，仁的基本涵義就是博愛。除了仁以外，三綱—君為臣綱、父為子綱、夫為妻綱；五常—仁、義、禮、智、信，以及溫、良、恭、儉、讓等等德目，都應列為日常做人處事的準繩，如能積極身體力行，自然改變心、性，充分達到修心、修性的目標。除此之外，佛家「慈」、「悲」、「喜」、「捨」之心，以及道家注重人與天地、自然和諧之精神，亦為修性的內涵。

其次，修性仍貴在時刻檢討自我言行，以改正缺失。江山易改，本性亦不難移。明朝學者袁了凡（一五三三—一六〇六年）每在睡前，皆深自反省當日一言一行，並加記錄。這是修性的典範，也是純化自我，要求品德到達高標準的最佳例證。袁了凡先生因為有此自省的決心與毅力，改善了本性，也獲得美好的人生境遇。

俗話說：「一日修來一日功，一日不修一日空」。滴水可以穿石，在修性的道路上能堅定信念且守志不移者，雖不為聖人，亦不遠矣。「人非聖賢，誰能無過」；「改過宜勇，遷善宜速」；「聖人不責人無過，唯多方誘之改過」（清・王永彬《圍爐夜話》），此皆為勉人修性時應有的正確認知，誠屬至理名言。

煉命

「命」，《說文解字》曰：「使也，從口從令」。「令，發號也。從亼、卩」。命是一種驅使，以口語、聲響使之，使其應然，使其必然。西漢哲學家揚雄（前五三—一八年）於《法言・問明篇》則云：「命者天之令也，非人為也」。命就是由上天號令，不是人為因素所能影響。天地萬物，各憑上天賦予之本能，各依上天釐定之生存條件，繁衍生息。普天之下，萬物皆因不違上天之命，各從本性，各適其生，各安其命，綿綿不絕。

天必有令人受驅使而不能違反者，如飢而食、渴而飲、倦而眠，以維其命。凡此固為人之生理，然人亦必順此自然而為，此乃天命之使然。《論語・堯曰篇》：「不知命，無以為君子也」。人能順天命之使然，則有利於己身，此為養命、延壽之法則。逆天命之使然，為所欲為，其身必受己之行止所害，此理淺顯易明。

「顏回命短，實非凶惡之徒」；「堯舜至聖，卻生不肖之子」（宋・呂蒙正《破窯賦》），天必令人有其境遇，是為命。家雞翼大，飛不如鳥；蜈蚣百足，行不及蛇。馬有四腳而非兩翼，必陸居而非水棲，凡此皆係天命所使然，無法改易。天之所命，本為利益眾生，必不生其害，使種瓜得瓜，種豆得豆。然而，天命不必然使人遂其所生。「命運多舛」說的是，其人際遇坎坷，生命歷程中事事皆難以順遂。此雖亦係天之所命，但在佛家則以之為受「因果」、「業力」。換言之，因果、業力乃上天於人命中附加的額外負擔，以磨難、拖累之。

人的命係秉承於上天，即俗話所謂「人命天定」、「命由天定」。此外，命尚包含三個意義：⑴命是人無形的境遇，（但）其未來情形不可知，亦名之「運」，俗稱「命運」。⑵命是有形、可量之時日，（但）其未來之數仍不可計，亦名之「壽」，俗稱「壽命」。⑶命是人外在形體活動，（但）蘊含、表徵了人內在的心、性、靈，內與外兩者合而為一，俗稱「性命」。

「人命天定」，說的是人的命運、壽命、性命皆由上天所注定。唯道家有「我命由我，不由天」之論，並被視為在破除「人命天定」之說法。實際上，倡言「我命由我，不由天」，並未對「人命天定」有所懷疑，也未對天存有絲毫不敬。「我命由我，不由天」是主張，人的先天之命雖已定，但後天之命仍可易；天雖已注定我命，但上天之意未必不能改。人是否能轉命、改變天意，一切全存乎己心、己志。佛家有云：「心轉，業就轉」。進一步而言，業轉，命就轉。此絕非空論，其中奧妙，非實際經歷者絕難體悟。

人們常說：「性格決定命運」。性格即生性的格調、格局，是一個人的特徵、標誌、屬性或特別之處，人們常以此辨識人與人之不同。命運，字面上的意義是指生命途程之（各種）境遇、經歷，也是生命循序移動、運行、運轉所呈現的狀態。人的性格雖是無形的，但其所表現出的情狀卻是有形、可見的，所以他人能夠有感受與認知。同樣地，命運的進行是悄然、無形的，但結果卻是有形、可見的。一個人的性格好靜或好動，好爭強或沉潛，好隨遇而安或不甘示弱，都會決定其命運境（際）遇。相對地，命運也反映性格。性格如此，其命運當如此；命運如此，因其性格如此。「漢王柔弱，有萬里之山河；楚霸英雄，難免烏江自刎」，可為明證。

人一生行事是否能成，命運是否順遂，難免受生性左右。生性雖係與生而來，但如能揚長避短，善加調整，個人境遇未必不能翻轉，命運或許從此截然不同。換言之，只要有方，得其要領，命即可改。這就是道家所以矢志踐履「我命由我，不由天」之說，且衍為丹道思想之核心。

丹道為道家之修練，本是修仙之道，修練的是身、心、性、靈、氣，其實就是「煉命」。煉，本意為用火燒或高溫加熱，使物質純淨、堅韌、濃縮。煉命之作為與目的，就是使己命純化、精緻化，使其可長可久。煉命之意義既在延命，而所延之命，包括外在有形之「體命」與內在無形之「靈命」。延命應著重策略與方法，並將影響一個人生命長短、順逆的因素一併講求。關係個人生命運轉的因素，有些屬於有形、可見的，如：體魄、言行、品德；有些屬於無形、悄然的，如：禍福、因果、機緣等。因此，一個人要煉命或者延命，就在：⑴優化、推進有形之體命與無形之靈命；⑵針對影響其命的有形與無形因素下工夫。

事實證明，但凡人只要戮力於影響其命的有形與無形因素，即已優化與推升其有形與無形之命。準此，強健自我體魄、謹言慎行、陶冶品德，凡此抱誠守真之道，非僅為謀求身、心、性、靈、氣之安泰，免除周遭是非，並可視為煉命於有形、可見之處。避禍求福、化解因果、順應機緣，凡此安常處順之術，除可祈求渥蒙天地與眾神靈庇佑，消災遠禍，廣結善緣，亦可視之為煉命於無形、悄然之中。不論煉有形、無形之命，或煉命於有形、無形之處，歸根結底就是為求禳災與益壽。

人能禳災與益壽，除須自求多福，亦須承天之佑。自求多福與承天之佑之道無他，關鍵就在修養自我之德。能修德者必有其德，有德者豈止受眾人稱道，天地亦同庇佑。「厚德載福」，有德者能增福添壽，無德者凡事難得易失。人們常說，修德就是修行、修道，反之亦然。確實如此，修德就是修性，藉不斷地擦拭自我本性，使自我本性益發潔淨、無瑕。因此，德愈修，性愈真、愈純；性既真又純，命自見明亮，凡事無往不利。

修性之道在自悟、自覺、自制，起自內心，且貴在：⑴潛移默化中使自性一塵不染，一如當空皓月般皎潔光輝；⑵無聲無息中使自性溫良恭儉讓，一如旭日和風般溫暖人心。修性有其意義與價值，於己可益增人生自信，體會自我在人群中的價值，非但贏得他人敬重，或許尚能產生磁吸、群聚力，可謂利己利人。人能夠勤於修性又注重強固形體，則己命長生有望。道家所以將「修性」與「煉命」並行而不偏廢，實因生性不修，己命無以為安；己命不煉，生性必也難純。是故修性、煉命必須齊一，且必須合一，始見其功，始收其效。

如何修性、煉命？修性、煉命的整個過程，也可以說就是「借假修真」。「假」是指我們會腐朽的肉身、軀體，「真」是指我們自然之本心、本性與靈。借假修真，是借有形的肉身、軀體修練無形的心、性、靈。在借假修真的過程中，不斷地剔除自己心、性、靈的糟粕，使彼等漸形改善，所以也稱之為「去偽存真」。

去偽存真的過程既在求得真我，唯需修練至何境界始現真我，並無標準。因此，只能反推，認定真我—人無形的心、性、靈足堪千錘百鍊。借假修真或去偽存真是藉由一方面積極強固有形的肉體，身強體健，連帶促使無形的心、性、靈既堅韌剛強，又純正無邪。總之，修練自我精、氣、神，使肉身在死亡及靈離體後依然能保住真我，這就是修真。借假修真兼顧有形與無形之修練，其途程循序漸進，依次分別為：⑴築基；⑵練精化氣；⑶練氣化神；⑷練神還虛；⑸練虛合道等。

築基顧名思義，就是使自我身（形）體堅固。築基是一切修練的基礎，所有強化自我體能的作為都可視為築基。在修練過程中因築基紮實，明顯助益後續修練的成效。練精化氣，乃修練元精、元陽，並使之轉化為元氣。練氣化神，則在修練元氣、陽氣，並使之轉化為元神。練神化虛，為修練元神、元靈，並將之轉化、提升至與無形界（天、地、神祇）可通之境界。練虛合道，為修練與無形界之互動，以圓滿於道、得道。在借假修真的過程中，練實與練虛相互轉化，彼此形成推、拉力。修練有形之體與能，可培養感應無形之能量；修練感應無形之能量，益增自我動能、強健體魄。

「借假修真」，在道家以之為登真之徑、成仙之術，在佛家則視此為修性成佛。佛家認為，人的肉身雖由父母所恩賜，但仍是地（骨肉）、水（體液）、火（溫度）、風（氣息）四大假合所成。人對假合之相的我呵護備至且極其執著，但數十年後依然不免於壞朽，人的精神、本性才是真正的我。真我是真如佛性，但常為種種顛倒夢想所掩蓋。人的肉身（假我）有生死，但精神、本性（真我）無生死，故應修道求真我，求真如佛性。

練氣

在道教修練中，「練氣」是修道者日常的重要功課。練氣是持久、有恆地鍛鍊吐納，藉以導引及融合天地精華之氣於自身，以期強健體魄、祛病延年。唐朝著名道士、醫藥學家孫思邈（五八一—六八二年）認為，身乃神、氣之宅，身之生死繫於神、氣之聚散。故存神之道，須安神、氣。而氣又為神母，安神要先練氣，使氣海（兩乳之間）充盈，心靜神定則身安年永。

氣於人體內運行不已，使人體器官發揮正常功能，新陳代謝順暢，生機盎然。練氣起源甚早，屬於先秦方仙道的修練法。古代練氣的方法有二，一是「寶氣」，一是「行氣」。寶氣者，即惜氣而不亂耗氣。（太上）老君曰：「道者，氣之寶。寶氣則得道，得道即長生矣」。行氣者，練氣而不停滯氣，亦即使體內真氣順暢運行以活絡經脈。如何行氣？《抱朴子內篇．釋滯》：「初學行氣，鼻中引氣而閉之，陰以心數一百二十，乃以口微吐之，吐之、引之，皆不欲令己耳聞其出入之聲，常令入多出少，以鴻毛著鼻口之上，吐氣而鴻毛不動為候也」。

依道家觀點，人體（內）的氣又分陰、陽，且有先天氣、後天氣之別。「先天之氣」屬於陽氣，即真元，又名真氣、元氣，亦即老子所說之精氣也。「後天之氣」屬於陰氣，指的是：(1)吐納（呼吸）之氣，也就是宇宙空間之氣。(2)人飲水及食用穀物後經消化吸收而成之氣，亦稱谷氣。後天之氣與先天真氣在體內結合後相互依存，相互為用，彼此共生，應善加調理以免疾病叢生。

天地之氣分陰陽，清輕之氣為陽，重濁之氣為陰。清陽之氣上升，濁陰之氣下降。天地之氣雖分陰陽，但陰陽二氣合則萬物生，陰陽二氣離則萬物死。同於天地之氣的運行，人體內之氣的運行，亦陰陽相交，降升相接，清陽之氣上出眼、耳、口、鼻等孔竅，濁陰之氣下出前陰、後陰二孔竅。清陽之氣向外開發肌膚腠理，濁陰之氣向內歸於五臟。人體內不論陰氣或陽氣，都與生理循環相關，是維持生命與體能活動的重要基礎，必須調和、平衡。但道家練氣之道，多在於：⑴修練純陽之氣，以鞏固自身元陽（神），補其耗損。⑵使後天之氣化為先天之氣，並達到能運用自我之元氣與神明交感，與天地、陰陽產生異界共振。

人體（內）氣的實虛代表其體魄強弱，氣虛則體弱，精神委靡不振。反之，氣足則神采奕奕，頭腦清晰，朝氣蓬勃。「夫人在氣中，氣在人中，自天地至萬物，無不須氣以為生者也」（《抱朴子內篇・至理》）。因此，練氣的意義在於：⑴經由不斷地更新後天之氣，使之純化並用以補充先天之氣，維持各器官、生理系統正常律動。⑵使體內與體外氣場彼此和順、協調，達到一致。⑶自我進一步與大自然融合，時時感受天地間盎然生氣。所謂：「人與天調，然後天地之美生」（《管子・五行第四十一》）。⑷使自體始終保持為一良好氣場，培養美好靈性，創造充分與神祇交流、感應的條件。

人經由調控呼吸、自我意念之強化、肢體運動，可有效地練氣。雖然練氣所益增、改善的大部分是自體呼吸之氣，但一起提升的還有身體其他能量，包括元氣、元精。練氣的途徑，一般可分為靜態（靜功）與動態（動功）：⑴靜功—行靜坐，並經由調形（姿勢和體態）、調息（均勻呼吸）、調心（意念和心緒）等方式靜氣、養氣以提升呼吸品質。⑵動功—藉運動身體，加速、增進呼吸能量，活絡臟腑器官，排除體內穢氣及毒素。動功可以是太極拳、八緞錦，甚至是游泳、跑步等各種體能活動（至於靈修者的動功則以靈動為主）。

靜坐練氣，除了可靜氣、養氣有助於自我淨心和定性外，更有聚氣練神之意義。聚氣練神主要在追求無形的真氣，而無形的真氣又必須以煉有形的呼吸氣為基礎。有形氣練得充足、旺盛，才能提升無形的氣。因此，練氣必須一方面以動功強化體能，以益增自我有形的氣，並使之轉化為無形的氣；另一方面則需常行靜功，在聚氣練神過程中，培養與無形界的順暢交感，逐步強化與淨化自我身、心、性、靈，為天人合一創造有利條件。

道門功法常存「復歸」人的元初之想，練氣（靜功）亦強調胎息之法。何謂胎息？胎息是胎兒在母腹中的呼吸與呼吸之氣，自成系統。胎息是胎兒生命初始的基礎與原動力，被稱之為先天之氣或真元之氣。所謂：「真元之氣，氣之所由生，不與外氣相雜，但以外氣涵養而已」（《河南程氏遺書．卷十五》）。自出生以後，受後天之氣供輸，人的先天之氣遂充盛。但因呼出吸入、吐故納新，使先天之氣與體外渾濁之氣混為一態，難分彼此，元氣相對減弱。

胎息係透過丹田呼吸，《樂育堂語錄》述其修練之法為：「身坐如山，心靜於水，如此澄清一番，果然身心安泰，氣息平和，於是將雙目微閉，凝其心神，調其氣息，任其自自然然，一往一來，一開一闔，呼而出不令之粗，吸而入不使之躁，久久自無出無入，安然自在，住於中宮（中丹田，藏氣之府也），此真凡息停也。凡息一停，胎息自見」。

胎息法是積極調控自我呼吸，使境界到達如同嬰兒在母胎中的呼吸狀態。當進入胎息時，外呼吸依舊自然進行，但卻若存若亡。如果經由辛勤地鍛鍊，胎息可達到以皮膚、肚臍、丹田呼吸。胎息的主要表現在：⑴鼻翼扇動；⑵腹式呼吸旺盛；⑶腹部丹田呈脈衝式跳動。

古代修道者極重視練氣，認為透過鍛鍊吐納和控制意念，人可以增強、蓄積體內元氣並重獲先天之氣，且增加自我元陽。人在靜心練氣過程中，連帶促使自我心、性、靈率皆回歸生命本源境地，產生了返老還童、延年益壽之效。胎息之法是使呼吸緩慢細長，古人認為這可降低新陳代謝，無形之間也就奠定了長壽的基礎。但胎息之鍛鍊易知難成，其境界並非輕易即可達。

練氣的價值除了生理效益外，另一意義在靜心凝神，使人在寧靜致遠、心境平和狀態下，自然地感通人與天、地之交泰。所謂氣定而心自靜，心靜而神清，神清而神通。《太上老君日用妙經》云：⑴身是氣之宅，心為神之舍。⑵氣是神之母，神是氣之子。⑶心乃氣之靈，氣為心之輔。人能氣不動，則神自寧，神一寧，則心自泰、自安。心自泰、自安則性和順，性和順則體健身強。修行者能至此，則眼、耳、鼻均能齊內觀，明見己心並感知體內臟器律動，是謂內通於己。人能內通於己，即能外通於神。因此，練氣時並非是單獨鍛鍊與進行一項功夫，與此同時還合修心、修性、煉命等畢其功於一役。

修行者行修心、修性、煉命、練氣時無須做先後之分，彼此互為關聯，能互生效益。至於道門修行中所謂「練神還虛」、「練虛合道」，乃至坊間修行、修道的「練心」之說，均不脫修心、修性、煉命、練氣之範圍，只是到達境界深淺而已。練神還虛是指修練至深，使元神、本靈回歸至天地，使「真我」與宇宙同體，融入寂靜之虛空境界。而練虛合道，則是指修練「真我」，使真我與天、地、時、空，所有一切無形與虛空的現象都合乎道。至於練心也是修心，但強調的是實踐修心的方法。《呂祖心經》點明的「以心治心」修心法，就是練心。

靈修的機轉

大多數的人自幼年起，或多或少即受某一宗教薰陶，耳熟能詳，逐漸累積生死觀、生命輪迴觀，並於腦海中注入死後世界的印象。由此可以理解，人之所以會經常求神佛，除了希望在生時能免去災難，在死後亦深盼能再獲得神佛庇佑。人在死後是無能、也無助的，因為「世上萬般帶不去，一雙空手見閻羅」（虛雲老和尚語）。想到人死後在陰間還會有清算，並根據在陽間所作所為決定應受待遇，許多人會自我警覺，修正偏差的言行，甚至藉經常參與宗教活動並投身行善、濟世行列，多方累積陰德。

靈修悟死生

靈修是在設法消除對死亡的憂愁，降伏心中恐懼，為自我身心覓得永恆寧靜與歸屬，使自己擁有新的人生觀。靈修者只要能掃除內心堆積的一切是非、雜念、偏執，自然心存光明，心靈從此淨化，體健身自強，壽享期頤。靈修之結果既益己又益人，人人都應有此覺醒，何須依恃宗教影響力。靈修者經常會有很多想法，但其核心無非就在把握有限生命，想方設法活化、優化自我身、心、性、靈、氣，使自己擁有愉快的美好人生。至於形而上境界之探索，乃至於期望自我「最終」也能登臨彼界，只能信其可行，切莫因盲目迷戀而失掉了靈修的旨趣。

修真成仙的想法

神仙可長生不死，不但能幻化身形，寄身人間，傳聞其行徑與常人並無分別。自古以來，偶有仙真因緣際會授人特異功能、仙術之傳說，但此為可遇不可求之事。道家修練既已捨棄外丹之途，勤於修性練氣，於是人得以成仙之術唯內丹耳。（唐）司馬承禎於《天隱子・神仙章》云：「人生時稟得靈氣，精明通悟，學無滯塞，則謂之神。宅神於內，遺照於外，自然異於俗人，則謂之神仙。故神仙亦人也，在於修我靈氣，勿為世俗所淪污；遂我自然，勿為邪見所凝滯，則成功矣」。

出於理性，古人已然接納，得道成仙唯死後可求。神仙雖未能成於當時、當世，但人在死後能成仙，總也是好的。人要能於死後成仙，在生時就要努力修行、修道。《仙術祕庫》謂仙有五等：⑴天仙；⑵神仙；⑶地仙；⑷人仙；⑸鬼仙，其中天仙、神仙、地仙、人仙等境界皆甚高，一般人未必可修成。唯鬼仙又稱「靈鬼」，係指修道者未能練至純陽，死後出陰神乃為鬼仙。

其實，活著時正直能為人們做好事，死後受尊奉為神並立祠、建廟供奉香火者亦有之。李光前團長於古寧頭戰役中壯烈成仁，金門縣金寧鄉西浦頭村人視為古戰場的守護神，民國四十—四十二年間村民建廟奉祀，並追諡為李將軍。另外，位於臺南市安南區海尾同安路一二七號，俗稱「飛虎將軍廟」的鎮安堂，供奉的則是二次大戰時喪生的日本飛行員杉浦茂峰。所以，仙是人勤於修道而成，神則是受人虔誠感念而上封。只要有心，人成仙、成神並不難。

靈魂不滅的想法

面對生命終必死亡的緊箍，人類自古以來就處心積慮想要突破。無可奈何，人最後還是必須接受必有一死之事實。「肉身雖死，但求靈魂能不滅」。此一信念雖然有些許的自我安慰，但至少在精神上戰勝死亡，分化了對死亡的恐怖感，也舒緩了人的心理壓力。

積極靈修者，對靈魂不滅之說，並未多加質疑。因為在靈修過程中必有感受，方足以支撐彼等勤奮不怠地虔心敬修。例如，民間言之鑿鑿：⑴透過「問事」、「牽亡魂」查明，生前勤於修行者，言善行善，死後靈魂順利投生天堂。生前作奸犯科、窮兇極惡之徒，命終後靈押入地獄，受陰司審判，求出無期。⑵有些死者肉身雖亡，但靈魂仍盤桓不去，因其修道未滿，遺願未了，以故無法安息。

雖然感應靈異並非靈修主要目的，但靈修者常能感應靈異並與之交感。與過往至親在夢中相遇，是靈修者最常有的感應。思親情懷乃人倫之必然，但夢中境遇竟然好像時光倒流，真讓人難以置信這僅是夢幻；而親人入夢並透露訊息，更深化靈修者對靈魂不滅的信念。

超脫輪迴的想法

六道輪迴，生死相續，永不休止。在生之時步入靈修道途，祈求超脫輪迴，這也是靈修者的想法。眾生死後，本各依其業分往六道。要能脫身六道，先要避免落入畜生、餓鬼、地獄三惡道。靈修者從行為上遠離殺生、偷竊、邪淫；從言語上遠離妄語（謊言）、兩舌（挑唆）、惡口（言語粗暴）、綺語（花言巧語）；從思想上遠離貪慾、瞋恚、愚癡，這在佛家名為修行十善業道。能心存仁愛行十善業者，一切言行既符合天道，亦必遠離三惡道。

六道輪迴等同於人死後的審判，唯個人所受裁判實由自身決定。存善念、積善業者感生於三善道，持惡念、積惡業者必墮三惡道。何謂善念、惡念？起心動念為別人的是善念，起心動念為自己的是惡念。人只要起心動念都為自我，則容易淪為私心自利者、爭名逐利者、厭不知足者，這就是三惡道的根源。反之，起心動念無我者，則大慈大悲、救苦救難、捨己為人，自然歸之於天、人、阿修羅三善道。至於要能完全免除六道輪迴，證得涅槃，則需要更無上的善根、大智慧。

改善人生，有益身心的想法

「古來多少英雄漢，南北山頭臥土泥」（清・順治皇帝「贊僧詩」）。了悟人之生死，不倦戀世間極致的榮華富貴，順治帝可謂無人能出其右。佛家說：「生亦何歡，死亦何懼」，這是將生、死視同天平之兩端，持不偏不倚者的心態。能秉持此一心態者，其人生觀自然大不同。而認為死亡將會是另一生命的起始，如蝶破蛹，能以此平常心看待，以及冷靜面對自我生命終結之人，更可說是大無畏者。了悟生死是靈修者的基本功課，持平看待並看淡生與死，原本即為靈修者的必修學分。

當人在失意、身體病痛而藥石罔效時，往往祈求神祇，求神助我盡除內心與肉身的痛苦。身心健康之道，其實不假外求。靈修確實有益，靈修者日常不斷地修練身心，就是在以自力或藉助「祂力」，排除可能對身心有害的因素，日積月累，身體自然安康。一時之間自我心志、形體雖受困頓，靈修者經常可以藉助自力或祂力逐漸調整、改善之。

「身後有餘忘縮手，眼前無路想回頭」（《紅樓夢・第二回》）。雖然這是對貪求名利不已之人的譏諷和當頭棒喝，但也是對眾人的勸誡，期勉人們體認，財富並不代表生命中的一切，應即時思索人生是否還有更高的價值。「心田種德急修持，生死無常不可期，窗外日光彈指過，為人能有幾多時」（清・宋士元《修身詠》）。人的生命真的很短暫且又變化無常，有此感受而能急於進德修身者，當必有所得。

靈修的機轉

靈修在開啟靈的內涵，活化靈的生命，使自我靈性逐步轉化，進入（活出）神性。「靈之輪迴既不脫六道，六道之靈亦不脫輪迴」。每個人的靈既皆來有來處，去有去向，靈修者都期望自我的靈在生時能綻放光芒，身死之後靈也能得其所歸，生於三善道，不入於三惡道。基於此，除了一般所論對身、心、性、靈、氣的實益外，若干靈修者對靈修的機能亦尚有詮解。

本靈歸位說

有些靈修者認為，靈修既是「借假修真」，則人的色身是「假合」，靈才是「真我」；真我（元神）也許是神祇、諸佛菩薩降轉，假合之體係供神、佛投胎借為修行，以求轉世之用。此一論說，亦稱之為「真靈歸原」或「復古修圓」。

真靈歸原或復古修圓之說，在靈修上最常被聽見，持此論說者主張：(1)在天界眾多神尊身邊的武將、副將、執事，雖然職位不同，身分也有高低，但降下凡塵後統稱為「九龍」。(2)位列王母身邊的侍女（仙女），如執扇仙女、執輦仙女、隨伺、帶劍護衛，降下凡塵後統稱「九鳳」。(3)各層天都有武將，也屬九龍；各層天也都有仙女，亦屬九鳳。(4)九鳳各有其主，主是王母，就是王母之九鳳。主是地母，就是地母之九鳳，依此類推。(5)但不論是九龍或九鳳，均是奉旨下凡投胎轉世，其目的只有一項，就是借（找到）肉身修成混元氣體，完成上天交付使命，返回天庭覆旨。

九龍或九鳳降世的情形，和基督教耶穌降世有些不同。基督教中，上帝差耶穌道成肉身降世為人，使世人因祂的引導而脫離苦難，得入天堂，完成救贖使命。我國古人認為，天帝會直接指派保境安民、安邦守境的任務給神仙，協助凡世君主，此為神仙降世的原因之一。

也有神仙是因為觸犯天律，降到人間展開其試煉歷程，通過試煉將成就更高修練層次。唐朝以後的說法，謫仙多經由投胎轉世降臨凡塵，並在世間遭受磨難，經過塵世生活後始可重新回歸天界。不論原因如何，要能回歸天界，降世的靈必須要上升，而且其境界應該高於前一世，因此必須靈修。

靈迫（逼）體說

雖然有些凡胎的靈係由天界降轉而來，但其肉身並無從得知。因為靈有歸返天界的渴望及限期，所以會產生俗稱「靈迫（逼）體」之現象。所謂靈迫體，是「靈」逼迫肉身要修行，以期升格並得以回返天界，但「體」不知修行，致使肉身承受靈逼迫之苦。靈迫體也稱之為「靈光病」，其情形為：⑴男性先毀其事業、敗其家產，使子女忤逆、夫妻反目，甚至罹患重病等。⑵女性則使其骨頭痠痛，醫藥罔效，或有其他各種之病而四處求醫卻不得其門。

有些人因為身體長期病痛，遍訪名醫後症狀仍不見改善，轉而到處求神問卜，但也沒有結論。其後，經高人指點始知此為靈迫體、靈光病，並查明自身係「帶有天命而轉世」者應該靈修。只要能走上修道之路，靈光病自然會消失、痊癒。靈迫體或靈光病有時雖非不治之症，但身心上的困苦始終難以擺脫。因此，在「寧可信其有」的心理下，有些相信自身有靈光病者會選擇修行。

經常與靈光病相提並論的是「因果病」，但彼此不同。顧名思義，因果病乃因為前世因才形成、導致後世果，前世造業後世受。因果病同義於「業障病」，因果病者可能是心智失神、肢體障礙，其困苦有甚於靈光病。因果病有時是難以解釋、突然地罹病，或身體莫名所以地出現障礙，以致於失去行動能力。

見人形骸困頓，雖不宜驟然斷言正受靈迫體或因果病所致，以免導果為因。但平心而論，心理與生理遭受困苦者，藉靈修之途徑，由淨化心靈起，使自我思維日漸清晰，確實能理出人生的新方向。再經持續修行，增益體能，則個人、家庭、人際關係等將截然不同於往昔，一切困苦或因而轉化，慢慢走出困境。所以先毋須論斷個人有無天命，純就對自我身、心可期效益而言，靈修是可取的。

回歸理天說

藉靈修助回「理天」、「收圓」，參與「龍華會」，使眾生之靈得救，為「一貫道」的修行目標。「先得後修」是一貫道的修行主張，意即凡入道者先藉矢志皈依門下，表明入教求道、修道之心即可獲得拯救，之後再開始修行。一貫道的求道、修道者可以從地府生死簿除名，轉而登載在進入天堂的名簿中，謂之「地府抽丁，天堂（榜）掛號」。此外，若認真修道，道親們將來死後可以蒙「明明上帝」（或名「老母娘」）與仙佛（如「彌勒祖師」、「活佛師尊」等）救贖而回歸理天，並得以永恆的解脫與離苦得樂。求道時所受傳的「三寶」，使一貫道之「道親」得以蒙獲救贖，並為其死後返回理天之憑證。

所謂「理天」又稱為「無極理天」，源自於宋明理學，一貫道納為其宇宙觀。無極理天乃無極老母居住之處，也是所有一貫道入道者死後的歸宿，在無極理天中只有永恆的善與美。無極老母（明明上帝）是至上神、創造神，主宰宇宙並長住無極理天，世人都是她的兒女。一貫道的靈修稱之為收圓，亦即「收」束身心、「圓」明覺性，藉修道以圓滿自我，永離末劫。

一貫道倡導在家修行，修道分為「內功」與「外功」，內功為修己、正心修身的行持，外功則為度人入道、勸善、闡道、印善書、立佛堂、濟急救難、賑災、重視人倫等。道親們日常功課著重修持生活中的各種應對進退，並勤於研讀「善書」，闡述及實踐宗教義理。一貫道之善書，包括一般的佛經講義、勸善書、勸善詩文，但也有部分是「開沙」（扶乩）的鸞文。

靈修與靈乩

常見的各種靈修形態、方式，分別為：「打（靜、禪）坐」、「唸經」、「持咒」、「練氣」、「讀經」、「抄經」、「每日感恩、懺悔與禱告」等。靈修形態雖因宗教之別，各有不同。但無非是使靈修者身心清淨、陶鑄品德，並具有超脫世俗的靈性。受、持、讀、誦宗教經典，隨時可行，是最平實的靈修。誦經、唸咒、唸佛號是佛家「三寶弟子」早晚的功課。道門修行者早晚亦誦經唸咒，「練氣」、「齋戒」也列為日常之修行。至於基督教、天主教之靈修，凡讀《聖經》、默想《聖經》、祈禱、禁食、唱聖詩、做禮拜等均屬之。

靈修之途徑、法門各有旨趣，各有導向。就佛、道修行比較，佛家在成就個人之佛性，道門則設想如何經由神通使人與天地合一。佛門之修行不涉及靈與元神之論說，也不以追求神通為目標。佛門的修行雖能夠產生神通，也能運用神通，但佛家基本上反對運用神通。唯就實質而言，得道高僧是有神通的。在道門中，因不同派別而靈修方式各異，符籙、咒語、手印等，雖都可達到神通的效果，但這些也都有其應顧慮之處。

練精化氣、練氣化神、練神還虛等步驟，為道門丹道之法。其中練精化氣、練氣化神之後，會轉化出陽神，修練者因此獲得神通。靈修並不一定要求到達神通，這會迷失靈修的本質。靈修者自稱到達神通時，是真神通亦或假神通，其本人並不一定真能分辨。再說神與鬼同屬靈界，有能力明確區分，也要有不凡的道行。靈修並不一定能使人人神通，因為個人條件不同，此為天賦，莫可奈何。有些靈修者因不能神通即半途止步，或因不能神通而氣餒，其實大可不必如此。

「神通不敵業力」，這句話具有警醒之意，表示神通能力仍是有限的，亦適足以導正熱望神通的靈修者。佛家認為，人的禍福得失，仍因業力牽引而受報，只能自己承受，或靠修行化解。所以求神通，不如少造業。

但不能不承認，吸引靈修者的魅力，就在那若有似無的神通感受。其實人的靈本就能通神，所以理論上人人都可以神通。但要能神通，也須取決於神是否願與人通。能神通是機緣，也是潛能，能否使人神通上天自有安排。人要能神通有時也需要「有人幫助」，而能助人者亦須具備非凡能（功）力。

靈修者太著眼於神通，反而忽視靈修的真正價值。靈修不宜心懸於神通，一則神通無止境，再則神通容易使靈修者陷入自我迷思。自稱有神通者，經常膨脹自己，穿鑿附會，以己意為神意。靈修的主體既是靈修者，論的無非是靈修者如何修身、修心、修性。神在靈修的過程中，是藉供靈修者內省、對照自我之本性，思索自我之言行是否符合慈悲、仁義，一如神性。祈求神通者其個人品德、言行如不能逐步提升，則其神通程度、範疇絕對有限。因此，神通是神聖而莊嚴的，其價值應予以虔誠地正視，如不能符合神的期盼，則自稱神通者就有待檢驗。

神通的潛能經靈修後逐漸開展，進而能如乩童般為神代言，此一靈修者可稱為「靈乩」。靈乩是靈修的自然產出，但靈修者不必然是靈乩。靈乩相較於其他靈修者，當更深入於自我本心、本性之修行，以符合所扮演之角色。有些學者認為，近年來靈修者已逐漸形成「靈乩」的共名。也有人認為，靈乩是現代用於乩童的新名詞。又或者「母娘系統」的無極天神佛，其代言人就稱為靈乩，修行方式稱為靈修，可以自由與神祇溝通。前引各說法，仍應釐清。靈乩與乩童之產生除其途徑彼此差異外，靈乩自有其特性；在神通時呈現的情境，亦足以顯示靈乩對靈修內涵的領悟確實不同。即便自稱靈乩者相互之間，也存在神通程度、境界之分野。

第三章 靈修者與靈乩之進程

如何靈修？靈修的第一步是什麼？有人說，靈修之前要先懺悔、消業障與赦因果才能進行靈修。其實，靈修是個人修行與修為，追求的是自我調整與改變，也是有形與無形之我的積極改造。靈修的目的（標）是使個人心性、品德純化與善化，更是言行之優美化，其過程是在一條持續、恆久的路途上不斷前進，值得自我終其一生努力奮鬥。靈修應具備正確的心態與認知，而非在遇到人生困苦時，道聽途說，以為藉靈修、進入靈修之門就能擺脫困頓，順利人生。因此，個人懺悔、業障與因果之事，修行之後再去體會，再去討論、處理，不必先於此時急就章。

靈修者的進程

靈修者之修行與修為，不論是有形的煉（訓）體或無形的修性煉命，都需要有師指導（點），以啟迪及逐步開展其靈修之路。如同陽世的學校教育，學生就學須至學校註冊，靈修也須先拜師並取得「學籍」。一席師就如同一所學校，學生所入學校、所習課程、所得成果皆能顯示其師從何人，以及所受學校教育之階層。

靈修者之師可分有形師與無形師，有形師是得道之人，無形師則是神祇、菩薩。有形師與無形師必須相輔相成，不可或缺。在靈修的進程中，業師由淺入深，由低階至高階，逐步傳授門生靈修技能及心法。有形師並時時矯正門生心思，指點其迷津，解析其疑惑，一則避免學習上的困難，一則排除心理上的障礙。

靈修者要先求得有形師，有形師的意義如下：⑴傳授─有形師將個人所學傳授門生，並「延請」無形師教授課業。⑵保護─在靈修過程中保護門生，避免受來自無形界的傷害。如果門生已蒙受其害，也要能辨別並設法化解。⑶監督─監督門生的品德、心性，耳提面命彼等時時改進缺失。⑷示警─每個人難免都有業力與生命關卡，修行者也相同。有形師有時能對門生示警，助其避開難關。

若問，靈修所奉之師何者為重？有形師與無形師同等重要，但有形師有時反而比無形師更應受重視。因為力求品德與心性的精進是修行之核心，這需要有人在旁時時激勵與提醒修行者，有形師所扮演的就是這一角色。在有形師的教導，以及無形師的提攜、襄助下，靈修者逐步、有序地展開其靈修進程。

起（開）靈

初習靈修者首先要接受起靈，即喚起和活化其靈。何謂起靈？在「一定」的情境下，有形（人）師透過步驟與口訣，經交感無形界並獲得無形師（神祇、仙佛、菩隆）認同，使（欲）習靈修者得以啟發其靈，且對無形界能有感應，這一步驟、儀式稱為「起靈」。起靈即如同對（為）人的靈解碼，解開其塵封並使其能感通無形界。有形師對陽世之靈擁有解碼權限，這種權限是經過無形界的神、佛認可，同時也被授權。

靈修者起靈場所，通常在道場的神尊座前，或道場另闢供人修行之處。為了對起靈慎重其事，有些道場會要求欲起靈者齋戒、沐浴、禁淫慾並誦經，以表示其誠心。此外，欲受起靈者還必須在神、佛座前擲筊，求指示能否起靈，且必須連續獲得三次聖筊始可。在神、佛座前擲筊的目的有二：⑴讓欲靈修者經三次聖筊，以堅定其修行的心志。⑵因為每個人的背景與條件不同，有形師先不表態是否願意帶領此門生修行，故藉神、佛指示，讓門生自行決定去或留。

起靈時，一般是在神龕前置爐香，同時播放音樂（曲），令欲起靈者靜坐道場之中。當有形師進行起靈時，首先以其手輕拍欲起靈者的天靈蓋，或額頭的前方，口中喃喃數語。其次，要求欲起靈者心緒平和，拋棄一切雜念，藉由聆聽樂曲過程中自然而然地喚起其靈，使其靈甦活。爐香及樂曲都有靜心，也有淨場的作用。起靈時播放的樂曲通常是佛、道之經懺或者是聖讚佛、道神尊之樂曲，又或者是靜心音樂。至於會使用何種樂曲，由有形師選定。在實務上，不論是佛、道之經懺、聖讚樂曲、靜心音樂，往往都能誘發欲起靈者的心靈，使其莫名所以的感動，內心對自我人生總擺脫不了苦難湧現無限哀戚，並虔心嚮往最終能登臨聖潔、和諧之境。

初習靈修者起靈之處大都在現成道場，眾神佛羅列神龕，香煙裊繞，乃有形與無形界共融之域。靈修之地既為道場，因係神佛所在以及降駕之處，其場域當可見（無形）八卦、太極、蓮花。用於靈修靜坐場所，如果未供奉神祇，則要先開八卦，不開八卦其地不成道場，靈修時神佛不會駕臨。

一個初習靈修者在起靈後，以及起靈的初期，大多只是在薰香、聖（佛、道）樂盈耳的情境下閉目靜坐，以淨化身心，從而培（修）養其靈性、誘發其靈氣。雖然看上去只是起靈後的靜坐，但其實初習靈修者已先經過有形師「調整」。在起靈的過程中，有形師須先為習靈修者（身體）開八卦，因為身、心都要是道場，如此靈修者的靈才可宅於體內，伸展於體外。此外，日後如靈修者持續修行有成，神佛也可附體。

初起靈者，由於是閉目靜坐且身處在生疏的環境，所以其靈和內心都會擔心及懷有些微恐懼感，情緒不免焦躁、難安，始終無法靜心。如果初習者已靜坐經久都沒有起靈的現象，此時有形師也會以手按其腦門並對靈喊話、開導，接著以爐香淨其身，拍其背，輕微搖晃其頭腦等，這些都是為了加速初習者的起靈。

當產生微微觸電感，或身體不自主的輕搖，或腦門中閃現光影，這些都是靈修者最初階的起靈現象。起靈過程中會（應）有何感覺？有些人會在腦門看見白色光，有些人看見紫色光，有些人看見蓮花，有些人看見太極，有些人會看見小沙彌，有些人看見花朵。這些景象各自有不同意涵，也都有暗示性，靈修者日後自然會瞭解其意義。

初習靈修者在起靈及靜坐之際，身心要保持輕鬆，思緒騰空，呼吸平順，內心切不可著急。靈修道場，爐香是人（靈）、神溝通的媒介，靈修者在爐香薰陶下，讓心境融入樂曲之中，只要心緒寧靜，應有的感覺很快會出現。靈修者只要處在平和的情緒中，自能掌握起靈要領，且自身的靈漸漸就會與無形界交感。此時閉目所見光影、圖像不斷變化，同時自身體內感受出聚靈成氣，聚氣成形，而四肢也會有股力量要將體內之氣向外施展。

靈修者因為有無形師的引導，所以不但靈有安全感，連帶人也日漸有信心。隨著經驗的累積，一旦聽聞熟悉樂曲，靈修者只要閉目、靜心就能起靈而且展現起靈的動作。比手勢、曲手指、運氣、打拳、走步伐、捋鬚、吟唱等，都是男性靈修者起靈後的動作，也是靈修者「靈活靈現」的感應。至於女性靈修者，起靈動作則以妙曼的手足舞蹈、吟唱為主。

靈修時，因個人的靈特質不同，會呈現出不同的肢體語言，而且其動作也並非僅有一種。之後，每一次靈修的過程中都會有時間長短不一的肢體動作，打拳、走步伐、舞蹈都是起靈後有益身心的運動，是直接的訓體，也稱之為「靈動」。靈修者的靈動，乃係與無形界藉氣為媒介形成交感時，產生自我逼氣、行氣、運氣的動作。一般而言，靈修者每次靈動的時程不定，隨靈修者體能改善狀況時間會逐步延長。此外，靈修者在靈動時所發揮的動能，往往超出個人想像，且經常至汗流夾背，大汗淋漓，尚且欲罷不止之情形。

就初入靈修境界者而言，與無形界之間自「有感覺」而能「有感應」，其進程快慢因人而異。所謂有感覺係指，冥冥之中有股力量誘導著靈修者的身、心、意、形，使靈修者當下即刻意識到，自我已進入有種超乎所能想像的境界。至於有感應則係指，體內散發出陽剛之氣，且此氣受來自另一境界的無形之氣所引導。有感覺增益了靈修者的信心，有感應則強化了靈修者的動能，這兩種元素就是靈修者在訓體時，何以不但不易疲累，而且精神抖擻、動作敏捷之故。

起靈之後進而能靈動，其進程有快者、有慢者。其快者，經有形師提點霎時即能起靈並有感應；其慢者，非假以時日始能起靈者亦有之。靈修者起靈快慢之別，有些人是因為個人自我意識較強，心思為自我意識所固守，靈自然產生排他性；有些人則本就個性浮躁，心緒常處紊亂，不易沉靜，靈自然難以受誘導。

靈修初期，靈修者如同嬰幼兒般，不論靜坐、訓體還都必須在有形師的監護下始能進行，這是因為靈在此時仍只信任並依賴有形師。當有形師教導靈修者，指導其乘著感應無形界之氣而靈動時，不論是口令與動作要求，都像是在催眠。催眠（Hypnosis），係人進入一種類似睡眠又實非睡眠的意識恍惚狀態。這種意識恍惚狀態，是在一種特殊的情境下，由催眠師誘導形成的。催眠師採用特殊的行為技術並結合言語暗示，使正常人進入一種暫時的且類似睡眠狀態。而進行靈修時，要求身心放鬆、革除雜念，在音樂及爐香薰陶下，有時初習靈修者雖看似被催眠，依有形師指揮表現各種動作，但其仍能步履穩健、身手敏捷，自我意識完全清楚。

催眠可分為自我催眠與（受）他人催眠，自我催眠由自我暗示引起，他人催眠則在催眠師的影響和暗示下引起。一個人能否被催眠，常取決於其受暗示性（Suggestibility）的高低。至於人受暗示性程度高低也各有差異，且受到兩個因素影響，這些在靈修與催眠都頗為雷同。⑴受術者對催眠的態度，以及對催眠者信任度。如果受術者相信催眠可行，又信賴催眠者，他就會主動與催眠者合作，容易接受暗示，俗話說「心誠則靈」講的就是這個道理。(2)受術者的身心條件與個性特點，有時也會影響自身受暗示的程度。催眠並未剝奪人的心理活動能力，雖然有意識的活動能力會降低，但人的潛意識活動力反而更加活躍。在催眠過程中，有的受術者會產生迷迷糊糊、意識不清的感覺，好像只能聽到催眠師的聲音。但有的受催眠者覺得自己很清醒，周遭聲響都聽得很清楚，甚至認為自己完全沒有被催眠，靈修者應該也是這種感覺。

然而，靈修的過程又與催眠術的進行明顯不同。(1)靈修過程講求的是，靈修者與有形師和無形師之間師徒關係的發揮，催眠術則並不需具備此種條件。(2)靈修者有時不需經有形師的口令，聞（有時甚或不需要）樂聲或在爐香薰陶下，乃至有些靈修者但凡內心感應神尊時，自身即能聚氣並產生具體反應動作。(3)靈修者靈動時的肢體語言變化多端、氣（架）勢不凡，這情況顯然並不能被視為自我催眠。此外，無形師在靈修進行時會對靈修者產生影響力，這也是靈修的特點。

就初習靈修者而言，有形師會援引宮、廟、壇所供奉的主神為無形師。之後，有形師有時也會視靈修者修習進度、階段，進而延請、更替不同的無形師。靈修所以要採取和歷經這種步驟，乃是基於以下考量：

(1)有形師先委請一位入門師，先對初入門者調訓其靈體及啟迪其心智。最常被延請為無形入門師的神靈，在男性靈修者為「濟公師父—道濟禪師」，女性靈修者則係「準提菩薩（佛母）」。此係緣於，希望初學者能體認兩位無形師慈悲濟世的胸懷，並以此開啟靈修的基礎培訓。道濟禪師平素隨緣度人，隨興裝束，破帽、破扇、破鞋、垢衲衣，貌似瘋癲，舉止似癡若狂，但在世時是一位學問淵博、行善積德的得道高僧。道濟禪師樂於助人，能上天（界）入地（府），穿梭陰陽兩界，協助眾生消災解厄，從民間傳聞以及坊間奉祀的道壇林立來看，道濟禪師做為明師，實至名歸。準提菩薩是「六觀音」之一，三世諸佛之母，拔苦救難，無比慈悲。準提菩薩感應至深，恩澤廣被於冥陽，無微不至的守護眾生，充分滿足眾生入世、出世願望。

(2)靈修者個人的心性與意志尚待考驗，如果能習得入門師心法，能與入門師心、意交感，則可通過入門師考核，後續自然會有其他無形師接替和指導。

(3)入門師的考核並無期限，端視靈修者個人修行表現。入門師考核靈修者的範疇、項目，一般為：言行、品德、人倫義理等。

靈修的無形師又概分為兩大類，一是（級任）導師，另一則是科任老師。導師通常從靈修者入門起就固定於同一位，科任老師就不一定了。每一位無形師教授的心法與術業都不一樣，也有的是由導師兼授所有課程。

有形師是明燈，除了確保門生於正確修行道路前進，對於彼等在靈修上的知、見、言、行時時發揮醍醐灌頂之功。若無師真垂慈開示，引導靈機，循循善誘而使其不致墮落邪見，錯入旁門，上乘妙法又安能領悟。得遇明師，意味著靈修者已經通過了第一階段的試煉。（明）憨山德清嘗謂：「修行容易遇師難，不遇明師總是閒；自作聰明空費力，盲修瞎練也徒然」。修行要找「明師」，明師不一定是有名的名師，名師也不一定都是明師。得稱明師，其應具要件如下：⑴自己要能證悟；⑵要能通達真理；⑶有慈悲心肯教人；⑷要能方便權巧的為人解說。

靈修必須合「無形師」與「有形師」始克有成，有形師授以為人之道，無形師揭示玄機。找到了明師，並不等於明師就會納為門下。在道門傳承中，為師者（特別是明師）收納弟子必會仔細篩選，經過簡擇之後，才會傳度。也就是說，修道不僅要得明師，連弟子自身也得具備「高徒」條件才行。唯有如此，明師之度脫才符合「傳必其人，授必知真者」的原則。因此，身為明師者既企盼後繼有人，道脈綿延流傳，又為了確認所傳的人，莫不對入門弟子嚴加

無形師─道濟禪師法像

考驗。

俗話說：「師父領進門，修行在個人」。修行者入了靈修道門之後，並非「從此過著幸福快樂的日子」，反而必須亦步亦趨地從師學習，並由淺入深地接受一次又一次的考驗。明師會依照門生不同修行程度，傳授不同階段所需要的經、戒、法、籙。門生依此靈修，在歷經諸般文烹武煉後，不但要更加堅定修行意志，還要能在迭次的試煉中，漸漸磨盡世情，提升自我心性。

靜坐

「靜坐」屬於靈修初期的鍛鍊，也是靈修者最基本訓練。靈修者習靜坐時，內外環境均須保持安靜、沉靜；內環境指的是個人心境，外環境則是指自身所處的物理、物質環境。不論內、外環境，務必保持輕鬆、舒適、寧靜、清新、自然。處於初階之靈修者，每當靜坐時應有他人在旁護衛，特別是在全然陌生的環境下靜坐。此一意義在於：一則可安定初習靈修者心寧，使其凝神專注，無所顧忌；一則遇有需要時可輕聲作響，以防靜坐者因突受驚嚇而失神。由於有形師是靈修者的啟蒙師，深受信任，所以每當靜坐時，通常在旁守護者即為有形師。

佛、道、儒三家都講求靜坐的功夫，靜坐的要領在三調：(1)調身—調身就是調整身形，是對身體姿勢或動作調整、安頓。調身的基本要求是「形正體鬆」，使自我的身形逐漸達到靜坐的要求和目的。⑵調息—調息要先將呼吸調勻，使其不疾不徐，如此身體自然會舒暢，心念自然會清靜。⑶調心—調心是要使自我內心平靜，雜念俱消，如此氣息才會和順，進而可達神靜、神清地步。調身、調息都要先做好，如此才能調攝心念。人的心念常如野馬奔馳，最不容易控制，靜坐時可反覆練習，藉由眼觀鼻、鼻觀心之法漸將心念攝住。

如何進行靜坐？靜坐的步驟：⑴首先，靜坐者先選定適宜位置、方位盤腿而坐。初習靜坐者所選位置應該背對著牆，閉目時才會有安全感。盤腿而坐時，單盤或雙盤都可以，再將上半身向前彎曲左右挪動，調整一下身形，挺直腰部，全身放鬆。靜坐時，身要直，頭要正，收下顎，眼睛保持向外平視，再把平視後的交點拉回兩眼之間的鼻端玄關處，眼皮自然下垂，此時注意力全部在玄關，此乃「意守玄關」，這樣才不會睡著。⑵其次，靜坐應使用鼻子且緩慢而綿綿不斷地呼吸，嘴巴需緊閉，舌尖頂上顎，吸的時候，肚皮向外凸，呼的時候，肚皮向內收。兩手自然下垂，兩手心向上交疊，左手在下，右手在上，兩拇指相扣，放在盤坐的腳上。臀部、兩股之間要夾緊，使氣不致外漏，此為腹部呼吸法。⑶再其次，腦海拋開一切妄念雜想，騰空思緒，空無所空，寂無所寂，一念不生。靜坐能坐多久就坐多久，越練坐越久，越坐氣越強，這就是靜坐的基本功夫。

靜坐的基本功能夠紮實，身體才會產生磁場，磁場轉化體內之氣成真氣，真氣在體內充盈，並能與天地之氣互通，全面改善、更替（新）自我體內之氣。靜坐能持之以恆，效能自現。最明顯的效果就是，如果在低溫之下靜坐也不覺得冷，在日正當中靜坐也不覺得熱。而時常靜坐者，其體內真氣自然充足、飽滿，一旦真氣充足，就能進入隨心、隨時「以意運氣」的階段。

靈動

靈修者每逢（焚香）靜坐時，沉澱、淨化思緒能力應日漸增強。在進一步鍛鍊後，經由自我觀想、本靈導引、神佛降駕等，可以使自我的靈益形活化，從而顯現其靈通力，乃至於一旦瞬間感應異界靈氣即能靈動。觀想是自我心、性、靈全然投入，在內心虔敬下，將腦海裡對無形界靜態或動態形象想像出來。一般靈修者時常觀想神佛形象（靜態）以及神佛事蹟（動態），有時也觀想無形界可能情境。

無形師—準提菩薩(佛母)法像

靈修者先靜後動，至於靜多久後能動，完全視本靈導引以及入門時所拜明師「功力」。

靈動是自發的，它不僅是靈修者的氣動，同時也是身、心、意、形之動。靈修不僅只在修練身、心、意、形，尤其特別著重於練氣。氣、形、質（體）三者組合萬物；以物而言，「形」、「質」為物之外貌，「氣」為物中之能量或流動之部分。以人而言，「形」、「質」組成人之肉身；「氣」則形成人之精神。「氣」分陰、陽，陽氣屬天，形成人體中之「魂」；陰氣屬地，形成人體中之「魄」；「魂」主宰人體思維；「魄」則主宰人體語言、動作。人自我體內之氣必須足而盛，魂、魄才能靜定並各守其司。

靈動如能充分促使靈修者的身、心、意、形、氣之動，就是在進行訓體。至於為何會靈動，靈動具體的意義與現象為何？有些解讀認為：⑴靈動，就是在調訓乩童（身）。領天命且是乩身要替神尊服務，為信眾拆解陰陽之事者，在其本靈下至凡間後，必須受一段時間的嚴格訓體，肉身才可與神祇相互依附，才可以偎（依）神駕辦事。⑵其本靈在無極天就有武術者，或在天命中需要能武術者，會在靜坐時受到靈偎（附）體，就帶體練武。換言之，靈修者的先天靈（原來在天上的靈）因為有使命，在後天肉身進行靈修時，可能會有神靈與肉身交感，授以靈動的能力。⑶其本靈在無極天時是隨伺各母娘聖駕的跳舞仙女，所以在靜坐中，當受到神靈偎體時，靈就帶體訓練，手舞足蹈。

其實，靈動是：⑴靈修者在與無形師相互感通時，體內瞬間隨即充塞一股氣，此股氣呈陽剛之勢，具飽足之感。⑵由於這股氣極其強烈，迫使靈修者必須藉著四肢及身軀的運動，使氣經由手的把臂伸指，以及雙腳的踏步、行走，將氣排出體外。⑶當開始靈動後，在不斷地與無形師交感下，體內陽剛之氣不停產生，以致靈修者有時運動竟可超過一小時以上，而且即便揮汗如雨也不覺得累。⑷靈動時，就是靈修者在接受無形界神靈的教導，或者是在接收神靈傳達的訊息。⑸靈修者靈動時，其肢體運動沒有標準動作，隨個人（自由）發揮，既可以是打拳，也可以是舞蹈。總之，就是在使體內之氣能遊走全身並將其釋放。⑹靈修者自然而然地減緩或停止其靈動，這表示神靈中止了這回教導，或終止此次訊息傳遞。

跑（走、會）靈山

「跑（走、會）靈山」，顧名思義就是前往各處「靈山勝地」。為了要靈修，靈修者經常會前往聚有大地靈氣，並供奉神祇所在之宮廟進行會靈。宮廟大多矗立於名山，名山也因有宮廟而成靈山。位在崇山峻嶺之中，四周古木參天，鳥語風聲，遠離世俗喧囂，使靈山聖殿之景觀令人心曠神怡。靈修者認為勤跑靈山，不但能夠吸取大自然中的天地精華，更能與聖殿中的觀音菩薩、天上聖母、瑤池金母等各神尊、聖駕進行會靈，有幸並且能受祂們教導、加持或灌頂。

有些靈修者為求在相同時、空之間達到人神合一境界，勤於跑靈山會靈。而且每到一聖殿，便祈求神佛能開示、賜給智慧。甚至常有靈修者，謂自己受神祇指示，須於限期內完成參拜定額的聖殿。靈修者前往靈山聖殿，除去為了「會靈」，接通靈脈並使自身的靈得以提升，也有些則是想獲得「無形寶」或前去「領旨」。

前往靈山聖殿之外，靈修者也會前往「祖庭」、「祖廟」、聖地會靈。如天上聖母（媽祖）祖廟在福建湄洲，張天師府祖廟在江西龍虎山，濟公師父祖廟在杭州西湖靈隱寺（出家修行處），關聖帝君（關羽）祖廟在山西運城解州，觀音菩薩道場在浙江普陀山，地藏王菩薩道場在安徽九華山，文殊菩薩道場在山西五臺山，普賢菩薩道場在四川峨嵋山等。

跑靈山的緣起，據聞係屏東南州忠德堂陳師父首倡。陳師父發心，接引別人修行，更會指點別人去跑宮廟。因為陳師父有一套完整且頗獲認同的說法，坊間口耳相傳、奔相走告，遂衍生出「跑靈山會靈」的靈修法。其後，修行者、修行團體就開啟了參拜靈山、寺廟之系列行程，「會五母」乃蔚為風潮。在參拜及會靈的過程中，雖然多數人未必有什麼特別感覺、感應，但有些人卻在嚎淘大哭之後，頓感身心舒暢，就像出外多年的返鄉遊子，內心湧現無比眷戀之情，使人相信會靈之說確有其事。

會靈

靈修者是否需要跑靈山去「會靈」，接通靈脈？靈脈是指，每個靈修者其靈主或其本（先天）靈來源。據說人的靈出處、根源皆不同，好比各有其家譜、族系。按照一般說法，人大約可分五大靈脈：⑴三清道祖脈—其元神之主為太上老君；⑵關聖帝君脈—其元神之主為關聖帝君；⑶瑤池金母脈—其元神之主為瑤池金母或無極老母；⑷觀音佛祖脈—其元神之主為觀世音菩薩或準提菩薩；⑸玄天上帝脈—其元神之主為玄天上帝。此外，尚有屬於王爺之靈脈。

有些人強調靈修者應主動至各地（宮廟）會靈，但也有些人則認為靈修者並不一定要四處會靈，以靜坐方式亦可與靈脈連結。跑靈山會靈的規模可大可小，每逢假日或神佛聖誕之期，會靈者絡繹不絕於道途。會靈有時是上達百人的靈修團體，有時則僅成員二、三人。

「五母」之宮廟為靈修者會靈時必前往之靈山聖殿，五母聖殿為：⑴王母娘娘—花蓮勝安宮；⑵無極瑤池金母母娘—花蓮慈惠總堂；⑶九天玄女母娘—苗栗仙山協靈宮；⑷佛母準提菩薩—嘉義半天岩紫雲寺；⑸無極虛空地母母娘—南投埔里地母廟。關於五母，坊間多以：⑴瑤池金母；⑵地母至尊；⑶驪山老母；⑷準提佛母；⑸女媧娘娘等為五母。另外，也有人將：⑴瑤池金母；⑵驪山老母；⑶準提佛母；⑷九天玄女；⑸天上聖母（媽祖），合稱五母。五母之外，另有五帝之稱，並以：⑴文衡聖帝（關聖帝君）；⑵孚佑帝君；⑶司命帝君；⑷玄天上帝；⑸文昌帝君為五帝。

有些靈修者在進入宮廟參拜、會靈時，打嗝不止或哈欠連連。出現這種現象，一般以為是靈修者的靈動，或靈與無形界感通。其實，這種見解有誤。靈修者接近神佛會打嗝或打哈欠，這雖是靈修象徵及靈力抒發，但絕非必然現象。此純係因於靈修者個人資質，以及其師承和起靈者靈力高下所致。

此外，在會靈頂禮膜拜時，有些會靈者會呈現精神恍惚、嘔吐、身體不舒服等狀況。而比手畫腳，甚至吟唱靈歌、說靈語，或者剎那間不知所以地淚流滿面、哀嚎，或者哭天搶地等等情況也經常可見。更有甚者，手拿法器扮演天兵神將，有模有樣極其認真地操演，這些都是會靈時令人感到詫異的景象。

領旨、令、旗

領旨、令，一如領受證明文件，證明靈修者是承（奉）某某神尊的旨意代言或行事。領旨有分種類，如：玉旨、道旨、懿旨、佛旨……等。在靈修一段時間後，有些靈修者會感應，自認帶有天命。如果靈修者「感應」上天已降旨，准許他或將助他濟世、度化世人，則必須領旨。一般而言，上天不是對每位靈修者都會降旨，要憑機緣。沒有機緣的人，上天降旨給他也沒有用處。

領令的意義和領旨不盡相同，有領令並不代表一定有領旨。令的種類非常多，端視其出處，如：天地令，菩薩令，地母令，關公令，帝爺令，梅花令、青龍令、金龍令等數十種令。令不一定有形，很多令都是無形。純靈修者很少領令，有領令也是因為與某神尊特別有緣，藉領令用以修持或認證。領令被認為代表辦事、濟世的依據和能力，通常領旨和領很多令的人都是（想）要開宮（廟）濟世。但真正要能開宮或辦事者其關鍵應該是領（印）章，章就是關防，這是正式對外（有形與無形界）行文，對內權威的表示。至於令旗則是神尊的代表，具有等同之權威。請領令旗者須經一定程序後，始能獲神尊頒賜。

降筆

寫靈文

靈修者在神、人交感過程中，將感應的內容以朱筆在黃紙寫下，這就是寫靈文。許多跑靈山者每到一處聖殿會靈都會寫靈文，且通常都連續書寫數張，乃至數十張。在埋首疾書過程中，有些人好似若有所感，但有些人卻並非如此。會靈者書寫的靈文不僅字的形狀不同，事實上有些連文字都稱不上。最初階者所寫一般都是一個圈接著一個圈的畫，也有的書寫成蚯蚓狀。雖然他們都認為這絕非塗鴉之作，但詢問當事人所書寫是何意，大多數人不但不清楚且更無法解說。有些靈文會寫成類似象形字，這是高階靈修者所書，然其意義只有「靈文師」才看得懂。

扶乩（鸞）－文乩

扶乩又稱扶箕、扶鸞，乃「天人交（溝）通」術的一種。扶乩起源甚早，明、清之際盛行於士大夫間，是道門中人與神祇溝通後傳達神意的方法之一。進行扶乩時，需要有人分別擔任：(1)被神祇附身者；(2)詮解神意者。能扶乩者靠的是神通，這種人被稱為鸞生（手）或文乩。正統扶乩（鸞）時必須有正乩、副乩各一人，另需唱生二人及記錄二人，合稱為六部（三才）。扶乩之處所稱「鸞堂」，扶乩的工具為乩架、乩筆、乩（沙）盤等。

扶乩之前，鸞生須先焚香敬拜主神，恭迎降筆的神佛。鸞生在靜心、騰空雜念之下，始能進入「天人合一」之境，如此也才能獲得神靈降木（乩筆），演繹神佛之聖意。扶乩靠的是靈通與神通，其過程乃人的靈氣與神靈相互、順暢交感。當鸞生展現靈通時，要有迅如雷掣之速，直接傳達與神佛互通後所得訊息，不假思索，始謂之純正之鸞。進行扶乩時，鸞生運用（手持）一「Y」字型桃木和柳木合成木筆，在預置的沙盤上揮筆成字並由唱生依字唱出，而記錄生則逐字抄錄成文章詩詞，最後對神靈傳達訊息詳細說明。

扶乩的方法、類別可分五種，有天壇、法壇、仙壇、神壇及鬼壇。實務上，進行扶乩時又分單人乩與雙人乩。在道教的某些道場與一貫道中，扶乩現今仍舊盛行。扶乩不單只為天人交通之用，關於乩的角色與扶乩的功能，武當派開山祖師張三豐認為：「乩以度人覺世為功，故仙聖借其乩以默相天下。……仙聖有愛人之量，假乩筆而勸善懲惡者有之。仙聖有救人之心，假乩筆而開方治病者有之。若云判斷禍福，求名利，求地理，皆方士所為，上界正神，察其奸計，未能有逃天罰者」。

一般而言，扶鸞（文）的主要內容在：(1)道經撰寫；(2)人與神、仙之間問答；(3)神、仙規勸世人向善等。雖然如此，但實務上，凡有關個人家庭、事業、健康、婚姻、因果、神鬼之事等問題，只要有疑難雜症無法解決，都可以透過扶乩請示神尊降下鸞文。畢竟，扶乩所降下之鸞文，對整個事情之原委和期間經過都能完整陳述，方便當事人自行審視前因後果並做出判斷，此為扶乩與宮廟、神壇乩童起乩問事之差別。

扶乩所成的鸞文，是神與人聯合創作的具體呈現。當知，神是一道德之氣，扶鸞之人必須要有這種「氣」為資格、能力，始能達成天人合一並傳遞神的旨意。靈修而擁有神通與神降能力，又能文思如泉湧般秉筆直書，獨力完成一篇對仗工整、脈絡清晰、文意流暢、敘事明確、詞句首尾相接、通篇言之有物的鸞文者，即可以成為單人乩。而具備單人乩條件之靈修者，適為「靈乩」中之翹楚。

靈通（通靈）

依我國古代宗教之歸類，天、人之間的溝通方式大致有：(1)神通；(2)依通；(3)鬼通三種。神通是人透過精神鍛鍊，達到通悉宇宙創化之境。依通則仍須藉助某種靈物輔助以瞭解神意，如殷（商）王以龜甲、牛骨占卜等。鬼通則是由他靈附體，才能使天、人互通，現在民間的乩童以鬼、神附身即屬此類。佛家也有五種神通，分別為：(1)報通—前世曾修練過，到今生報現之神通，可說是天賦異稟的特殊本能；(2)修通—藉由修練後獲得神通；(3)鬼通；(4)

妖通；(5)依通—依靠某些（關聯）事物、光感（影像）、聲音而得知的神通。

基於機緣，靈修者神（靈）通領域各有不同，有些人能夠通冥界、亡靈，所以可牽亡魂或者觀落陰。有些人可通天上神靈，但不能感應地府（界）。有些人冥、陽（神）兩界皆通，兩界之靈（氣）皆可交感。不過，一般可以通神靈者，大概以民間信仰的神祇為其靈通範圍，例如：中壇元帥（三太子）、天上聖母（媽祖）、關聖帝君等。至於其他上界神聖，尚需視個人能力、條件，未必經久修練即可通。

關於乩童（身）通靈的現象，（有）學者認為：「從科學的立場而言，乩童作法時的精神現象是一種習慣性的『人格解離』（Personality dissociation），在這一精神狀態下，乩童本人平常的『人格』暫時解離或處於壓制的狀態而不活動，並為另一個『人格』所代替，這另一人格也就是他所熟識的神的性格」。因此，從科學觀點看，乩童起乩並非真正有神降（附）在他身上。

其實，靈修者或乩身是否真正有神降附很難偽裝。特別是當乩身經由請神進而神降並附其身時，只要現場有其他通靈者在，應該會有相同的交感，只是表現或者不表現出而已。當神降時，雖說其他通靈者與乩身所感應的實質，未必百分之百相等，但大致應不差。此外，除非是高階、上乘的通靈者，一般的通靈者未必能預設，有時也無法預設降駕之神尊，以及神降之後應持何立場。起乩時，之所以（會）很難設定神降是哪尊聖駕，其原因在通靈者的身分與位階。因為受這種限制，有時到場的並非神尊，來的只是本尊的護法也常見。至於乩童又另當別論，因為其主神固定，所以神降也很明確。

說靈語

說靈語對靈修者而言，有的人是輕而易舉，有的人修了一輩子也不會說。有的人不會說靈語，但會唱靈歌，大部分會說靈語的人未必知道所說為何意。靈語無法學，靈修者能否說靈語，全靠機緣，機緣到時自然會開口。有的人修了十幾年後突然會說，有的人進廟參拜突然會說，有的人一覺醒來突然會說，有的人領令、接旨後突然會說，這就是所謂的機緣。

靈語是靈修者自我的靈受感應，或與神祇乃至於和鬼靈交感時，自然（而流利）吐（說）出的話語。當然，也有可能是靈修者彼此的靈相互間對話。靈語並無一定（長短）格式，對每一位說靈語者而言，其靈語的「語」和「音」和別人並不相同。說靈語者以靈語相互對話時，各說各的靈語，兩者之間係透過心意相通理解其意。靈乩既能說靈語應該也要能將靈語譯出，靈文就是靈語的呈現。但有時說靈語者雙方對話時，其所交談也有可能完全無法以白話譯出，顯然是靈不想讓肉體瞭解互通內容，自動過濾，以免徒增困擾。

當說了一段靈語後，有些說靈語者（內心）只能譯出其中幾句（字），且並不是每次說的靈語自己都完全知道意思。但有些人則不然，不僅能全然掌握自己所說的靈語內容，且可隨自己心意說出，其差異就在個人靈力高低。真正會說靈語者，自己應該要有能力即時（同時）譯出其意，或者可以隨之以白話述說其意，而不是由他人予以解釋或翻譯。一般而言，感應冥陽兩界所說出的靈語並不相同。感應陽（神）界靈氣所說的靈語，威嚴莊重；感應冥界之中鬼靈所說的靈語，則急促哀怨。

有學者認為，與諸神、仙、佛有緣者，藉由肉體語言器官所發出之聲音，傳達出屬於某個朝代的方言，這就是靈語。當乩童被神靈附身時，顯現（發出）了大家都聽不懂、不會講的語言，被認為就是把神靈所要傳達的訊息說出來。也由於不是透過自我意識說出的語言，所以乩身的語調有快有慢，而語音高高低低，有時像詩歌，有時像咒語。在起承轉合之間，也會出現流暢且有節奏感的歌唱。

除此之外，更有學者以「囈語」稱靈語，並認為囈語就是溝通靈界的用語。囈語本是夢話，或者是荒謬糊塗之語。當乩童發出囈語就是對人啟示天祕，只是說此囈語須由「桌頭」翻譯，以判別神諭的內容。乩童能開口，但說話有時含糊不清；以「手轎」寫的字或所畫圖形也非一般人能夠看懂，所以這時就得由桌頭在一旁解釋其涵義。擔任此一職務者，除需與乩童（身）有良好默契外，桌頭本身也須具備豐富的文字學知識，以及諳熟宗教事務，如此才能正確傳達神意。

然而，不論是說靈語或即便是囈語，在請求神降時，人們最關切的在於乩身究竟是真為神、鬼傳達意思，或者只是自我意識表達，乃至於說不定是胡言亂語？如何驗證乩身在辦事時，所說的靈語是可信的？可以驗證乩身是否神靈附身，以及其所說靈語是否可信的方法如下：⑴如真有神靈附體，只要身在現場的通靈者，都可以感受神尊降駕所形成的氣場與磁場，無法造假。⑵在與神靈問答過程中，乩身所傳達內容都必須依循人道規範。因為唯有遵循人道，才符合天地之道，也才有其合理性，無疑地也才是乩身對冥陽兩界的真感應。⑶為了要驗證乩身所說是神意或己意，可以用靈語提問，避免以白話提問時乩身作假。因為以靈語提問，乩身並不知道被問什麼，只能由神靈直接回覆，所以乩身就無法以人為意識答覆。

對照乩童，靈乩既能與神靈以氣相通，應當也能心意相通，如此才能稱得上真正神通，做出正確傳達。所以，當靈乩感應神佛降駕，靜心聆聽神示，秉承及傳達神諭時，應該不假思索地直接以白話（文）即刻說出。即便不能以白話傳述神諭，至少也要做到白話與靈語參半。因為神佛苦口婆心勸化世人，總要眾生都能明瞭其意。所以，即使靈乩當下是以靈語傳述神（或鬼）之意，也要即時能以白話重新復誦才算正當，這也是靈乩與乩童不同之處。

三教融通

靈修者應當既可超脫，亦可融入於宗教信仰所交織而成的境域。換言之，未必要顯示係依附於宗教信仰，有時就可視靈修為後天自我人格與心性的修養。不過，大多數靈修者仍需藉著宗教信仰引導、規範，才能到達修行目的，完成修行目標。靈修者既以宗教信仰做為依託，且以之為展演靈修能量場域，因而不能不詳加剖明其宗教信仰內涵，且從頭細說以乘便綜觀其情境，明瞭靈修之導向。

本土宗教信仰植基

臺灣民眾（漢人）的宗教信仰，移植自大陸並始於明末鄭成功入臺之時（一六六一年）。當時隨國姓爺渡海征戰、移墾的閩、粵兩地軍民，大多隨身迎請海神或故鄉神祇分靈來臺奉祀。

由於移民東渡時必須與險惡大海搏鬥，抵臺後又常因水土不服，頻遭瘟疫侵襲，備嚐艱辛。除此之外，為爭奪可耕地、水源等，移民與原住民經常械鬥。而不同墾植者之間更是衝突不斷，民眾生命財產經常旦夕不保。先民篳路藍縷，披荊斬棘，在落地生根後，藉著所奉祀之原鄉神祇，既鼓舞著彼等開疆闢土的意志，也撫慰著飄洋過海的孤苦心靈。

自原鄉被奉請渡海來臺的神祇有海神，也有鄉土神、王爺等。天上聖母—媽祖是閩、粵沿海民眾信奉的海神，民眾深信非常靈驗。閩、粵民眾乘船出海都會向媽祖祈禱，或者奉請媽祖隨船航行，祈求風平浪靜人船平安。而鄉土神就是原鄉所奉祀的神祇，既隨移民遷徙而來，就被祖（原）籍同地但散居各處之民眾奉祀為守護神。例如，開漳聖王為原籍漳州之民眾所供奉，保生大帝為原籍泉州（同安）民眾所供奉，三山國王則為原籍潮州之民眾所供奉。除了各地方都有守護神外，民間也有些因為執各種不同行業者，各自奉祀其行業守護神。

道教中的正一派、閭山派信仰，本就流行於閩南泉、漳一帶，來臺後主要分布在中部沿海、南部、澎湖地區。道門閭山派與正一派以道士、法師執宗教活動，其特色為鬼神崇拜及符籙科儀。閭山派、正一派在與符籙派相融合並吸收佛、儒義理後，深入民間並引領民間信仰，孕育出特殊宗教文化。例如，臺灣寺廟定期之醮典活動，以及民間喪葬習俗中的繁瑣儀式，率皆表現出本土民間信仰特別之處，乃至發展成重要的地方民俗文化。

佛道信仰混融濫觴

崇奉觀世音菩薩原是閩南佛教信仰的一大特徵，臺灣本土民間信仰亦沿襲此傳統。觀世音菩薩慈心廣大，法力無邊，不但能尋聲救苦，且應（變）化身極多。臺灣早期主祀觀世音菩薩的廟宇除了以寺為名外，也經常以巖為名。巖是蓋於山邊的寺廟，至今仍有若干以巖為名的寺廟，見證佛教在臺灣的發展史，如著名的半天巖（嘉義縣番路鄉）、壽山巖（桃園市龜山區）。以巖為名稱的寺廟，雖然大多主祀觀世音菩薩，但也供奉其他道教神祇。在民眾內心常佛、道不分，本屬佛教信仰的觀世音菩薩已被奉為神祇膜拜。而在道教廟宇中，更常見道教神祇與佛教觀世音菩薩、佛祖並祀。

本土宗教發展及民間信仰所以經常佛、道不分，自有其歷史背景。首先，學者研究後認為，明、清之際臺灣民眾神、佛混同的原因係：⑴中國（閩地）佛教神、佛不分的特質延伸；⑵臺灣寺廟僧人的邊陲角色；⑶官員與民眾對佛教與神（道）教的混同認知；⑷「三教同源」的思想模式；⑸清廷宗教政策和信仰取向的影響。

其次，在日據臺灣時期，為了遂行統治，日本人有計畫地抑制臺灣民間宗教。日本政府藉「抑道揚佛」政策，以及力推「寺廟神升天」運動，積極干涉本土民間宗教信仰。臺灣民眾眼見受摧殘者，專係道教廟內之神祇，佛寺並未受影響。於是民眾乃將道廟改稱為寺，並將釋迦佛祖、觀世音菩薩法像與道教神祇一同供奉，以惑日人耳目。

歷經三階段移民的融合以及外來文化影響後，臺灣本土的宗教雖仍以佛、道為主要信仰且根深蒂固，但其態樣以及信仰內涵，卻總給人混融的印象。有學者甚至認為，臺灣的民間信仰（模式）是一種複合體，雜揉佛家、道家、儒家的思想與教義，且綜合陰陽宇宙、祖先崇拜、泛神、泛靈、符籙咒法而成，並分別在各種宗教儀禮中表現出來。

因為傳教環境自由，除了特例外，臺灣對宗教本來就少有限制。特別是在解除戒嚴（一九八七年七月十五日）之後，由於政治開放、經濟發展，民眾宗教信仰的自由度益發廣闊、蓬勃發展。時至今日，以「寺」、「院」、「宮」、「觀」、「殿」、「壇」、「堂」等為名的佛、道寺廟隨處可見。可說是三步一間堂，五步一間宮。

「寺」是佛教的道場，「觀」則指道教崇奉神祇以及道門修行場所。坊間的道教宮廟中供佛（像），佛教寺院裡是沒有道教神祇的。佛、道二教為了保存其純淨的宗教信仰，本不希望彼此存在雜揉混融的現象，但在民眾（心中）卻能視情境維持或泯除其界限。

本土民眾信仰傾向

在臺灣，人們能確實分辨佛、道信仰之不同，但心理上未必會加以區隔。民眾信仰上的混融，其實是有意識地混合，同時也頗受宗教道場影響。當走入道場，人們多半是為祈求身體平安、工作順利、運途順遂而來。假使目睹神佛並祀在神龕，人們相信神佛必定是合意的。在神佛座前恭敬頂禮時，為了確定內心的期望能否實現，瞭解神佛如何回應我的請求，人們有時會採取方法（如擲筊）確定。一旦能獲得回應，人們以為這就是神佛一致的意思。

除了教化之目的與意義外，宗教信仰也是人的精神支柱。藉由宗教信仰人們心靈得以撫慰，心緒得以平和，心境得以寬廣。人們在六神無主、心煩意亂時，特別喜歡向神佛傾訴心聲並祈求指點。雖然宗教信仰（神佛）更大的價值，是為了幫助人明辨是非、積極向善，但神佛往往被賦予主宰人命運的能（權）力，人們不會區分是神或佛才有這種力量。當人立足或跪在神佛座前手持清香再三懇求，一旦如我所願、所求，則是我的虔敬感動神佛，至於是感動了神或感動了佛並無分別。假使未能如我所願、所請，也只能說是我誠心未足，神或佛未受感動，或者我命中注定該當如此。

宗教信仰之所以能伴隨著人走過漫長歲月，終其一生，在於人能從對宗教的體會中看見自我，清晰地看清過去、現在、未來的我。藉著體會是要改變過去的我，或者堅定現在的我，都鼓舞著面向未來的我。不過，大多數民眾虔誠信仰神佛，潛意識卻是希望：⑴在生時常蒙神佛護佑，無病無災；⑵臨終時不會遭受痛苦，安詳辭世；⑶死後能免入地獄，往生極樂。只要能確信願望得以實現，從來少有人刻意分別要信神或佛。

不論對自我心性反映、人生價值判斷、生命當如何終極等議題，神與佛所給予人的感悟、引導並無太大差異。再就人的心性、人生價值、生命目標之具體定位，中國傳統文化已有標準，佛、道之指向也沒有多大分別。社會不斷地發展，人群不停地繁衍，宗教信仰理當日益昌盛，因為正信、正念已經鞏固。假使人心不再良善，更當弘揚宗教並提倡信仰，以淨化人心、美化人性，回歸純真、質樸社會風氣，不論信神或信佛都好。

道場形塑信眾信仰

檢視本土民間道場的設置，可以明白民眾信仰形塑軌跡。在臺灣，宗教道場的性質一般有公眾與私人之分。公眾道場為民眾聚合地方上人力、財力共同興建，其目的在祈求神祇保境安民，綏靖地方、護佑群黎。公眾道場是本地共同信仰中心，其內供奉神祇則是全境民眾之守護者。公眾道場多有「廟祝」常駐，職司奉香與維護。民眾每日早晚會至道場上香祈求平安、淨化心性，逢每月初一、十五也會敬備供品向神祇感恩並傳達虔誠景仰。

私人性質道場一般稱為「神壇」，其起源多半是民眾自神祇祖廟分靈，奉請金（神）尊分身返家供奉，以彰顯其誠敬信仰。當民眾感覺奉請至家的分靈極其靈感，凡有祈求無不應驗，於是遂對外開放供他人參拜，日久就發展成神壇。此外，也有修行至一定程度者，自認帶有「天命」且身負濟世救人之責，於是自行奉請神尊開宮建壇。神壇雖屬私人性質，與一般正式的寺廟在格局上也有等差，但在名稱上同樣都使用宮、殿、院。臺灣早期民智未開，醫療也不普及，人們遇有大小困難經常前往神壇求神問卜，化解災厄。

神壇除奉祀其主神外，也選擇性地供奉釋迦佛祖、觀世音菩薩、地藏王菩薩等聖駕。為吸引信徒，神壇常設有專任的乩童（武壇），或者鸞手（文壇）駐壇「辦事」，提供查詢因果、病因、改運、制煞等各種服務。乩童或鸞手排定在一定時間神降，接受民眾的求問，解答各種疑難雜症，稱為「乩期」。實務上，如果某些神壇的神佛被認為特別靈驗，信徒便一傳十，十傳百，逐漸發展成信仰中心。一旦有了足夠信眾支持後，常會有感恩信徒自發捐錢獻地，神壇乃籌資並建造宮廟安奉原祀神佛。

神壇雖名為宮廟，但主持者之背景、身分有些並非神職人員。神壇的特性是神佛混融，其行事雖也依佛、道之科儀，但形制未必精準。為了嫻熟宗教義理，攝取各種宗教知識、儀禮，神壇主持者要潛修，並設法到處求師精進自我修為與數術能力，以滿足、解答上門求問者的各種需求。而神壇主持者間也會相互聯繫，交換彼此（修道）心得與經驗。

信仰宗教及敬拜神祇能淨化人心，提振道德，導正風氣，安定社會。在臺灣，民眾樂於參與祭祀神祇的各項活動並對道場捐輸，以表達虔敬信仰。有些人平常縮衣節食，但對道場之奉獻卻毫不吝惜，隱藏於個人內心對神佛的仰望可見一斑。雖未必讀過多少書，但有些民眾因宗教信仰所建立的倫理道德、是非善惡標準，有時遠勝過那些曾受學校高深教育洗禮者。

人會信仰宗教、相信（有）神佛是自然而然，因為日常生活中確實有些事無法解釋其原由，也難以用常理論斷是非，只有認定、推想冥冥之中另有主宰者。所以，人們接近神佛有時多半為求得庇佑，而「修行」之目的難免就在於營造、培養自我能蒙神佛恩澤的條件。因為有些道場的主持者確能圓融各教教義、法理，闡經釋道也常打動人心，於是民眾樂於親近或勤於進出道場，乃至自發性伴隨道場主持者從事各項宗教活動，在民眾內心認定這就是在修行。

融通三教修行途徑

修行之事，為修行之依據找理論固然重要，但驗證修行的效益，體會修行的效果更是修行之價值所在。換言之，修行者除了要能崇奉、服膺信仰之法理，融通、遵循信仰之途徑外，是否感受修行前後個人身、心、性截然不同，自信修行能使我益發具備知見之能，才是修行的重點。修行者具體展現其修行效果在於能「真知灼見」，也就是要有一般人或其他修行者所不能（及）的智慧與判斷能力。修行者的知、見，非眼觀、耳聞、口問後所得。修行者的知與見是心知和心見，是經過慎思明辨之後所得結論。真知灼見是洞明和靈照的展現，這是修行者藉自我身、心、性、靈、氣與天地互通所產生。

修行者的目的與目標未必要訂得多崇高、多遠大。個人能有良好品德，不生害人之心，無害人之行，揚人之長多積陰德，避說人短少造口業，懂得給人方便等，做得到這些，就是修行、修道。為了符合這種標準，修行者通常必須先改變自我心性，而這種改變與改善的過程，其實也是修行、修道。儒、釋、道三教闡釋修行之道雖各有其著眼與著力面向，經典、義理、修行途徑也各自立論，但三家可以互補，相互為用。修行之道就儒家而言，定論始於存心養性；就佛家而言，則力陳明心見性；至於道家方面，則主張修心練性。三教對如何編排自我心、性以達修行目標之說法雖有不同，但積極陶鑄（冶）心、性確實是一致的見解與共識。

如何陶鑄心、性以達修行目標？儒家主張存、養之策，意在堅定心、性；佛家強調明、見之法，是講求磨礪心、性；道家提倡修、練之道，則著重淬鍊心、性。治理心、性，三教之宗旨、趨向實則相同，無所謂以彼治心，以此治身之別。修行的目標及進程在使自我返本還原，持續地追求不昧於本心、本性之良知良能，其途徑雖可在意識上有法門之分，但實務上則不宜存在教派之別。修行者努力於心、性之過程，常需要融通三教之說，此時堅定，下一刻磨礪，再下一刻則淬鍊。能如此反覆、交錯行之，自我心、性必定明亮，熠熠生輝。

當下普遍活躍之民間宗教信仰、民間宗教團體，就其信仰及宣教之內容而言，融合了歷代聖人、佛祖、眾神祇（仙）對尊崇倫理道德、導正人心教化、激揚人性善良等義理之闡述。此外，彼等並援引儒、釋、道三教經典教義，強調個人乃至於人人，皆要修身、齊家、慈悲、行善，（共同）挽救衰微世道，導正社會頹風惡習，以實現三教宗旨。

師法、尊崇三教並自期積極靈修者，既以民間宗教、民間教團為修行、修道之搖籃，可謂優遊於神佛混融道場。此等靈修者，不僅平素修行時所研讀（修）的經典，所遵循的教義，所尊奉的神尊聖駕，率皆融儒、釋、道三教於一爐。尤有甚者，在進行神降時，也能對單一教別進行神降，或者對各教別皆可進行神降，以顯其三教融通之功（力），以竟三教融通之能。

靈乩之進程（與乩童之比較）

乩童，閩南語稱為「乩身」或「乩童」，屬道門五大派中的積善派。在臺灣，凡是居家施財之先天（歷代傳承）或後天（自行開創）道壇、鸞堂、善堂，以及居家施法之斗壇等團體，會起乩的皆屬積善派。乩童與靈乩都能通靈，但彼此間仍有許多差別，茲將兩者之比較臚列於下：

靈力來源

乩童

(1)乩童為人、鬼、神之間的媒介，神佛的代言人（神諭），其通靈過程依神佛主導。

(2)乩童都有自己專屬的宮廟與守護神（主神），並以各姓的王爺居多。而主神供奉玄天上帝（上帝公）、中壇元帥（哪吒三太子、太子爺）、天上聖母（媽祖）、觀音菩薩、關聖帝君、道濟禪師（濟公師父）等宮廟也往往會有乩童辦事，但並非所有的神尊都有乩童。

(3)乩童大多按信眾請求辦事，不分種類（冥或陽），且不確定是否應（能）做，如建築師去做醫師的工作。對信眾求問之事，有時雖然自己未必具備辦事條件與能力，但乩童不一定會告知當事人。

靈乩

(1)靈乩亦為人、鬼、神之間的媒介，神佛的代言人（神諭），與神佛之間以靈、氣、意交感而互通。

(2)與靈乩互動之靈較廣泛，冥、陽兩界的靈傳達之訊息靈乩均能感通。

(3)靈乩異於乩童，因為乩童只能代其主神傳達旨意，而靈乩則在自我調靈訓體後得以通靈，且靈力發揮常不受限制。

產生方式

乩童

(1)乩童的來源有三種方式：(1)宮廟神祇採乩；(2)老乩師徒相傳；(3)自發功、自我起乩等。

(2)要成為一位稱職的乩童，要求十分嚴格；經過主神「確乩」（神祇挑中為乩童）之後，尚須經歷閉關受禁的訓練過程。

(3)抓乩身及禁乩之過程非常嚴謹，一連串過程稱之為「三界認定」。首先，正神要抓乩身（挑代言人）是早有安排的，且對選定之乩身視如己出。正神要大發揮（用乩身），須先上天曹向玉帝請領救世旨，再往地府請閻王令（天旨與地令合稱「賞善罰惡」）。其次，要再向乩身祖先買乩身之陽壽，使乩身不受陽壽所限，不受命理制約，從今往後隸屬正神管制且不再受祖先主宰。再其次，還要再轉向乩身的陽世至親、長輩探詢有無意見，長輩如有正當拒絕理由也可說出，正神當會應允。正神須做好上述事項，才會抓乩身。

(4)抓乩身前，正神會於夜間託夢或現景，親自告知乩身。正神尚且會通（告）知「兄弟神、姊妹神（正神之間相互稱呼）」及乩身，以及真正山、醫、命、卜、相的山人，乩身在何時要開始受禁（就是閉關，也稱為「坐禁」或是「暗禁」）、要禁幾日（四十九天或一〇八天）。

(5)乩身閉關多在廟宇廂房，四周門窗緊閉，內設神案晨夕焚香修練。乩身坐禁期間，必須素食，除了自我清心寡慾之外，主要學習：神靈附身、驅邪壓煞與法術密儀。乩身所習的絕學，由淨身之後進入密室的老乩童或是「紅頭仔」（紅頭法師）負責傳授。

(6)乩身坐禁結束，即行出禁。乩童出禁，等同宣告已完成其基礎教育。出禁要舉行公開儀式，並在法師或是老乩童帶領下進行。首先，乩童要操五寶見血，以表示已經受玉皇上帝任命。其次，還要進行過火、過釘橋或是爬刀梯等項目，以表示破禁出關，正式成為乩童。

(7)乩身經禁乩之後始可吞符開口，開口後方能步罡（走方位）。步罡之後為咒雷（口唸咒語），咒雷後才可操兵（五營），操兵之後才有訓乩，經過這些完整程序後才能請神役鬼，才能辦事。

靈乩

(1)靈乩是經由有形師與無形師教導靈修後，基於其修行過程精進，品德與人格並未見重大缺點，輔以與神佛之機緣而產生。

(2)靈乩可以逐步提升與神祇互通能力，神祇有時也會降駕指導、教授。靈乩要接受持續不斷的層層考核，其目的在確保其能始終正心、正念、正行。

有形師

乩童

(1)乩童的啟蒙者是老乩童或是紅頭（帽）法師，各種絕學也由彼等一點一滴傳授。為師者用其獨有之法門，用「觀」、「關（坐禁）」、「符」及「樂聲」等交相配合訓乩，再由乩童自行苦練虔修。紅頭法師又稱小法或桌頭，精於符咒並略悉民間草藥。紅頭法師常與乩童搭配，為人驅邪治病，制煞解厄。

(2)乩童每日苦修如何起乩、退乩、畫符、止(制)煞以及各種法事，餘時則操演法器。乩童的法器一般稱為「五寶」，計有：七星劍、鯊魚劍、釘棍、月斧、刺球等五種。

靈乩

(1)有形師按部就班從旁協助靈乩，教授術數，指點其敦品立德，改正失當言行，並導入各種宗教儀禮。有形師也經由帶領弟子參拜各靈山聖殿，以及在觀摩各種宗教科儀過程中，灌輸及教導弟子學習與領略如何培養天、人相通之能力。

(2)「迷時師度，悟時自度」，靈乩有時亦可經由自我啟發，精進其靈力。

無形師

乩童

(1)乩童的產生可有先天與後天之分別，不管先天或後天皆需經過種種考驗及學習過程。大多數乩童，自始至終都由(受)同一尊神祇指導較多。「先天」即是歷代積德、此世再修，負有代天宣化之職。先天之乩童需皈依道門、發誓、發願(三皈十願)，並要領有玉皇上帝所降之乩旨，方可行事。此外，乩童尚需正式拜師，（被）引進師門，並向自己祖先稟明乩童是被買斷或借用。

所謂「買斷」，是指肉身終生歸所屬神祇使用，並以其肉身傳達神意、指引迷津、度化眾生。但如果此乩童常假借神意（假起乩）騙財、騙色等，神祇可隨時終止借用肉身，並且上稟玉皇上帝此乩童所犯之罪狀—即俗稱「繳旨」，則此人可能就將命歸黃泉。因為道教重視祖先，肉身既是祖先所給予，所以神祇不管要借用或買斷乩童，都必須經過其祖先同意方可為之，並非一般所說領有「無形旨」即可。

所謂「後天」，一般會有兩種情況：其一，此人壽命不長，但與某神祇有緣，經神祇、祖先及玉皇上帝同意，授予所屬之神祇用之，並借其肉身傳述神意、指點他人迷津、度人濟世。而神祇也因彼能積德遂為其延壽，至於延壽期限則不一定，五年、十年、或二十年不等。其二，此人平日積善修德，巧遇某宮廟神祇正在找乩童的情況之下亦可為之，這種情形一般稱之為「生乩（童）」，是完全沒經歷禁乩過程而臨時就起乩者。

(2)乩童從被破知與某神祇有緣，並依照程序而成為這尊神祇代言人後，通常此一乩童從此都屬於同一尊神祇之弟子。

靈乩

(1)靈乩的無形師並非唯一，有形師可以依需求延請或更替，端視弟子修行之進程、機緣、能力，乃至於人品等情形而定。

⑵基於機緣，有時無形師也會（主動）視靈修者的實質，主動降駕傳授心法。

修行內容

乩童

⑴除了要能靈通神祇，乩童還必須學會法師在祭祀禮儀上的各項科儀，如獻敬、酬神謝願、拜天公、接駕其他神祇的儀節、禁忌。此外，乩童對法師或道士所主持科儀的咒文也需熟習，因為有時也要參與行事。

⑵嚴格說來，乩童要能靈通並進而辦事，其所習、所知的術數極為複雜，且冥陽兩界之事都要能處理方屬稱職。因此，學習清壇、請神、調兵、結界（設壇）、祝壽、犒軍、造橋過限、打城、補運解厄、制邪壓煞等儀式和程序，全都是乩童勤修苦練的重點。再者，因為要「行醫濟世」，乩童也要學會山、醫、命、相、卜等基本知識。

靈乩

⑴靈乩以修心、修性、煉命、練氣為要，修行過程中，在有形師與無形師悉心教導下，向上層層提升靈性，使自我總感相較昨日更加具備與天地融於一體的靈力。

(2)與乩童雖同為靈媒，然而靈乩進入此領域是因緣際會、因勢利導。靈乩確實不及乩童般可以通曉各種術數，但扮演神、人間溝通的角色則相同。靈乩與神祇感通的精準度、速度並不亞於乩童，甚至有過之。

靈界溝通方式

乩童

(1)乩童要被神佛附身才能感通，當被附身時即稱為「起乩」。在被附身前後，乩童的肢體動作和語言差異很大。特別是在神佛附身後，乩童有時自我意識並不是很清楚，需要有人在旁照護，以免造成肉體傷害。

(2)乩童在起乩後，本靈（元神）完全退位，肉身的意識、語言、肢體動作（幾乎）不能自主，而是由降駕的神尊主導，這種起乩現象被稱為「全駕」。

(3)乩童起乩時，特別是在神明出巡過程中，常以劍、斧等五寶的尖銳部分猛力朝自己背脊拍擊至見血，以表示與神尊的交感和對神尊的虔敬。

(4)由於乩童擔任傳達神意的角色，因此「起乩」必須真有神尊降駕。有時，因為乩童個人品行不端，違反人道，神尊就不再附身。

(5)乩童如起乩（偎駕）時間過長，退駕時則要有人（自後）攙扶（抱）。

(6)乩童起乩過程及神佛退駕時，旁邊有其他修行功力較深者都可以清楚感應。

靈乩

(1)靈乩可以運用「奉請」的方式，稟請某尊神佛降駕來指示、對話。或者，某尊神佛想對靈乩指導、示警、協助調查資料，或處理幽冥之事，亦可相互感通或浮現其景象。

(2)神佛降駕時，因為能感其形、見其像、知其意，靈乩能明確感通，清楚知道是哪尊聖駕降臨。此外，神佛降駕後的神諭，靈乩也能清楚傳達。

(3)靈乩在神尊降駕時，本靈並未退位，肉身的意識、言語、肢體動作都可自主。由於靈乩仍保有自我意識，只在口述、手書、肢體動作上依感通降駕神尊之意而為，因此被稱為「半駕」。靈乩在傳達神意時雖自我意識清楚，但對感應的內容必須毫無所疑地忠實反映、陳述，不可忽略亦不可隱瞞，否則誤人誤事。

(4)個人品行如有不端，靈乩也會失去對神佛的感應能力。

靈界溝通狀態

乩童

(1)乩童起乩時，最主要特徵是精神和意識呈現恍惚狀態，這就代表著神靈已附身。此時乩童說話聲音、腔調都模仿其主神性格，如王爺則聲音粗獷，哪吒三太子則會以細小聲音回答求問者。

(2)神佛附身時，借乩童之口說事，乩童並無法自主，且常不知道自己在（要）說什麼。

(3)乩童退駕後常會詢問旁人，或者脫口而出：「剛才發生什麼事？」

(4)乩童起乩、辦事時，口述或者手寫的神諭內容，可分需要桌頭翻譯以及不須透過他人翻譯者。

(5)乩童起乩時，其過程和神諭到底是真或是假，乃至於神尊交代事項有否疏忽，旁邊如有修行功力較深者可明顯感應之。

靈乩

(1)靈乩與神佛溝通的媒介，可以是文字、影像、聲音、靈氣或感通，可能是其中一種，或是其中某幾種方式一併（交相）運用。其修行程度越高者，發揮神通力時感受到的文字、影像、聲音、靈氣、感通越明確，修行程度較低者，則比較不明確。

(2)感通神佛時，靈乩的自我意識完全清醒，知道自己在做什麼、說什麼、寫什麼。

(3)神佛可隨時停止與靈乩的交感並退駕。

(4)靈乩在感通神佛時，不可摻雜任何自我意念，須就神諭內容毫無掩飾予以秉筆直書，或者直言口述，切忌作假及曲解。

(5)靈乩能以靈語、白話、心動方式與神佛溝通。

身分區別

乩童

(1)乩童依其起乩、辦事態樣及靈通模式，可分為文乩與武乩。

(2)文乩以女性為多，武乩則多為男性。

(3)文乩大致以吟唱、口述的方式，幫信眾醫病、解惑，而武乩主要是幫信徒制煞、安宅。

(4)有時在街上看到神尊出巡暨宮廟進香時，手執（操）五寶的乩童就是武乩，俗稱「武駕」。

(5)乩童必須依附於道場，是維護道場運作上不可或缺的部分。道場因有乩童為神明朝言，使香火鼎盛、信眾熱絡。而乩童日常也必須藉與道場神尊相互感應，以勤修精練其技能。

靈乩

(1)靈乩無男女之別，只分有條件、能力可以辦事者，以及純修行不辦事者。

(2)靈乩修行既無場域限制，即便辦事也未必在道場行之。所以靈乩是自由自在之身，不受道場拘束。

身分禁忌

乩童

乩童起乩、辦事的能力，完全依憑及源自神尊之靈力。乩童平素應潔身自愛，當其行為失檢時，神尊便不願再由他代言，此時乩童起乩、辦事經常會作假。雖然求問者沒有能力發覺是假乩，但乩童千萬不宜心存僥倖。乩童一旦行為失檢時，其下場實難以想像。

靈乩

因為靈乩能接受靈界訊息，可以處理的事情很多，包括：⑴查閱、處理某人（或與某人之間）的因果；⑵超渡陰靈；⑶化解冤情，與祖先或冤親債主們溝通，得知他們的想法；⑷驅鬼；⑸驗證廟中神祇等，多可以透過靈乩辦理。靈乩既可以濟世助人，所以平常也應潔身自愛。若是言行不端，有失人倫義理，輕犯者會被處罰、示警，重犯者除與神尊溝通能力將消失外，其後果亦很難說。

比較乩童與靈乩兩者之間的差異，主要在：⑴修行方式；⑵修行內容；⑶靈力運用等。綜合而言，乩童著重在術數的運用過程中，表現及精進其為神尊代言之能力。當然，在日常做人處事上，乩童對自我品德與心性的調整也很重要。至於靈乩則齊頭並進，在不斷地進行靜態的潛修與動態的訓體、靈動之下，一則增進品德、修為，一則精進其心、性、靈、氣，深化其靈通力。總之，乩童重術數、運用，起乩、辦事是其職能表現，也是彰顯神祇濟世救人的功德。至於靈乩，除積極修心、修性、練氣、煉命外，行有餘力則藉己所知、所能助人一臂之力，庶幾毋負天地及眾神祇恩德。

靈修的技巧

技巧是對學習或工作方法的熟練和靈活（巧）運用，論述靈修技巧的意義在於解析以下各項：⑴如何使靈修的內涵活化；⑵如何使靈修者發揮其修行能量；⑶如何使靈修者產生最大修行效益。靈修者的功課，不論屬於靜態或動態，大多是在固定的場域（道場）進行。靜態的修習—靜坐、降筆（文），或動態的修習—靈動、訓體等，要能產生效益，就要使道場滿布磁力、靈氣，以便於靈體適性活動。簡言之，必須要創造有形與無形界得以充分交融之情境，以利靈修者與無形師間心氣相通。因此，亙靈修活動的過程，必須以應備之資材、器具，以全靈修者順暢其修行。淨香（末）、香爐、樂曲等三者必見於靈修過程，在靈修場域中也看似通俗與當然，但能知如何靈巧運用，使之發揮玄妙效能者尚不多，爰簡要說明之。至於桃木劍、拂塵等法器，此為行道時之運用，一般靈修者（暫時）未必皆具備行道救世條件，姑且略而不論。

淨香

供奉神佛或祭祀鬼神時，人們都要焚香。焚（燒）香，除了是對無形界的靈表達虔敬心，也是發出神、人或者人、鬼之間的溝通訊息，或以此做為彼此溝通媒介。香在燃燒時能夠釋放出香氣，並帶輕煙縷縷。每當步入宮廟或寶剎時，人們的心神往往霎時即有肅穆及鎮懾之感，對神佛之崇敬心也自然產生。這並不是自我心靈的作祟，而是受撲鼻而來的陣陣香氣所影響，遂生靈感也。而一般大眾手持炷香敬拜時，多半口中喃喃不斷，深切期盼一縷輕煙能將內心祈求上達神佛，望蒙有幸得獲垂憐。

靈修時，場域內都會置放香爐並燃香。香爐內所燃之香末俗稱「淨香」，是粉末狀的香，閩南語稱之為「貢末」。焚燒淨香（末），可使靈修者在靜坐時凝神靜心、安定魂魄，消除雜念，調動靈性，迅速進入冥想的境界。一般的靈修場域，本就開過八卦，恭迎神佛聖駕隨時蒞場。當在香煙飄渺下靜坐及靈動，靈修者已然沉浸於一個有形與無形界共融情境，這是一個全然屬靈的世界。

香末主要是以檀木、楠木及沉香木等研磨成細粉後，再摻合些許麝香、龍涎香等香料製成。香末點燃後的香氣，依樹齡、種植地、樹脂含量、活樹或枯樹之條件分出等級。香末以天然材質不添加人工香料者為佳，但時下坊間販售之產品能得真材實料者並不多，且其價格差距甚大，非行家難以辨識其優劣。選擇香末視個人嗅覺喜好而定，好的香末在燃燒後清雅耐聞，但香氣並不濃郁，是一種很舒爽的感覺。至於劣質香點燃後辣又刺鼻，煙薰則刺眼難耐。香末若未點燃即聞到野艷香味，則可能摻雜化學香料，燃燒後有害人體健康。

品質好的香末點燃後，經由鼻根嗅聞，香氣附著在鼻腔嗅覺的末梢神經細胞上，並且將香氣分子特有化學物質轉變成神經傳導訊息，直接傳送到大腦前葉的嗅覺中樞，引發情緒反應。靈修者通常會對有形師予以啟靈時所燃香末產生記憶，並認定那香氣就是靈修活動發軔的訊號。之後，一旦嗅聞熟悉香氣，自我意識遂喚起內在靈性，於是乎情緒平和而鎮靜，內心誠敬緩緩流露，思緒熱切、渴望進入飄渺的無形幻境。

嗅覺與情緒的連結，能夠直接影響心靈最原始部分，這個部分主宰了人的心思、意念與情緒起伏。當受優雅香氣、繚繞輕煙薰陶，靜坐者心中的雜念常能瞬間息止。因此，靈修者在靜坐時藉由焚香之助，已然鎮懾心神、理氣調元。而在靜坐後，總能神清氣爽、頓消壓力。此外，因為已經認定熟識的香氣能提供心理與生理的期待，加以腦中已存在香氣對起動靈修的記憶，所以實務上，靈修者常使用同一氣息的香末，因為能對其身、心、性、靈快速、有效地誘發。靈修時，一旦嗅聞熟悉的氣味，靈修者有時瞬間即能靈動。

香爐

香爐是燃香的容器，也是靈修活動必備的器具，常見的形狀是方形或圓形，或有蓋或無蓋。方形的香爐一般為四足，圓形的香爐則是三足，一足在前，兩足在後。香爐以銅製為多，也有陶瓷、石製，但一般靈修者多使用銅製品。選用香爐，宜著重其開口之大小適當，以易使爐內香末（完全）燃燒者為佳，而爐型也兼顧美觀、典雅，能賞心悅目者。至於爐身有否花（雕）飾，並不重要。如果香爐蓋上附蓋，其鏤空（隙）要能讓爐中香末持續燃燒不熄滅。

靈修者應自備己用香爐，因為香爐之中有其玄祕。通常在初期，靈修者不會被要求自備己用香爐，可以與他人共用，但修行到了一定程度，就要有自己專屬香爐。因為在入門學習時，大家的修行內容與修行程度並無等差，可以共用香爐，但一旦起步後，就會有分野，個人與香爐間的對應關係就不同。

香爐—靈修之至寶

人們在廟中求籤、擲筊、求平安符時，都會將手中的籤枝、聖筊、平安符等在香爐上繞著煙轉幾圈，意謂係經由神佛的加持與認可。如此說來，香爐可以通神佛之意，香煙裊裊，似乎就能上達天聽。確實如此，香爐中隱藏著無盡的神祕與奧妙。這是緣於神佛既受爐香敬奉，所以無形的神佛在與有形界交融時，就「存在（寄身）」於生出繚繞輕煙的香爐中。神佛所幻化的無形界，也多半可見（現）於香爐內外。

基本上，香爐所包含境界是無垠無界的。一個香爐能出現多少神佛，幻化出何種境界，端視香爐之使用者在無形界的「位階」而定。舉例說，一個初階的靈修者所使用的香爐，可「現身」的通常大抵是其授業無形師。但隨著修行的時間愈久，層級愈高，修行者使用的香爐其內涵就日益廣泛，難以估量。

香爐能隱含、生出玄祕，係經過「開爐」才使其發揮此等功效，顯現如此威力。香爐的開爐非常重要，過程十分講究，開爐等同於請神，亦如同神器的「開光」。非「有一定程度者」通常不會明瞭開爐的過程，也難以見識開爐的實質意義。有形師為其門徒開爐時，通常不會告訴他做了些什麼，也未必會說明香爐中有何乾坤。至於能為香爐創造出何等威力，也視有形師的能力。

開爐必須講求三個要素，且三個要素齊備：⑴授權；⑵程序；⑶爐中世界（請神）。首先，關於授權，不是什麼人都可以開爐，香爐也不是將香末放入其中點燃後就算開爐。開爐者必須是具有在無形界獲認可的身分，靈修者的有形師是理所當然的開爐者。因為開爐者身分已獲無形界認同，所以經由其所開之爐才能成為有形與無形界交融的「平臺」。如此說來，開爐者在無形界的身分等級愈高，則所開之爐就愈能助益於使用者。如果是經由業師為其門徒開爐，通常會在香爐中放入一塊束柴（原木塊），此即隱含有薪火相傳之意。

其次，開爐必須要經過「熱爐」。因為新製成的香爐未經清理，即便經過清理、擦拭，亦未將其雜質排除，故須反覆熱爐。熱爐的程序須分三次進行，開爐者先取「乾淨」的香灰平鋪香爐底部，再放入「寶物」後再舀入香末點燃。歷經三次鋪香灰、點香末，使香爐中之香灰約達於爐的八分滿，於是完成熱爐，也完成開爐。較大香爐（拜神用）其底部所置放寶物，以錢（銅）幣排成的八卦為主，並包含其他物品。至於一般用以修行的香爐較小，所放入的寶物是無形的。

開爐過程中的三次鋪香灰、點香末，意謂著有形界與無形界共同完成了三道程序，也創造了爐中的世界。⑴開八卦於香爐之中，以利神佛蒞場，並得以寄身香爐中受敬奉，而今而後香爐之所在，即可為神佛聖靈之所在。⑵開爐過程中，因為包含著用爐者內心對諸天神佛的虔敬，祈求蒙受庇佑，以及神佛的應允，使此香爐已融天、地、人三界之心，並合儒、釋、道三教之義理。天理、地理、人心三者既率皆入於爐中且昭彰而不可奪，則三教聖駕、神尊亦皆可憑爐顯聖、顯靈。⑶陰陽兩法界，舉凡一切神佛之聖靈皆得入於爐中，亦可現於爐外。

樂曲

靈修使用的（音）樂曲大致分為佛教與道教兩類，各有其效益。佛教樂曲多用於靜坐，虔修心、性。道教樂曲則多用於靈動，鍛鍊筋骨。佛教樂曲又稱之為「梵唄」，是讚頌佛菩薩的聲樂作品，其主體為「唱贊」和「誦經」兩大部分，以及介於「唱」與「誦」之間的偈、咒、真言、禮佛號等。一般佛教寺院中，將各類唱、誦通稱為梵唄，有時也俗稱為「唱唸」。

梵唄本是佛門在舉行宗教儀式時，於佛菩薩前歌誦、敬奉、止斷、讚嘆的音聲修行法門。後世將「經文譜曲」並以「唱誦來呈現」，使儀式進行時更能增添活動歷程的氛圍，除了創造出莊嚴、雄偉、祥和的情境，也儼如法、身、佛俱皆存在。

梵唄的功能可助力修行，修行者透過唱誦使經文常盤旋於腦海而不退，平時如加反覆默誦，豈止融通其要義，更能從此生化出無比力量。時時聆聽梵唄，也能沉澱心、性，是真誠奉行教義、真心信仰佛菩薩者所當為之事。除了佛門於寺院唱誦外，一些佛教經文，如《般若波羅蜜多心經》、《普門品》、《金剛經》等，時下也被坊間以清新優美的電子音樂呈現，其曲調不僅悅耳動聽且有各種版本，許多網站都可供人免費下載。而各地廟宇、道場之善書流通處，亦皆可見此等被通俗化之經文音樂光碟，被稱之為「佛教音樂（曲）」。經文以電子音樂譜曲後，曲風動感，宛轉悠揚，頗能深入人心，不知不覺就發揮影響力。因為不論識與不識經文者，當人們聽到經譜曲的經文後，心生歡喜而融入之，一聽再聽，這些經文便乘著樂曲注入人們腦中，根深蒂固。

人的心靈會受音樂影響，藉由演奏樂器將音符、曲風（格）巧妙組合與運用，可以形成共乘效應，使聆聽者或平心靜氣，或心潮澎湃。使人清心悅耳的樂曲，其節奏沉穩紮實，韻味古樸清雅，唱腔悠揚瀟灑，令人百聽不厭。而具有感人肺腑、令人動容、觸動心靈的旋律或曲風之樂曲，則常教人熱淚盈眶，潸然難止，回首前塵，心中真是百感交集，可謂充分滿足靈修所需。

由於靈修過程講求情境創造，如能創造出一個虛實交錯符合心理與生理反應的情境，適足以為靈修者架構一個修行空間、平臺、場域。說來奇怪，靈修時播放的佛樂，極易與靈修者心、性、靈交融，順情的將自我內心對佛菩薩的真心信仰，以及虔誠的祈願激發出來。特別是，某些經文雖然一般人已經耳熟能詳，但經曼妙旋律譜曲，輔以優美唱腔詠頌，益發扣人心弦，引人深省，啟迪心性於至微，撫慰靈魂於至深。

道教音樂是道門在各項科儀中所不可或缺的內容，具有宣揚、烘托宗教本體宏偉氣象的意義。在行科儀時，藉著演奏道樂，既增添莊嚴、肅穆、神聖和神祕氛圍以感動群靈，也強化信眾對神尊的真誠崇奉與教理、教義之信仰。道教音樂除用於道門弟子日常廟宇之早、晚課誦經，以及科儀、法會等宗教活動外，（修）道士平時也用以靜坐、修練，以淨化心靈，增進修為。

道教音樂既在傳述神、仙意境，也在彰顯神、仙聖賢與功德。道樂由聲樂和器樂兩部分組成，聲樂即誦唱（經），又可區分為：(1)唱；(2)詠（吟詩）；(3)唸（口白）的不同形式。唱、詠、念三者分別用於「頌」、「贊」、「偈」、「咒」等，其中：(1)歌唱性較強的「唸經」，通常稱之為「韻」或「韻腔」。(2)舉神尊或是特別強調「經文中的要義」時，乃以詠的方式呈現。(3)唸則用於咒語。至於樂器，道樂主要以鼓、鈸、笛、簫、揚琴、二胡等樂器演奏各種曲目。

尊崇神明，詠頌神明功昭日月，固為道教音樂的核心和主旨，但通神靈、驅邪魔、禳災患、重人倫亦為道樂所要體現之意義與功效。因此，道教音樂中有聖讚「三清」、諸神的歌頌；有表現神明降駕的飄拂飛翔之音；有崇奉神明神聖清高的讚揚之樂；有彰顯神尊鎮邪驅魔的莊嚴威武之聲；有祈福禳災虔誠頌禱之唱；有倡導端正社會倫清新風氣之勸說等。

與佛教音樂相似，時下坊間亦有詠頌各神尊的誦唱，舉凡：「天上聖母（媽祖）」、「關聖帝君」、「玄天上帝」、「瑤池金母」、「地母」、「王母娘娘」、「魁星爺」、「三官大帝」、「玉皇上帝」、「三清道祖」、「孚佑帝君」等等，諸聖駕之頌讚及經文都已見譜曲，其詞意嚴整，其曲風和旋律則令人感覺典雅流暢、節奏明快，完美地表現神明浩氣與正心。此類樂曲多半為電子音樂演奏，與傳統道樂之風格迴異。

為了頌揚神尊功德，力勸世人謹守忠孝節義，以無負神尊濟世度人的慈悲，與明倫教化之聖德，也有道場或修道者自行創作樂曲，其曲風與詞意多半簡明、通俗。詠頌神尊演教傳法，說玄解祕之贊唱雖有不同曲風，但其內容均屬淨化人心、整飭倫理之說，以及人當了悟死生之諍言，凡此均有助於修道者涵養其悟道、弘道、衛道之心性。靈修時應靜心聆聽樂曲，其目的不在感受旋律是否優美，詞意是否通達，而在：⑴明瞭樂曲所宣教，自悅耳的贊唱中體會其要義，乃至於豁然醒悟，確信神尊對端正人心、人性，昂揚人倫的殷殷寄望。⑵每次聆聽時，均應趁此時刻，仔細辨識是否果真神明即存在於樂曲中，不待神明指出，自我即快速想到德行上還有哪些缺失。

當聆聽頌揚神尊傳教說法的樂曲時，靈修者內心都該不斷驗證、反想其唱詞，反觀自照，自我一切是否已如聖駕所諄諄告誡。如果不然，自我又當如何修正，能如此者無形中就調整了心性，這也可說是靈修的技巧。

靈修的心法

所謂靈修的心法，指的是為了使靈修者平順修行道途，應具的（正確）心態及理念。做此論述的主要目的在於：⑴協助初階靈修者，澄清可能的疑問並確立其基本心態。⑵協助進階靈修者，校正其認知與心理，解答其靈修過程中可能仍留存或衍生出的疑惑。

靈修者常在腦中不時盤旋，對靈修總有「霧裡看花」、「不識廬山真面目」之感。雖然各有體悟，但對每個專心致志於靈修道途者而言，內心始終存有若干難解、疑惑之處，困擾其修行。不論自覺修行程度如何，靈修者可能存在的疑問、盲點大概有以下數端：⑴曠日廢時的靈修，到底何時可見其效益？靈修真的已經讓我比較好嗎？⑵要經過多少時程，到達何種境界，才堪稱得上「爐火純青」？⑶靈修的真面目是什麼？靈修真能使人超凡入聖？⑷靈修者常信疑參半，我所感應的世界是否真實存在？或者只是幻覺、想像？⑸神、人之間關係如何？靈修者在與神祇靈通之後能如何？⑹靈修前與後之因果業報如何論？除此之外，應該還有其他令人疑惑之處，林林總總，難以鉅細靡遺地盡數，也難以逐一解析。無可諱言，即便已至高階之靈修者，亦無法免除自其內心深處，發掘出這些屬於人的思索。不論如何，只要能確實秉持正確的靈修心法，所有疑問、盲點，靈修者悉皆能自行找到答案。

正信正念，真知真覺

所謂正信，是指已明瞭且確信靈修的真諦，以及堅定其最初的起心動念，就是要藉著靈修使自我身、心、性、靈、氣的本質更好，且自始至終對這個信念不移不易。如果我的德行本就趨近於完美，自信經由靈修途徑仍然能夠予以提升。如果我為人處世仍有許多缺失，期許經由鍥而不捨的靈修歷程，亦能逐漸拋棄舊習，宛如披沙揀金，令他人對我有煥然一新之感。

因為志心靈修，原來的喜好及有些習以為常的思維與心性，諸如：誇大、自傲、氣燄、仇視等等，都要徹底消除。而一些違反靈修目的之心態，也要設法改變，這有時會讓靈修者一時無法調整、適應。特別是日常生活中，曾經依戀、沉浸的酒、色、財、氣等通通要割捨，這些對靈修者更是重大考驗。不能真心改善從前陋習、依然故我者，雖入靈修之門，仍永難超脫。

固然個人平素的品德、言行缺陷，未必皆干犯道德、法律，他人也未必就當面指責。但在社會生活中與他人時生紛爭，讓他人難以親近，常受眾人非議，避之唯恐不及者，彷如動物中的刺蝟，只得獨來獨往。其實當事人早就心知肚明，做人累積負面評價的結果就是受苦。

凡是自許靈修者，當有長於他人的改變能力，一旦真心誠意地從善如流、見賢思齊，馬上可以拋棄備受批評作風，這就是正信的呈現。

至於正念的意義則是指，經由靈修之後自我心思澄明，信仰正直且內心唯存：⑴我一心敬拜神佛，且秉持聖道同欽。我所敬拜的神佛，其所傳之法絕對立於普世價值之上，不論教忠教孝，社會倫常，其義理絕不可能相悖，演教說法雖殊途，但必同歸於正道。因此，當聽聞有人解讀神佛本意違反了我心中標準，自我便要設法辨明，他所傳述的是否正道。⑵清楚理解、體認、掌握自我對神佛應有的感知，絕不在偶像的崇拜，而是思想、言行得蒙啟發後心性已有改變，進而親仁向善，忠實反映神佛啟示。如果不能有此認知，而總想專注於探索神佛所在的無形世界，則就偏離了靈修之真諦。⑶重視靈修歷程，也重視靈修結果，不容偏頗，順勢而為，以形成一種齊一精進的力量。靈修的歷程是自我心志和意念的磨練，其結果則是品德與修為的呈現。靈修必經其途程，使生其結果，絕無法倖進。此外，靈修者必同舉神與佛於時時處處，此緣於佛家法門「好（利於）」修心、性，道家法門「好（利於）」修身、靈、氣。

人的感知能力同時來自於眼、耳、鼻、舌、身、意等六根的全部或部分，但這些感知均不如「心」的能力。心的感知，是一種整合性的，是一種結論性的。雖然心的感知有時會違背眼見，有時也會與耳聞相左。因此，到底要相信眼見、耳聞，還是心領神會才能算數，確實令人矛盾。其實，這並不衝突。人的感知與認知，應是聚集各種感官的識別後，重新整理並經詳細辨明，最後在內心得到一項具體而明確的定論，這種感知過程比較符合「真知」。所以用心看、用心聽、用心感覺的說法，確實深具意義和道理。

靈修者的知，是真知。真知（能力）是逐步建立的，因為要能有真知必須是「條件」、「能力」、「智慧」的相加總。所謂條件、能力、智慧是指，除了本有的感官意識外，加上學養和生活經驗所增益之智慧，以及自我心性、靈力的運用，乃至於來自無形界的助力。因此，這種真知必須漸次累積，而且必須經由靈修途程，先能自助始得「祂」助。

靈修者的真知為何？真知能力如何培養？真知是知真理，亦能駁謬論；知真道，亦能辨邪說；知真情，亦能破假象；知真心，亦能察虛矯。真知不是憑空想像，是經過有形與無形能力的整合。一個具有真知能力者，必是其先天與後天條件之會合者。雖有其先天條件，但後天條件不足者，無法發揮真知能力；有其先天條件，後天無德者，無形界力量會減低其先天能力。是故，靈修者真知能力之培養在於持久的虔心進德修業，並獲得無形界之肯定、認同而襄贊。

現代人對人和事物的體會多憑「知覺」，而忽視「真覺」。知覺是感官上認知，經大腦分析、解釋後，對事物的瞭解；真覺則是對事物經大腦周延思慮，再由經驗、智慧判斷，以及下意識及心靈去感受、體會。當然真覺的最上乘、最殊勝，就是不必經腦海的反覆思考，直接就能感受事物的真偽、虛實。真覺（能力）的培養與發揮，只要有心就可與時俱進，就可顯現。

對有形有像事物虛實的辨別，運用知覺大抵不出差池。但對包含無形因素的事物，如對生死、福禍、姻緣、是非等之評斷，有時以知覺並無法看清楚和想明白。真要清晰辨明其關聯，就必須透過對事物的真知，瞭解其蛛絲馬跡、前因後果，然後具體歸納其要點並得其體悟，此謂之「真覺」。

真覺是正覺，真覺是對事物持平、中肯、明確之覺；真覺是圓覺，真覺是對事物完全、盡善、圓滿之覺。真覺的能力非常重要，靈修者有真知沒有真覺，仍混沌於道途，道心、道性應皆未開。⑴首先，靈修者對事物的看法與想法，雖不宜固執己見，但亦不能人云亦云；既不能自以為是，亦不宜隨波逐流。靈修者對事物的認知，要有自我的定見，要有自我的覺察，以符合及呈現其真知真覺。⑵其次，雖未必能做到先知先覺，但卻不可處於後知後覺。凡事總要能掌握其契機，即時感通，至少是即知即覺。唯即知即覺，必知其全貌，無所疏漏；覺其是非曲直，凡青紅皂白皆能一清二楚，以示真知灼見，現我靈明。靈修者能即知即覺，也是不易，雖未必依靠神通，但仍須自助與獲得神助。

確實，能秉持天地仁人之心，善視萬事萬物，並依此為人處事者，為能知他人困頓，能查他人安危，能覺他人苦楚者，故天地賜其真知真覺之能，以助之揚其道心、道性，順利其道途。緣此，靈修進而能成真知真覺者，為能放棄自我為本位之思，時時體神佛悲憫之心，處處廣為利他之行，事事存揚善止惡之念，物物懷救其苦、拔其難之情，豈止其行道之心必得免於空，其證道、得道之志亦將終底於成。

內心存喜，為己修行

大多數的人心想修行，是想修整自己的身、心、性、靈、氣，嘗試從本質上改善、變化自我。修行者因為多依循自我信仰之宗教義理引導，所以自然而然地對該教義與法理不斷探索、鑽研，以豐富其內在思維，改變其外在言行。隨修行者體會與融入，假以時日，修行是能改變一個人，但真正能產生多少變化，仍要看個人因緣際會，以及對修行價值的領悟。雖然修行已經是目的，但修行之後修行者內心常常會發想其他目的。

修行之後，修行者會產生許多想法，這並不足為奇。但修行者並不適宜經常設想要達成什麼目的，因為心中所設想、預訂未必能夠實現。而且太早浮現因修行而衍生的目的，修行者不一定有能力、條件達成。例如，修行者最常想的是如何勸誡、感化他人，希望旁人也能仿效自己修行，但這種期望往往會落空。

然而，修行總不能沒有目的，因為沒有目的，很難支撐修行者的道途。坊間宗教團體所帶動的社會救助、善行義舉，其意義就是在為修行者找目的。「人溺猶如己溺，人飢猶如己飢」，高舉使命、榮譽感及激昂別無他求的奉獻心理，促使修行者因參與、投身行善隊伍而內心喜悅，從而競相展現、顯露其慈悲。所以，修行之目的如果能烘托自我良善，讓自我內心更加歡愉，則修行道路可長可久。

靈修應是為己，為圓滿、完美自我而努力。既然是為了自己，就應存真正的歡喜心，不必勉強自己，也不必帶著面具。靈修者可以有師法的標準，也可以有學習的對象，但靈修不必要受何人感召，也不必奉何人為標竿。靈修受他人感召，減低了尋找自我內心需求的動力；奉他人為標竿，阻礙了確立自我意識與獨立性格。靈修者應該確立自我的目標，至於到達標準，應由自我設定。追求自我不斷地蛻變，這對靈修者是一個非常好的思維。

除了確立自我的目標外，靈修者還會有許多課程，有形與無形業師會依照門生的條件、特性，細心安排與教導。要不要（認真）學習課程，是門生自己的事，而學習的成果如何，業師也不會公開。業師通常只提點、講解學習的訣竅，要領還是要靠門生自行揣摩。「個人修來個人得，別人分不得」，這個道理很容易懂，但卻是修行過程中靈修者最難體會的。有些有形業師為求門生長進，經常考核門生課業，門生頓感壓力，心生恐懼遂知難而退。有些門生總覺得不斷重複課程，原地踏步，了無新意，或覺得業師為何不教些深奧的，因不耐其煩遂怨言迭起。這些都是常見現象，也是靈修者不能心平氣和的原由。總之，不能存喜心為己修行，又不能確立自我目標，在心理上也無法順情接納應有的試煉，則靈修是個苦差事。

學無止境，學無常師

靈修者歷經一段時日的學習過程，對無形界多少都能感應，因為如此而助長其修行信念。對無形界有感應，自然會產生好奇心，這種心理在初期會鼓舞靈修者，使其因為想要接觸、親近未知的領域而熱衷學習。除想以設壇開宮為職外，靈修者自始至終都要保持正確認知，那就是：靈修可以是個人身、心、性、靈、氣領域的（積極）墾植，但不宜以耕耘這些園地過活。換言之，不可以為了投入修行，棄謀生工作於不顧，更不可因為要修行而置身家庭之外。

如果藉由靈修，為其漂泊不定的人生找到歸宿，也為其惶惶不安的心靈找到靠港；如果因為靈修，為其焦慮的習性注入平和之氣，為其浮動心靈添加安定的力量。如果在靈修過程中已有這些務實的體會，則靈修者才能氣定神閒地邁向修行坦途。所以，靈修應該是有價值的，其成效也很容易判別、認定，靈修者可以時時審視之。

靈修可以是一條無休無止的道路，在恆久的努力過程中，除了自我學習外，神佛（應該）也會發揮祂們的影響力。神佛之所以要呈現影響力，是要讓靈修者瞭解自我努力程度，也讓靈修者瞭解自我機緣，更要讓靈修者瞭解靈修的本質。靈修者應該相信，除了自我心中有數外，神佛也在看我們是否真心誠意修行。隨著靈修者展現的誠心、毅力、念力，神佛也將不吝於發揮祂們的影響力。所以，靈修者應該先反求諸己，而不能只一味妄想，祈求神佛賜予神通，祈求神佛護法加持。神佛能否應允諸般請求，靈修者心中自有答案，昭然若揭。

靈修雖不過是修身、心、性、靈、氣，看似簡單，其實不然，這是門學無止境的課業。驗證靈修成果其實很簡單，也很明確，就是看靈修者如何做人。靈修者做人的表現，有一面是向內講求，力求自我心性、品德的優美化；另一面向外講求，力求自我風範、態度的優質化。向內講求，自我要求並不難，這是靈修者的本分；向外講求，才需要靈修者多下工夫。要做到如何以不變且優質的態度應對萬千的人，確實需要努力學習。

靈修確實有層級，靈修者會因為自我體現內容，拾級而上。誰幫助了靈修者的體現？提升其層級？靈修者對修行能有種種體現，不能自喜自我有慧根。因為靈修者能有體現，部分原由來自無形界（助力）。與無形界能連結還是要論機緣，但雖論機緣，靈修有成又離不開個人慧根。所謂慧根，其實就是一半自我誠心探索、求知，另一半謙虛並勤於問道，追求進步。靈修過程，學無常師。無論是誰，只要見到有長處、先進者就向他學習、請益，聽聽他怎麼說，看看他怎麼做，自我試著改進，就能向前，就能提升層次。

俗話說：「文人相輕」，意思是讀書人誰都不服氣誰。修行者常見的現象與此相較，可謂有過之而無不及。每個修行者都認為，自己所擁有的才是通天的本領。好為人師，不接受他人意見，見不得他人好並喜歡指點別人，是自命修道者最大毛病。但「一山還有一山高」，「天外有天，人外有人」。既是修行者，就該有容人雅量，時刻抱持別人一定比我好、比我高深的心態，總想趨前就教。雖然就修行的內涵而言，彼我之間何嘗存有差異，修行者信仰、膜拜、崇奉的聖（教）主—釋迦摩尼佛、太上老君、孔子；研讀的經典—《金剛經》、《心經》、《道德經》、《太上感應篇》、四書五經；謹守的義理—四維八德、三綱五常，豈能超出此外。但舉凡對經教真諦、研修途徑、參悟哲理能有不盡相同之詮解，就應視為學問，能持不同之見解者，就可以為老師，就值得向他學習。

潛移默化，謙虛問道

靈修過程應順其自然，於潛移默化中讓自我心性緩慢轉變。至於想讓本質或能力產生很大進步，有時必須遇有特殊緣份。有些靈修者因為具備靈通力，不但使其信心倍增，也加深了靈修的深度與廣度；但也有些人可能與無形界鮮少感應，總感原地踏步，內心因而沮喪。如果眼見別人時有進展，自己仍保持現狀，靈修者內心常難以平衡。

其實靈修經久卻與無形界難得交感，不必心焦，也不必懊惱。靈修奧妙之處在於：冥冥之中另有主導（宰）力量。換言之，靈修者能否向前進一步，不是靈修者心想事就成，有時必須尊重主導力量。因為靈修既然追求靈的修練，所以主導、支配靈的核心力量，自然歸屬於無形界。在無形界掌管、宰制靈的權力，分別歸屬天地（陰陽）兩界之有司。天界（陽界、天曹）主管靈的來源，地界（陰界、地府）則負責靈的考核（校）。亙在陽世間的一生，一個人的靈都由天、地兩界毫不停歇地考校、稽核，並逐一記錄。而天、地相互之間，一年會核算一次人（靈）的是非功過。因此，靈修進展如何，靈修者固應反思自我，但有時也會因靈修者個人「前債未清」，必須將功抵過，以致於靈修進度停滯不前。

靈既裝在人的肉體裡，靈修也就是人修。靈改變了，人也會改變。人的外在言行改變了，表示他的靈也改變了。靈修就是自篩的作為，其意義就是使人自知心、性、靈的瑕疵並裁汰其偽。靈修也是打掃自我，自內心與心靈深處向外不斷地撢除、擦拭，滌瑕蕩垢，刮垢磨光。因果、業力也就是靈沾染的污點、塵埃，這些都可隨著靈修的過程予以設法清理、消滅、滌除。所以靈修者果真有因果、業力存在，則靈修不啻為顯影劑，讓靈修者自我得以查而究之。不論如何，靈修既然必須尊重無形界的力量，靈修者只要盡心並靜心，一切都將在渾然不覺中轉化。

對靈修者而言，除了悄無聲息改善自我外，持虛懷若谷心態，接受上天安排靜待其變，也是重要德行。一個人能虛心而謙抑，就是不自滿、自大，有此人品，自然能容納萬事萬物，就有進步空間。靈修者千萬不可顧盼自得，心存高傲，切切牢記必有能力尤甚於己、在己之上者。有了些許成績就神氣活現、洋洋得意者，必然會失去很多提升和學習的機會。再者，神佛也在觀察人，修行者一旦出現驕傲心態，神佛也未必配合。

三千大千世界，浩瀚無垠，奇妙幻化，層出不窮。芸芸眾生，各有因緣果報。靈修者「上窮碧落下黃泉」，其所優遊之境界，廣漠無涯，常不著邊際；其所涉及之事，更難以捉摸，既玄祕又極其竅妙。⑴靈修有時探索之處直入深淵，飄渺翰海，既不見底也無邊無際。靈修者不管真有多大能耐，他所接觸的（無形界）範圍不過一隅，所知見不過冰山一角，所汲取的也不過是一滴一點。⑵靈修者之能力，每進一層級就是一個新境界，也出現一個不同學習空間與平臺。所見神佛雖屬同一尊，但其法像、靈力因靈修者之層級而有不同顯現。⑶靈修者只要每進一步，就會有不同的體悟，也會對無形界有不同的感知。即便面對有形界，因為個人靈力已經不同，以致於對無形界所昭示的祥瑞、解厄也有不同的體悟，對人與事的詮解能力也會隨之提升。

自始至終，謙虛問道就是靈修者應具的本質，其原由有二：⑴能謙虛者腦裡才能裝得進，心中才容得下，想法、做法才可以再往前推進。對無形世界的體會，任何修道者都永遠不能確定何者為是，何者為非；愈是高深的修道者通常愈保守，因為之前的體會（認），也許之後可能必須調整、修正。⑵謙虛才不滿溢，才能存得住。「謙受益，滿遭損」的做人道理，以及「半杯水」的人生哲理，也適用在靈修道途。人過於自滿，如同滿水的杯子，沒有多餘空間，一受搖晃、震撼水就溢出來，經不起考驗。「整瓶不搖，半瓶搖」說的又是另一種心態，意謂真正有能耐的人很謙虛，本事淺薄的人才自我吹噓。靈修的境界，靈修者的心態應謹守此二原則，既不自認樣樣精通，目空一切，妄自尊大，又不會內在空虛，卻要硬撐門面裝作了不起，賣弄自己。

堅守正道，莫入歧途

論靈修之要旨，不外乎：⑴回歸生命本源，昇華生命境界。靈修者除了清淨心性，研習寧靜心神之法，使自我能尋回本心、本性外，也要能強身健體，益壽延年。而更重要的是在增益品德，培養浩然正氣，以期與天地合德。⑵體悟生命意義，實現生命價值。除了自我能言行端正、謹守分際外，靈修者也要能濟危扶傾，挽他人於困頓，以達利己利人。如能本此要旨，可稱靈修於正道。

靈修道途，靈修者應該要有以下正確認知：⑴靈修者雖然有時總覺得寂寂無為，心中也常有所學何用之感。但只要抱持誠心、虛心、耐心，只管耕耘，不問收穫，相信天地自有安排。⑵靈修者既明我所行乃正道，凡所參透之天機皆係覺天地造化，與聞冥陽兩界亦如同優遊有形與無形之間，此皆非同小可。靈修者應崇敬此機緣，將天地之恩德存乎於心，平素亦應謹言慎行，不可任意炫耀、吐露玄機以免減損其可貴。人前逞能不顧天顏者，享天之德難長久。⑶靈修者須順乎天理、應乎人心，將對天理的體悟，反映於人情義理，以合天地之道。靈修者應有源源不絕的體恤情懷，以期於待人處事上能日甚一日圓融。如不能有此涵養，則其內心不僅尚未體察謙沖和合之妙，亦永遠不明修真所為何來。

此外，靈修者應依明師指點，善盡本分，循規蹈矩，不可標新立異、別出心裁地想要追求任何虛誕玄幻之術。靈修之人不論修行時間長短，多少都會存有一些想法：⑴我修道的成果如何？⑵我修道的內涵如何？⑶我與其他靈修者有何不同？因此內心總有疑問，總想四處比試，與他人較量高低。無形界之高下並非難以判定，只是個人能力、條件是否俱足而已。內心存想四處較量之靈修者，一旦接觸擁有奇門祕術之高人，容易受其所害、所傷而不自知；但也可能因羨慕他人而遭引誘，以致誤入歧途，走入旁門左道。

但靈修過程，靈修者有時因為機緣而得識奇門祕術，此應視為可遇而不可求之事。奇門祕術深奧莫測、詭異多端確有其威力，難免讓靈修者怦然心動。但靈修仍應回歸於清修身、心、性、靈、氣，排除躍躍欲試想要研習符咒、法術等之奇想，以免本末倒置，偏離修行之正道。符咒、法術等的應用為兩面刃，助了這方，就制了那方，利此則不利於彼。天地慈悲，本不忍萬物相殘，即便面對幽靈、厲鬼，也應設法化解與彼方之怨恨，以求冥陽和氣，此方為正途，亦顯慈悲。但如有不思正道者，想藉由符咒、法術等謀求利益或加害於他人，則又不能不以其道還治其人。

靈修者既重修德，則應心向寡慾。人慾念多則算計多，心胸必然狹隘，慾念少則不致斤斤計較，心胸就寬闊。人慾多則忙亂，內心浮躁，慾少則悠閒，心寧恬淡。人慾多則心術易險惡，慾少者多宅心仁厚。故慾多之修道者易挖空心思，乃至走偏門，甚而拾掇邪術，以全其慾。利用嬰靈就是最常見的邪術，坊間有不肖修道者以符籙或咒語等一些無形手段，欺瞞、控制嬰靈，使之淪為利用工具，貪斂不義之財，十足傷天害理。

靈修者若要證得正道，修成正果，善始善終，就應泯除貪利之心，消滅對名分、利益、地位、權勢等之追求，以免乖離修道目的。常見靈修稍有成就者，往往陶醉於四周不絕於耳的讚賞，從而迷失自我，沉浸其中而無警覺。伴隨著他人恭敬之意而來的，就是金錢和利益。無論是自發而來或被動選擇，在面臨誘惑時鮮少人能依然保持正心，絲毫不因利誘而生質變，修道者亦常不免。

例如，道場設立的本意乃是引人向善，但坊間有多少道場已形同為「牟利」而存在。令人有此感覺者，不言自明。標舉神佛名號，明著為鼓勵修道，但卻流於虛名，或於不知不覺中已變質、偏離者，就已誤入歧途。尤有甚者，打著修道名號放縱自己，為財為利、掩耳盜鈴，抱存僥倖心理者，以為可以欺騙世人，這樣的結果，不問可知。

總之，能建立前述各項基本認知者，就是擁有正確的靈修心態，也是靈修者始終不易的心法。依此行進，則不論道行深淺，對靈修一切存疑皆可豁然開朗，心胸自然開放，靈修道途順利向前。

第四章 靈修者與靈乩之實相

靈修的過程在反省自我、修正自我，回歸自我本心、本性。相較於一般人，靈修者更有能力啟發、活化個人靈性，使真我得以復甦。在靈修道途前（精）進，其價值是多元的：(1)個人品德、修為將更臻完美，益顯自我人性光輝；(2)使自我常懷悲憫、惻隱之心，踐履濟世助人之善行、義舉；(3)廓清生命過程各種疑慮，並得以超然觀點體悟各宗教之法門；(4)自我心、性、靈的修練、純化，進而達到靈力的自由發揮。靈修的過程，靈修者不論是否已具備靈乩之能力，均應兼容並蓄各法門，並持等觀的瞭解及認知。如果對各法門能擁有相互印證能力，方足以稱之為上乘靈修者。

具備靈乩能力的靈修者

在與同儕共修過程中，有些靈修者會有較突出的發展，能寫靈文、說靈語，有天眼通、他心通，第六感特別靈敏等，充分具備靈乩條件。能夠擁有靈乩完整條件者，常使同修的夥伴既羨慕又佩服。靈修進而為靈乩者，不能不承認還是要靠機緣，唯其修行過程並無特殊之處，仍在於個人的努力與堅持。在靈乩的修行過程中，確實有一些現象值得同儕細心體會與揣摩。

日有新境界

大致說來，靈修者的進程與層次大約有如下三個階段：⑴第一階段—有感覺階段。一般初入靈修之門者，均可依靈修要領感覺自我本靈的存在，進而透過靈動活化其靈性、調訓其靈體。⑵第二階段—具有靈力，能感召無形界靈力階段。已經持續一段時日之靈修者，具備能與神祇（佛）有限的感通能力，可感應、接受來自靈界的訊息。⑶第三階段—靈通及發揮靈力階段。靈修者至此已達開天眼境界，可適（隨）時感應靈界訊息，具備濟世助人能力。

靈修者並非都能到達第二、三階段的層次，但不論依循何法門，如能持志、虔誠與努力，而個人也能陶鑄品德、心性，再進一步果真擁有與神佛之機緣，則可突破乃至跨（超）越第二、三階段。

靈修者可達之境界，雖視其天賦、條件，但仍賴個人好學不倦。在靈修的實務中，能成為靈乩且具備靈力與發揮靈力者，通常必須是天生就帶特殊的體質者，或自始即與神佛有緣者。但一分耕耘，一分收穫，只要抱持恆心與毅力，靈修者之靈通力還是日日皆能有新境界。

靈通力的內容為何，如何發揮？具體而言，五眼、六神通皆屬靈通力，這也是靈修者所呈現的不同境界。雖然靈通力的發揮或神通的境界，並不是靈修的主要目的。但不得不承認，只要持續靈修，就可衍生靈通力，但能否無礙地神通則另當別論。至於是否能具體而有效地發揮靈通力，則更屬於另外層次。畢竟，靈通力的有效運用與發揮，有時仍須在有形師的指導下進行。無形界講求的是身分認定，身分不合，神佛並不見得會讓不相干的人瞭解事情的原委。即便神佛能讓人瞭解，也不見得就會任人插手無形界之事。

因為個人資質不同，在靈修進程中的體會就不同，靈通力到達層次也就有等差。此外，雖屬同修，靈修者各自發揮的靈通力也都各有特性，但有時又會形成互補。實務上，有些靈乩能看，看得見無形界景象，但不能解其意。有些靈乩能解，但看見的無形界景象非常淺（或模糊），不夠真切。因此，在「辦事」時需要彼此合作，相互印證，以避免偏差，增強辦事的精準度。

神通在佛、道兩家修證的過程中，本不張揚。但佛、道兩家之修行者，卻都有神通，也認為需要神通。佛家對神通有持平而精準之論，並認為：「所謂神通，或者由證悟中而得，或者由修禪定而得，或從法術，或從業報，或從神咒而取得，有好有壞，層次複雜，種類不一」。究其實，即便不崇尚神通，但在修行（證）佛法過程中，依然可以到達五眼、六神通境界。

所謂五眼，是指：⑴肉眼（陰陽眼）；⑵天眼；⑶慧眼；⑷法眼；⑸佛眼。肉眼是由父母所生，雖凡人皆具，但有人的肉眼偶能見陰界景物，俗話稱之為「陰陽眼」。具「天眼」者，仍以肉眼觀看，但是心中會有不同的想法、見解，直覺的認定所看到的景象並不是一切，裡面還有文章，還有蹊蹺。天眼功能強的人，在看人與事物時，有時會在兩個肉眼之間（眉心輪、玄關）出現一個「螢幕」，西洋人稱「心靈螢幕」（Spiritual screen），密宗及道門稱為「靈臺」，可顯現所見事物的真實圖像。儘管各門各派的稱呼不同，但是認定天眼「能看到肉眼所看不到的東西」，卻是相同的。有人說，天眼能看到前面，也能看到後面；能看到外面，也能看到裡面。實務上，天眼是在額頭的正前方顯現出一個影像，有時也可能呈現的是事件的一幕，或者是一段敘事。至於所呈現的內容（圖像、影像、事件），可以是過去、現在、未來之事物。具體而言，天眼即對事物有內視、透視、遙視、微視等功能。

天眼雖然不凡，但是只觀察到現象，對這件事情的原由和過程不一定清楚。而具「慧眼」者能夠看到事實真相，不會被眼前現象所迷惑。凡事的前因後果，起承轉合，整個事件始末皆能通曉，也就是瞭解整個事件的因果關係。至於具「法眼」者，不僅能夠看到現象，瞭解其因果關係，甚至還有足夠的能力來介入、改變，或促成一些事件的發生、停止，或者改變其發展方向等等。有法眼的人，他能夠看穿一些物質世界的表象，穿透表象後再以本身能力介入，在關鍵處予以適當改易，使整件事物再度呈現時，可能就不一樣。

而有「佛眼」的人，是已經放棄對肉體執著的人，也是放棄對時間、空間，以及所有人為概念執著的人，他已經融入天地，融入整個自然。有佛眼者，物與我之間沒有分際，人與我之間也沒有分際，人與自然間更沒有分際，他既能與自然合一，能天人合一，可以說是一個真正的成道者。

除五眼之神通外，另有六神通的境界。六神通表現方式與五眼神通不同，六神通分別為：⑴天眼通—謂之天眼，上可看天（陽界），下可視地（冥界）。⑵天耳通—聞聲無礙，是曰「天耳」。指能自在聽聞世間各種音聲，及六道眾生一切苦樂言語。⑶他心通—意指能知曉眾生起心動念的善與惡。⑷神足通—又稱神境通，即隨意變現，身能飛行於山海，一切動作皆無障礙，或能往返過去、現在、未來三世，不受時空限制。⑸宿命通—指能知自身一世、二世，乃至百千萬世宿命，亦能知曉六道眾生宿命。⑹漏盡通—就是斷盡煩惱，得了解脫。

在馮達庵所著《天眼通原理》中，敘述天眼通的特性與本質為：遠近均見、彼此均見、微著均見、通塞均見、明暗均見、三世均見。至於他心通，就是他（別）人心中想什麼，不必他說出口，有此神通的人就能夠明瞭。他心通是六大神通裡最容易發出來的，也是修行者最容易得到的。如何驗證具有他心通？實務上，為了避免造假，必須要三個人在彼此不言語的情況下，將內心所想的書寫下來並同時出示之，且其出示之內容必須三人一致。至於漏盡通，只有成佛與阿羅漢後能之。其餘五通，上自菩薩，下迄信仰其他宗教者，苟能刻苦修定，皆可發其功用。

智慧能自開

靈體在初起（靈）時，其形貌、心性皆如孩童，迷濛無知而怯生。歷經有形師與無形師循循善誘，以靈動及會靈方式不斷地對靈體調訓、試煉，使其逐漸成長並熟習有形、無形界的禮節與規範，益增其智慧與能力。靈體調訓的意義，在使靈能由膽怯而逐生信心，由羸弱進而茁壯。

實務上，靈修者靈體在起靈及初識無形界時，多心存好奇，常四處張望但又畏首畏尾。經調訓後，對陌生的無形界會逐漸熟識，此後不僅不再畏縮，有時很快就能自由發展，無拘無束。靈修的進程，促使了靈修者內在靈體日益茁長，並由淺入深地探索、瞭解靈界景象，學習靈界新知。與此同時，在日積月累的靈動下，也強化、增益了靈修者外在體魄。

人的腦部構造都相同，但聰穎程度卻不盡相同，顯然先天上影響個人智慧者，在於降生的靈。所以古人以其人「靈巧」、「靈敏」，描述與生就較具智慧者。雖然如此，但自嬰兒起所受教育與學習，既能增長個人智慧，則靈修過程獲得之經驗累積，以及注入的無形界知識，勢必也能增長靈體智慧。

確實如此，在靈修及發揮靈力過程中，由於神佛啟迪，對過去某些百思不解的事物，靈乩往往能靈光乍現，茅塞頓開。這種神佛助人之現象，對靈乩而言經常可見。之所以如此，乃是因為常人自我意識較強，習慣以社會經驗或世俗的法則思考，並以肉眼觀察或依常情理解世間事物。然而，某些事物尚有其隱晦與深層、難明之處，並未呈現於表象。尤有甚者，其事雖顯（現）於有形界，然其成因或原由係起於無形界。因此，某些事的前因後果乃至彼此關聯，唯有具靈力者能通靈於無形界，並從中探察、明瞭。換言之，唯有具備靈力者，一則循靈對靈之間的溝通管道，一則藉由神佛對靈體的提點，使撲朔迷離、錯綜複雜之事得以昭然若揭。

靈乩有時雖可經由靈通自開智慧，但開啟程度依個人靈力、條件而有不同。何以靈乩能自開智慧？因為靈乩的使命既在彰顯神佛慈悲，傳達神佛旨意，神佛就要使其具有智慧或自開智慧，培養其真知、信、覺。所謂真知，乃是確知、明瞭無形界及其對應關係之存在，並通曉之。至於真信，係指確信、體認無形界存在之法則、規範，且能遵行而不悖。而真覺，則是能不偏不倚的察覺、分辨無形界各種現象，不容絲豪誤差。靈乩對無形界既能真知、信、覺，在傳達神佛意思時，一定要秉持：⑴不扭曲─不過分渲染；⑵不穿鑿附會─不憑空添加；⑶不虛矯─不虛偽誇大，務求一切嚴謹。

冥、陽兩界同屬靈界，靈乩應皆能交感。然無形界的眾靈，其層級、品秩繁多，依對其靈氣之感應驟然斷定、判別，以為此係陽界之神尊，或彼乃冥界之幽靈，有時會失準頭。因為，神尊有時來自天界、陽界，有時亦來自冥界、地府。實務上，有時靈乩辦事時，在無形界與此案相關並對接的神尊，未必是已先預設的神佛。甚至，有時降駕的神尊其品秩，也未必是先前上呈疏文或上稟的神尊。因此，靈乩除了要具備智慧，也要自開智慧，始能於辦事時瞬間明確分辨和即刻反應。

在無形界，哪些事該哪尊神駕負責，或由什麼品秩的神尊負責，無形界自有其法制，辦事時神佛會自行分辨、分流，不容絲毫模糊。例如，掌管冥界的神尊主要有：地藏王菩薩、閻羅天子、城隍府君等。其事如屬冥界管轄，在辦事時，會依其事務之等級降駕。換言之，除了未必都是地藏王菩薩聖駕親自降駕外，有時也未必由其他神尊本尊降駕。所以，地藏王菩薩坐騎「諦聽」有時也會銜命而來。而城隍府君下轄之：⑴陰陽司公；⑵文、武判官；⑶牛、馬將軍，實務上也都可能降駕。所以，無形界事物極其玄妙，極其深奧，靈乩如不能提升靈通力，具備無比智慧，自開智慧，豈能明瞭、解析何以此事係由此神尊，而非彼神尊降駕，又豈能驟然通曉無形界之理。

神（佛）助與自助

人與神佛交感方式，可靠感應彼此互通，也可以經人以言語（靈語或白話）來傳真神意，更可經由人手以文字書寫，完整記述、演譯神諭。前述神人溝通方式有個人能力與真切程度的比較，顯然能以文字傳真神諭為上乘。然而，更上乘的神通則不必用扶鸞、借竅或靈動，就可以直接在無聲無息的過程中與神佛互通，感應神佛的意思。

實務上，神佛對靈乩的價值之一，經常在於預告未然之事。也就是說，與某人有關之事尚未發生時，神佛已經有所啟示。而靈乩或可藉其天眼，或者可於夢境中先見其事之圖像、場景。為何神佛要先對某人之事示現？其目的在於：基於機緣，使靈乩預先對某人之事先行籌謀，先擬對策。另外，神佛也可能以同樣方式，對靈乩示現某人的已然之事，例如某人與他人之恩怨、嫌隙、冤仇。何以如此？因為此事對某人雖屬已然，但其處理（過程）必有不周嚴、欠完備之處，仍待進一步善後。換言之，某些事雖屬已然，但其結果未必使相對之各方皆得公允，務期使受屈之一方能再獲彌補以昭公平，從而神佛乃發慈悲示現其事。

感應神佛或神通，固然是靈乩的特質，靈乩也常以此為傲，他人亦以此敬之。唯無形界之事，信者以其事信而有徵且能指證歷歷，不信者嗤之以鼻視為無稽之言。神、鬼之事，世人半信半疑者居多，能深信不疑者如鳳毛麟角。實務上，一般如須透過靈乩與無形界交涉而處理之事，有時的確涉及個人因果、業力。例如，有些人長期失眠、噩夢，不是筋骨痠痛不已，就是身體經常大小病症，難以有效醫治。經人指點並請示神明後，得知乃受因果、業力牽制。有些當事人因為對以往親身經歷記憶猶新，遂無所質疑、辯駁，有些當事人則不確定是否曾經存在該事。因果、業力之事，有時既難以辨明、查證，如何使人信服確實頗費周章。

受因果、業力所累者，可能是已然之現世報，也可能是未然之禍遺子孫，本就無法明確驗證，也難憑三言兩語即論定之，除非深信因果論者，否則未必能使其認同。因此，處理涉及因果、業力之事時，靈乩必須思索：(1)如何驗證因果或業力之事；(2)如何使相關當事人心中不疑；(3)如何確實使所辦之事有效。因果、業力如何驗證？實務上，處理因果、業力之事係透過與無形界交涉，採進階式。首先，受累者之困（痛）苦先經初步處理，讓當事人能自行感通，隱約瞭解其過往之事的後遺症，紓解其生、心理的困（痛）苦。其次，受累者如能逐漸排除或減輕症狀，使原來飽受長期失眠、精神恍忽、筋骨痠痛等折磨，都能在「處理」之後緩減。如此，自然會使當事人一則心中較篤定，坦然接納確係受因果、業力之干擾；一則增加其信心，使他相信所辦之事有效，以往所受困苦將得以消除。之後，再依方式、程序化解存在無形界的宿怨。

要能有效交涉、處理與無形界相關之事，除了需要神佛相助外，也需要人對神佛有信心。大凡靈乩可以處理之事，只要先經溝通並依神佛所示，備足所須供品、祭品，加以當事人依神佛指示應配合之處，則所辦之事通常會有效。雖然助人處理無形界之事，總是功德一樁。但能否處理此事，靈乩不可自誇，神佛自有安排，無法強求。靈乩並非凡事皆可處理，總要視個人能力、條件，或與此人之事有無機緣而定。換言之，靈乩既然有神通，如能處理某事自會有感應，而神佛也會示現該如何處理此事以及其處理要領。

神、鬼、人雖異界，但神、鬼之意思皆可信，所不能信者唯人爾。易言之，事情能否處理，由誰處理，如何處理，神佛必無所迴避，且會逐一具體明示。但辦事之人（靈乩、乩童）聲稱奉旨後，是否真能處理，是否對當事人實情說明，自身是否有足夠能力，是否確定處理方式無誤並依程序進行，都將影響所辦之事的結果。坊間宮廟（神壇）問事、辦事時常受垢病，其原因在於：⑴宮廟是否具備辦此事能力，無從探查。⑵辦事之人是否為圖利益而有隱瞞，無從辨明。⑶辦事之人是否瞭解應以何種方式處理，無從過問。⑷事情是否依程序辦理，無從驗證。以上這些本都該予以詳加說明，讓當事人瞭解或思考宮廟所說的是真或假。在「病急亂投醫」，以及沒有辨別能力情況下，當事人經常花了許多冤枉錢。

靈乩要能獲得神佛認同與肯定，要先對自我靈修過程，以及所具的靈力認同與肯定。此外，更應不斷向有道者虛心求教，勤研經典，進德修身，方能提升自我修行內涵與靈力。冀望神助，不如自助。上乘的靈乩，既能神通，其實也未必事事、時時皆向神佛請示。畢竟靈乩感應、交涉的對象雖是神、鬼，但所辦之事的對象是人。所謂：「天有常道（運行規律、法則）矣，地有常數（一定的準繩、次序）矣，君子有常體（恆常、符合道德觀的行為標準）」。天、地、人三者如各依本分，當即相應且必也相合。因此，符合人道之事，自必符合天道、地道，而天道、地道（陽、陰之道）必也順應人道。所以不論辦事或勸世，靈乩只要秉持原則：⑴凡事依循社會生活之常理，合乎眾生的常情、常規；⑵依照人的生存需求，做人處事應有的心性、道德標準去推論、判別。這樣既能符合人道，也就不違天、地之道，不違神、鬼之道。

三教共證的靈乩

宗教的目的，簡單說就在教化，教化人（自行）解決自身的問題。為了達成此一目的，各宗教皆有其主張，也有其法門，始生其效能。宗教據其主張為教義、經典，並以修行法門為其方法。宗教的主張與法門如同共軛之兩端，必須等量齊觀，不分軒輊。

宗教的主張非常重要，如同軍隊作戰，必須旗幟鮮明，也就是先弄清楚「為何而戰，為誰而戰」。而法門等同戰法、戰技，不僅要能戰勝敵人，更重要的是先求戰勝自己。為求勝戰，在作戰過程中，戰士不僅需要精良武器，更重要的是武裝其思想，以使彼等時時認清目標。凡事講結果，也講過程；有精實的過程，才會有豐碩的結果，信仰宗教與修行法門兩者亦復如是。

每一宗教都希望助人解決自身困擾，但綜論人世間事，生、老、病、死、苦，此五劫人人無法擺脫，最教人憂心、苦惱。宗教家苦口婆心，勉人經由認知自我存在的意義，積極體現自我生命的價值，摒除無謂的煩惱。這種說法，非具大智慧者難以誠服。每一宗教都希望能贏得個人信仰，也希望成為世間人人的信仰。宗教除了想得到個人信仰外，也希望能以其

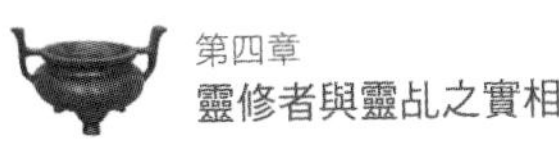

經典、法門確實引導眾人觀念，覺醒眾人智慧，培養眾人意志。人人如能依循宗教家宣揚，接納、體悟、踐履宗教的良法美意，於是便成就了宗教之使命。

三教之殊途同歸

道教為我國固有宗教，溯其淵源，一般都上推至華夏民族的始祖—黃帝。黃帝曾經訪道、論道即見於《莊子》一書，《在宥》篇內載有黃帝於崆峒山向仙人廣成子問道，以及鑄鼎煉丹飛升之事。唯旁蒐遠紹，道教主要淵源應為「原始宗教」，亦即是我國古代各族群信仰之融合、傳襲及嬗遞。原始宗教的成分包括：⑴自然崇拜；⑵圖騰崇拜；⑶祖先崇拜；⑷靈魂信仰；⑸神仙信仰；⑹方術、巫術、禁忌等。因為這些受崇拜、信仰的「有形」與「無形」都具有神祕力量，先民基於敬畏心理，形成信奉、膜拜之習俗，遂衍生、融合為原始宗教。原始宗教除了各種崇拜，也孕育出相應於表現各種崇拜的儀禮，以反映群眾內心的虔誠信仰。

盛行於西漢初年之「黃老之學」，亦為道教之前身。黃老之學在雜揉神仙方術後，以「道」做為最高信仰，並視黃帝、老子為神仙，且以黃（帝）、老（子）所傳述的理念和方法修持。東漢年間，精研黃老之道的張道陵天師（三四—一五六年）在蜀地：⑴釐訂鬼神祭祀儀制，運用讖緯符籙為人消災解厄；⑵教化民眾及濟世度人，勸人修練身心，倡導積德行善；

⑶奉老子為道祖，傳道立教，勉人修道、弘道；⑷經統合民間信仰將之昇華後，總結成為「道教」（原名為「正一盟威道」）傳布天下。

道教的特性如下：⑴多神信仰、神靈崇拜—傳承遺風遺俗，將古來的自然崇拜、圖騰崇拜、靈魂崇拜等之內涵神靈化、具象化、偶像化以及人格化，行多神崇拜。⑵事鬼敬神、陰陽並重—祖先崇拜雖係鬼魂（靈）信仰，但為人倫之抒發。事鬼敬神並行乃兼融陰、陽之道，其意義在崇德報本，表達慎終追遠，使後人感戴先祖恩澤，飲水思源，代代相傳，永誌不忘。⑶貴生重命、性命雙修—為期能終其天年，道教教導人修練並主張「性命雙修」。亦即人內心應先修持（懷抱）少私寡慾、謙恭無爭、自然清靜的心性，此為性功。其次，修練精、氣、神，以期強身健體，益壽延年，長生永命，此為命功。道教積極倡導性命雙修，其目的在實踐「借假修真」。藉假修真的目標在促使人自覺地追求與道合一，乃至於最終可達神仙境界。⑷出世入世、並行不悖—道教雖主張清靜無為，心靈虛寂，其出世入世之論，既宣揚超越世俗而追求與道相契的神仙境界，又不要求人捨棄世俗生活。人要先經過一定努力途程，使自我得以成為一個完善的人，此一

道教始祖—老子法像(老子騎牛圖/宋・晁補之繪～故宮典藏)

途程就是修道，也是邁向修仙乃至於最終成仙之修練。簡而言之，道教強調，修道者要先行修人道，在踐履孝道、完善人倫、圓滿家庭之後，才有可能過渡並成就仙道。⑸修德積善、講求因果—人雖存亡有分，福禍難料，但多積陰德、多行善舉，常能化險為夷，轉禍為福。又善惡必皆有報，如影隨形，有因必有果，造其因必結其果。⑹賞善罰惡、天地查察—天地之間既有專司評定人功過的神祇，也設有極其嚴密的稽查體制，使世間一切善惡無所遁形。凡人一生的一切作為，天地皆公正無私地論斷其是非並予以賞罰，人之壽夭所以各不相同泰半率皆源於此。

道教「尊道貴德」，以「道」與「德」為基本信仰。「道」之至廣，乃宇宙萬物的本源和主宰（力量），無處不在，無處不現；萬物都是從「道」演化、衍生而來，即便天地自身以及天地（之間）的變化亦不出此。德為道之反映，是道的體現。道與德並生，德與道齊立，如此則天地合和，日月合明，四時合序，陰陽合秩，此為萬物生息不止之張本。道之至狹，乃路徑、事理，亦可用於人之路途，等同於人生命得以存在之基礎。「道」是「德」的目的，「德」是「道」的顯現；有德始證其道，依道始全其德。德者道之用也，道不立則德無以生，德不崇則道無以明。是故，守其道、依其德，人得以立於天地之間。

儒（者）乃知識份子，以教化民眾為職。除講學外，儒者也懷有崇高的政治理想。儒家起於春秋戰國，以孔子（前五五一—四七九年）為宗師。孔子將夏、商、周三代傳承的制度加以理論化，不但保存、發揚了中國傳統文化，並且建構其思想體系，創立以「仁」為核心的儒家學說。孔子畢生以作育英才為職志，並著重道德教育。其後，孟子（前三七二—二八九年）繼承並光大了孔子的思想和學說，為僅次於孔子的儒家宗師。

「仁」是儒家學說的中心思想，儒家以之為道德的精髓。就字義而言，仁字從「人」從「二」，其義涵為人與人之間的關係，二人的相處之道，不論此二人之間識或不識。簡單地說，「仁」的根本訴求就是「愛人」，也就是表現人與人之間的相互親愛。儒家認為仁是一種人倫思想，既是做人的本分，也是做人的最高道德原則、標準和境界。

人是儒家學說論述的立足點，也是（世間）一切作為的根源與對象。人不僅是社會的單元，也是家庭的成員，社會既由許多人凝結，也由無數家庭聚合。人與人互相親善，言行上處處展現仁，各自依其長幼尊卑，遵其道、守其德，則社會始能和順。各個家庭中，父母、子女亦各盡本分，彼此敬愛，父慈、子孝、兄友、弟恭善盡人倫，充分反映仁的親和關係，則不僅家庭之內融洽，社會必然溫馨。

儒家宗師—孔子法像/唐・吳道子繪

國家包含無數家庭，也彷如家庭的擴（放）大。家庭中長幼間的倫理關係，應對至國家，乃對比出君臣間的倫理關係。家庭成員既應恰如其分各司其事，各盡其責，在國亦應如此；也就是君應該有君的仁德，臣應該有臣的忠誠。於是，家庭倫理關係的要素是仁，國家政治關係的基礎也是仁。仁的理念、對象、目的在人類社會中無所不含，無所不包。

仁的目的既在維持人倫，體現倫理，則必須人人發自內心地愛人，而不是藉由外力強迫。因此，仁是一種真誠的感通、同情、接納心理與言行，對於其他人所發生的苦痛能感同身受，心有戚戚焉；由感通而關懷，由關懷而相融，休戚與共、不分彼此，俱為一體。此所以「仁」與「義」又經常連結，可以說有仁心者必有義行。

儒家思想以仁為核心，舉凡國家典章、法律政令、社會規範、禮儀習俗等亦植基於仁的蘊含之上，但主要訴求仍在個人的身體力行。也就是個人應該時時事事、在在處處盡力行仁，以體現人倫，並恆亙一生。儒家既專注於人的行仁思維，因此使人能夠行仁的動力，就在增進其道德素養，激發其道德感。⑴重教化─儒家認為「仁」的思維與行為雖有先天成分，但也是後天教化的產出。仁的教化過程除了外塑，也靠內造。外塑是經由他人教導、教育，內造則是反躬自省，自我約束，自覺地向別人學習。儒家對仁的教化尤重內造，「見賢思齊」，「三人行，必有我師焉。擇其善者而從之，其不善者而改之」，這些都是教人自省不當言行，克制自我，自覺遵守道德規範而行仁。⑵心向道─許慎《說文解字》：「道，所行道也」。

即人所行走的道路；又云：「一達謂之道」，即到達一定目的地之途徑。其後，道亦引申成為方法、原則、法度之意思，乃至於擴展至有形與無形界的本體（運行）之原理、原則。孔子追求道，甚於愛性命，「朝聞道，夕死可矣」。「君子謀道不謀食，……君子憂道不憂貧」。(3)力修身—修身著重自我品德的修養，其目的在成為一個謙謙君子，所謂：「修己以敬」、「修己以安人」、「修己以安百姓」。歷史發展證明，維繫道德使人類社會得以永續。因此，個人乃至群體都要不斷地提高道德素質。於個人，平素言行謹守道德，為人謀事顧念道德；於家庭，家人應和睦以增進道德；於社會，人人勤修道德以維安和。(4)知天命—知天命，就是知道上天所賦予的使命，儒家鼓勵個人以此為終生志向與理想。知天命是一種自覺，即領悟自己負有得天獨厚的使命，並極力完成。知天命，就是知「道」的存在，知「道」的實踐，有外在的行道、弘道，揮灑所長，也有內在的修德、存仁，克己敬忠。「天下有道則見，無道則隱」，天下能實現仁義道德時，就應該積極參與行道行列，失去仁義道德時就該隱身，不同流合污。這種認知可以視為知天命，也可以視為個人體現自我生命價值的準則。

佛教源起於印度，約在東漢明帝年間東漸中土。佛教初期傳播過程十分曲折，並常被人們視為黃老之學、神仙方術的一種。為了解惑釋疑，讓信眾瞭解其教義，初期的傳教高僧在翻譯及闡釋佛經時，常借（引）用儒、道二家的語彙及思想要義，以期消除隔閡。

爭取知識階層的認同，使他們自覺地接納，佛教以之為傳法途徑與策略。傳法僧與中國知識份子間的親和，促使佛教順利在華傳揚。隋、唐之際，佛教空前發展，大放異彩，除了獲得帝王護持，也漸深入民間。唐太宗時，玄奘大師（六〇二—六六四年）千辛萬苦地前往印度取經，且窮畢生之力大規模翻譯經典，完備了經、律、論。玄奘大師堅苦卓絕，不僅確立佛教在中國學術、文化地位，也使佛與儒、道二家成「三足鼎立」之勢。

佛教的開創者是釋迦牟尼佛，世人尊稱為「佛陀」。「佛」是漢文音譯佛陀的簡稱，意義是覺者。釋迦摩尼佛經由出家苦修而悟正道後，說法度生四十九年，其目的在幫助一切眾生「轉（破）迷開悟，離苦得樂」。人雖有貧富貴賤之別，但生老病死的苦痛，眾生皆同。生命必有死亡，何時到來卻無人知曉。即將撒手人寰之際，一生享盡榮華富貴者，與窮困潦倒者相較，對人世間應有更多的愛戀。

生命未必美好，但總令人患得患失，生命未必真切，但誰又能盡窺堂奧。佛陀教人轉變人生觀，以淡薄的眼光看世情，以知足的心感受世事，心不為物累、不為形役，則不僅能減少苦惱，心境更能平安、喜悅。無以數計的眾生在聽聞了佛陀教誨後，逐漸解開煩惱並獲得無比的安樂。佛

佛教始祖—釋迦牟尼(佛)法像/
明・永樂鎏金銅

陀告訴眾生，要能維持這種心態與精神，就要虔誠修道，最終並可以到達涅槃的大樂。

佛教之教義與經典至為深廣，非短時間即能通透。修道者對佛法具體的融通，應著重於教義之體悟，以及如何實修和身體力行。「因緣生法」是佛法的中心思想，為佛陀在菩提樹下的證悟。佛陀認為：宇宙萬法（包括人類在內），「不從天生，不從自生，非無緣生，從因緣生」。佛陀告訴人們，宇宙間一切事物的發生、發展和變化都有一定的（自然）法則，一切事物都由適當的因（內在因素），配合適當的緣（外在條件），才會出現各種不同情狀，進而在不同的時間與空間裡發展、變化乃至消亡。譬如人生中的各種機遇，也是因、緣變化，緣聚則生，緣散則滅。父子、兄弟、夫婦、朋友之間所有的悲、歡、離、合，亦莫不如是。

依循「因緣生法」，乃有「因緣果報」。因是生出某一事物的原動力，緣是幫助生成某一事物的要素、環境、條件；即一切過去所造成的「因」，依現在的「緣」而成，乃生其「果」。因、緣會合後即形成某種現象，這就是「果」。由果所產生、顯現的影響，就是「報」。佛家認為，世間一切事物都不離因緣果報，有其因而後遇其緣，而後現（結）其果；因緣果報周而復始，而且循環不已。

「法不孤起，仗境方生」，是對「因緣生法」的進一步補充和說明。其意有二：⑴世間萬法，舉凡自然界中生滅變異，生命的生老病死，事物的興亡繼絕，率皆受因緣果報法則支配。⑵世間任何事物都不可能脫離整體而獨存，必和它周圍的其他事物相互關聯、相互依存、相互影響。

緣此，佛教探究的核心議題主要在兩方面：⑴關於善惡因果與修行；⑵關於生命的真義。茲分別簡述如下：⑴世間之事既歸結於因緣果報，則善因生善緣，惡因生惡緣。善因、惡因從何而來？佛家說，善業造善因，結善果；惡業造惡因，結惡果，此為「因果律」。業是人的身（身體行為）、口（口說的話）、意（所生念頭）的累積，人生在世，時時刻刻都持續在進行著「業」（即「造業」）。「業」形（生）成「因」，其過程好比植物種子的形（生）成，是由花的雌、雄蕊（彼此）授粉而來。佛家勸誡人不做惡事、說惡語、起惡念，能從根本上斷除惡業，就斷除惡因，也就消滅惡緣，而惡果也不致出現。而這一切都要靠個人努力修持，從控制自我的心念做起。⑵關於生命的真義，佛家要人認識自我生命在宇宙中的地位與角色，從而探索生命的意義與真相。首先，人應當意識到，自我生命在浩瀚無垠的宇宙時空中是微不足道的。在人與宇宙的對比上，宇宙極廣大，人則至渺小；宇宙恆久遠，人的生命則倏忽即逝。特別是就時間而言，個人的生命雖可長數十載，但生命所處的「現在」，在時間的長河中不過剎那而已。所以，人的生命既然不能如宇宙般永恆，個人就應該掌握自我生命的意義，以體現自我存在的價值，發揮生命的功能。

人在社會生活中必有富足與匱乏之差別，此現象難以弭平。對那些處於劣勢的人而言，物質生活的落差既難以縮減，現實的不公不義有時也無法翻轉。唯有在人們心中建立一個信念，創造一個信仰：⑴使人相信，能夠有一種力量平衡生命中的不平待遇。⑵使人不因此刻毫無身分、財富、權勢而悲嘆，相信只要努力行善，多積德，就可扭轉現在的困苦。⑶雖然改變不一定在此時或此生，也許要延至將來或者來世，但總是值得期待。

佛教宣揚的因果論，為那些現實生活飽受困頓的人燃起希望火炬，也為他們在精神上找到依靠和寄託。因果論的說法並不純然是痲醉，因為它鼓勵人人為善，努力除惡，促使人們在生活中顯現個人生命力，社會和諧於焉營造，人類生存亦得以延展。

由於宇宙是時間與空間的集合體，常人雖知道其存在，但又無法言其形、名其狀，也很難對它具象化。在一般的說法，都將宇宙轉而名之為「天地」，這是以知道、體會其存在的說法；如果無法言其形、名其狀時，則稱之為「冥冥之中」。於是，「天地」就做為居住於其間萬物的主宰者，或者冥冥之中存在的主宰者，可以仲裁人的壽夭禍福、因緣果報。此一說法非僅佛家，道家亦採行此說。

人的生命是長是短，生命過程是苦是樂，都由天地左右，前世、今生、來世生死相替，均不逾越。天地主宰人的生命法則是因果律，另外再輔以「輪迴轉世」。輪迴轉世即是「六道輪迴」，亦植基於因果律。因果律及輪迴轉世既視人的善業、惡業而定，人生命的依歸也就決定於自我作為。而人的善與惡作為既出自於人心，因果與輪迴也可說取決於人的自心。因此，雖然說天地主宰人的生命，但形成此一主宰還是從人的自心出發，之後天地再與人心起相互對應，相互迎合，形成「三位一體」。

佛家以現在為未來之過去，因此勸勉世人能於今生勤修善業，來生必得善果。此種期望得以實現，必須今生與來世間已存在共同法則且受奉行不渝。但佛只告訴我們今生順利過渡到來世的方法、途徑，佛沒有任何權威性，也不主宰任何事情。之所以如此，是佛要世人相信，因果律和六道輪迴是自然、必然地。佛不要世人以為，只在口頭上信仰佛，心理上依賴佛，而未真心地修善，就能得到庇佑。

世間萬物概括分屬天、地、人三大體系，上為穹蒼，下則土地，人在其中，這是在傳統文化、社會思想、民間習俗的區劃。天地間雖有物換星移，日升月落，但四時（季）周而復始，允為自然。天地之氣象恆不變，唯世間之人一經生離死別卻難再回頭。與不變的天地相較，人如何自處，始終就是個困擾。儒、釋、道三家各有立論，各持對策。三家雖相異於教義與理法，但相同於：⑴思索、探究人從何（處）而來，與天地之關係如何。⑵教人如何與（他）人，與天地彼此圓融共生共存。⑶教人心理與生理上超越、掙脫生死束縛，不在意自我歲月的消融，看淡世事滄桑。

森羅萬象，面對多變而紛擾的世事，錯綜複雜人情，每況愈下人心，於是：⑴儒家主張敦人倫、重教化，被視為具有「入世」的理想。儒家勉人由淺入深，持志修為，以三不朽—立德、立功、立言成為聖人並受萬世景仰，充分顯現入世之心。⑵道家渴望得以「超世」，強調人與自然的和諧。既寄情於超世，道家遂教人修練成「仙」以擺脫俗世，以期與天地共生，進而與天地同體。⑶佛家因倡導空無，並勸人放下一切，徹底的「出世」思想。佛家觀點，世間萬般皆是無常苦空，所以應當捨離，令人興起出世之心。佛家認為，只要依法修行（道），人人可成佛，成為無上智慧和圓滿的覺悟者，解脫於三界輪迴。⑷然不論入世、超世、出世之想，各有其待人處事之準則，應互為表裡，不可偏廢，適人適情、適時適事融通互用，使自我人生盡善盡美。

儒、釋、道三家之論，千百年來所以歷久彌新並深植人心，所以（能）引航於人，在於提供人的不同需求。有人性好靜，喜恬淡，則近道。有人性恭敬，敏於學，則近儒。有人性悲憫，喜濟度，則近佛。然儒、釋、道三家之論，於世人常合而併之，一體講求，其原由在於：⑴可藉他家義理，針砭個人心性、人格上的缺失，或彌補性格之外的心理需求。⑵人生在各個時期常有其心性偏好、取向，年少之時立志向學，仰儒家。中、晚年後，與世無爭，不知不覺萌生超然物外之想，常慕佛、道，此率皆心性之自然轉變。⑶三家之論猶如不同營養成分，但都作用於心、性、靈。然必合儒家以「存心養性」，道家以「修心練性」，佛家以「明心見性」，始足以激發心、性、靈於至深至微之處，徹底產生純化、潔淨、澄清之功效。⑷人能依循三家之論平治自我心、性、靈，此一身體力行之過程就是「修道」。

至於論修道之策略、途徑，先聖、先哲之著述不計其數。彼等長篇累牘所闡揚者，不外以捨慾為要，且儒、釋、道三家論點無不出於此，究其意義在於：⑴「夫人神好清，而心擾之，人心好靜，而慾牽之」（《太上清靜經》）。人的心、性、靈雖各自不同，但人皆不免於七情六慾，且受情、慾牽引，阻撓不斷，即便已修道多時者亦常不能豁免。⑵其心志稍有不堅之修道者，因囿於情、慾而喪失本心、本性，時有所聞。⑶人不可能全然無慾，慾念迭生亦人性所必然，故論修道之事，應先勉力捨慾，以維清靜之心。「常能遣其慾，而心自靜；澄其心，而神自清」（《太上清靜經》）。

孟子云：「養心莫善於寡慾」（《孟子・盡心章句下》），而老子也說：「見素抱樸，少私寡慾」（《道德經・第十九章》）。儒、釋、道三家固然都主張限制人慾，然各自所立之制約並不相同：⑴儒家以「禮」為制約，主張克服自己私慾，回歸禮法。⑵道家以「自然」為制約，強調清淨無為，盡量減少自己慾望和行為，順其自然。⑶佛家以「戒律」為制約，凡生活中必須遵守之準則或禁絕之事，不論成文或不成文者皆應奉行。修道者果真能循三家之論，捨棄慾念，回歸清靜、質樸之心，則除可省卻無盡無休煩惱，亦可免去無窮無盡鑽營之苦，如此方能真心誠意近道、修道、明道，從而得道。

修道在修真，而修真又有以下意義：⑴使自我心、性、靈不生任何虛偽造作，思想和言行保持自然而然。⑵破除言行上的裝虛作假，使自我心、性、靈回到原本素質。⑶人自我心、性、靈原本如同赤子一般，極其純真，毫未沾染世俗氣息，道家稱之為「真我」，儒家稱之為「良知」，佛家則稱之為「如來本性」。⑷歷經漫長教育、學習過程，人固吸取了必要的社會知識以及培養出謀生技能，但有時卻使自我喪失心、性、靈原有質樸。⑸不論道家的「去偽存真」，儒家的「止於至善」，佛家的「本來面目」，都在使人心、性、靈保留真、善、美且契合自然。⑹修真是一項持之以恆、不懈的努力，其意義就在於使真我「返」、「歸」於樸、真之境域。

人的真我是「無形的我」，表現於內在的心、性、靈；至於假我則是「有形的我」，為外在的血肉之軀。但假我這血肉之軀，卻是真我的「載具」。因此，人的真我與假我同在一體，共用生命力，所知所感也聚集一起。但隨著年齡增長且受各種影響，人的真我與假我經常若即若離，進而有時相互歧異，彼此矛盾，乃至相互背離。緣此，求真我的意義就在於：⑴人常為己利而矯飾偽裝，使真我日漸迷失，求真我就是盡除一切掩飾、造作。⑵假我有生命期限，終有凋零之日，但天賦的真我並不會隨假我死亡而消散。為求真我恆久遠，應勤於省察自我，糾正己失，以達真、善、美。⑶人的真我有目的，也有指標。「精神不朽」、「浩氣長存」，就是勉勵真我應該努力的方向，也是儒家對人實現生命價值的期許。

人的心、性、靈無形無像，不可捉摸，卻可感知，雖與心理學的「潛意識」相近，但不相同。真我所在空間是無形的，並非常人可目睹；假我則存於世俗的空間，一般肉眼即可通透。無形的空間是靈的世界，真我既是具備靈性的「我」，則真我對靈界可感知、感通，只是常人並不一定能意識而已。人的真我與假我兩者交會於己心，相容於己性。

靈源自天地，存於天地。但在人的生命過程中，靈存於肉身並與自我心、性相互活化。為求自我之靈於存、去（返）時皆能樸真，到達與天地共融境地，趁其依託於肉身之際，先行修養和修練以培育符合條件是唯一途徑。靈修就是對自我心、性、靈，乃至肉體所含精、氣、神的修練。藉由提升自我之心、性、靈，協和天地之靈；活化體內之精、氣、神，協和天地之氣。

靈修之過程，講求身（體）、心、性、靈、氣的整體修練，同時精進。一則經由對自我心、性、靈不斷沉澱、淨化、純化，以質樸、淬鍊之，使之長保與天地和合，以及與眾生交融。再則經由自我身體之鍛鍊，強筋健骨，使五臟六腑機能維持正常，神經、肌肉、肢體伸展充分協調，確保自我免疫系統強盛，時時涵養充沛之精、氣、神，使之成為心、性、靈活化之能源與動力。

人有形有像，為有形之體，然亦具有無形之靈（氣）。而古人云天圓地方，是故天地亦為有形之體。天圓地方之說，以圓為動態，因為它所代表的外在自然是動態的。圓也有循環不息的意思，代表天體星辰之流轉，以及日月之明晦，和因為這種運轉所造成的季節與天候變化。方是靜態、被動的，它代表自然界中不變的一面。人類立足於大地之上，以不變的精神和毅力與萬變的環境周旋其間。

然天地亦屬無形，天為陽，乃神居所；地為陰，係鬼所在之處。人居天圓地方之中，受天覆地載，以有形之人對有形之天地，儒家主張：「天地萬物本吾一體，養天地正氣，與天地合德」。佛家主張：「天地為三千大千世界，人來到地上（凡塵、人間）是隨業受報」。道家主張：「天地與我並生，而萬物與我為一」（《莊子・齊物論第二》）。以人之無形對天地之無形，儒家雖主張敬鬼神而遠之，但既然對鬼神要「敬」，又怎麼會質疑其存在，所以孔子從未懷疑鬼神之存在。而佛家則承認靈魂不死，形盡神不滅。至於道家則認為鬼神是氣，鬼是陰氣，而神是陽氣；人可通陰氣，亦可感應陽氣。

《禮記・禮運》曰：「故人者，其天地之德、陰陽之交、鬼神之會、五行之秀氣也」。許慎《說文解字》亦曰：「人，天地之性最貴者也」。天地之間凡有靈性者，以人之稟賦較其他萬物為高，且人為萬物中最具靈性者。人獨擁天地厚愛，除秉承天地恩德、薈集日月精華而生外，又立於陰陽、神鬼交會之中界，以及含帶金、木、水、火、土五行祥瑞之氣。實務證明，修道之人如能常捨慾而存清靜心，必漸克服雜念，免除娑婆世界諸般誘惑。能如此者必能深體自心，知己之性；進而知眾生之心，和眾生之性；再進而可通天地，通陰陽，知天地之心，和天地之性，最終當能登我心即為天心，我之體即與天地融為一體之境。

修行道路本多寂寥，但要能得道必須「自助而後人助，人助而後天助，人助、天助究竟仍不如自助」。得他人之助，靠的是緣份，屬被動；依自己努力，由自己掌握，為主動。靈修者當亦步亦趨且深自期許，靈通陰陽兩界，氣融天地於一體之境，並非唾手可得，但亦非遙不可及。果真能夠腳踏實地行之，則靈修者立於天地之間，且與天地並為三才，始稱名實相符。

宋末元初之王重陽（一一一三—七〇年）創立「全真道」，並以《孝經》、《道德經》、《般若波羅蜜多心經》為必修經典，融合儒家及道、佛兩教思想，主張三教合一之修行（道）途徑。雖然儒家主張「存心養性」，道家崇奉「修心練性」，佛家推陳「明心見性」，對人立身、修道各有見解。但王重陽主張「三教圓融」，力倡三教同源、三教同功、三教平等、和同三教之教義，並以此為創道宗旨。王重陽認為：「儒門釋戶道相通，三教從來一祖風」。依王重陽之論說，儒、釋、道彼此修行方法、竅門、途徑、本質等，可相互融會、貫通。至於三教論修道之根本在於修心，這就是彼等（最大）交集。王重陽認為：「人心常許依清靜，便是修行真捷徑」。修道者既貴在修心，只要能夠心地清靜，則身在凡塵而心已在聖境。

三教之交互應用

儒家論修「道」，指涉的是品德修養，從展現個人自覺開始，起於修身然後齊家，齊家然後治國，治國然後平天下，目標及途程高超遠大，務期修道發揮極致效益。道既在經世致用，要有學也有術。所以，不論求道、修道、弘道者，應有以下認知：⑴「君子謀道不謀食」，

「君子憂道不憂貧」。說的是有志於道者，除了對道應有方向感外，並應體認如何得道。(2)「道不遠人，人之為道而遠人，不可以為道」。道是為人的需要而存在的，君子修道、行道不能遠離人群，背離了人群，就失去道的意義。(3)「人能弘道，非道弘人」。人修道是要將道發揚光大，而不是以道來誇耀自己。

「道」是儒家導人成就小我或大我的途徑，其具體價值為：(1)有道有德者卓然而立為群眾標竿，既是社會清流，也是群眾心儀和仿效的對象，更是社會中流砥柱、國家棟樑，普受推重並廣受景仰。(2)社會的和諧脈動、人民安危、百姓生計，唯賴道維繫、存續之。古往今來，自個人乃至人人，自家庭乃至國家，自賢士乃至明君，求入世的學與術者無不奉儒家之道為圭臬。

儒家之道是入世的張本，然而瑕不掩瑜：(1)社會中，並非所有的修道者都熱衷於躋身士林、宦途。有「積極入世」者，也會有「消極遁世」者。(2)人生命中有「積極入世」的階段，儒家之道足以應對。但人也會有「消極遁世」的歲月，儒家未能提供解決、慰藉之策。(3)人不能離群索居，但俗世中難免的庸擾、雜念常使人心煩，寧靜無擾攘之境界有時反而是人內心最深切的期望。(4)人性之中除了是非善惡外，還有自始至終貪生畏死之面向。儒家以殺身成仁、捨生取義的說法對抗死亡的恐懼、惶恐，對大多數人缺乏安撫的效果。(5)俗世生活、庶民文化中，存在、流傳著神鬼之論。「子不語怪力亂神」，儒家對神鬼之道、神鬼如何應對持不論的態度。但神與鬼是自我（或親人）祖先，人內心對此具有堅定的信仰基礎。人們基於血緣、親情信仰神鬼，這是人本主義的展現。對神鬼認同與信仰，不僅形塑自我、我群意識，也凝聚了族群團結的精神力量，更因為體會香火延續的價值，真正對人的生命發揮繼往開來之功能。(6)人內在的惡性多寡不等，不太可能藉誠意正心盡除之，對那些無法藉由修道而改變其心、性者，可能必須另覓他途。(7)除了受制約於社會法律，就意識、心理上產生嚇阻有時也是必須、可行的。神、鬼之說，以及因果、輪迴的宣揚，如果能深入人心並使之建立意識，對人去惡向善的影響力可能勝於其他社會制約。

儒家論修道，勉人自修身養性做起，使仁者愛人並逐步發揚光大，但道德勸說居多。對人心、性缺失，儒家之論無可如何。至於佛教的「因果論」、「輪迴說」，道教的「賞善罰惡」是有賞有罰之說，填補了儒家對如何有效掃除人心、性邪惡面論說之不足。「因」就是原因和種子，「果」就是結果和果實。佛教的因果論，採用「種瓜得瓜，種豆得豆」植物生成現象，說明人心理活動產生的行為，以及最後必然得到的回應。道教《太上感應篇》云：「善惡之報，如影隨形」，其隱含、指涉之意義也相同。

佛、道兩教論說，對人心、性向善有正面效能，其特點在於：(1)道理淺明—種善因得善果，種惡因得惡果，因果關係的道理淺顯事實分明，人人接受。人既有善惡的作為，必得其報償，無法免除，一切皆罪有應得，不怨別人。(2)機制可信—因果關係既理所當然，從而衍生六道輪迴，以及六道輪迴中有善、惡道區分，其在生時為善者，死後得入善道；在生時為惡者，死後應入惡道，這種說法也能使人接納。⑶激發向善─因果未必顯現在今世，但如果能避（惡）因，就能免（惡）果，於是人人自發、積極地向善。再者，人如能改過遷善，累積陰德，可使既往曾犯過錯者得以補償。罪行或過失得以抵銷，則人人就有行善動力。⑷自悟自得─能許人得以改過自新的權威者，應是神聖的，必然是萬能的。但在佛家，佛祖是悟道、得道者，不以自己為萬能者。在道家，所有眾神也是得道的神聖者。因此，誰能真正赦人之罪，誰能真正許人可以有全新來生，需要人自我體悟。⑸善要即時─因果累積三世，除了現在，過去和未來都是人自我所不能見的。但如果允許人有來生並再世為人或得以超脫俗世，則現在就是來生的過去，因此現在就應該積極為善。⑹塑造未來─再者，生命是血肉之軀，有生存限期，銜接及跨越三世的是超自然及特殊物質組成。在佛家稱之為「神識」，在道家則稱之為「元神」，其實通俗的說就是「靈」。所以，人為善雖是肉體，但得其實益者為靈。一切善心、性、行都是為豐盛今世的生命，並使靈能滿載而歸，為來世預做準備。

對人（能）悟來世存在賞善罰惡而言善、行善，佛、道兩家各有不同的表義，佛家曰「度」，道家曰「修」。度或者修，都是使人從「現在世」到「未來世」的途徑。度或者修的程度不同，到達未來世的境界就不同。六道輪迴中，各道都是一種未來世。佛教的度是「度化」、「教化」，指經由時間使人去惡修善，改過自新，迷途知返，解脫苦惱，轉凡成聖。

一個人從善惡不明、是非難分、執迷不悟到破迷開悟，明瞭人生的目的，繼而能奉行佛陀的教誨，其果報將是離苦得樂，得歸涅槃寂靜。人能得到這個果報，就是「得度」。所以，人從迷到悟，從苦到樂，從凡夫到聖人就是得度的過程。一個人在得度後，如果能在自覺基礎上覺他，在自度基礎上度他，則更臻佛家慈悲濟世、普渡眾生的理想境界。

「修」是涵養、鍛鍊、學習，指人為了一定目的所進行的持續性作為，故也稱之為修持或修練。修不但要虔誠地學習，更重要的是將修後的心得付諸行動。因此，修有幾項特性：⑴修講求勤奮、鍥而不捨，不只是在自我精神上抖擻，意識、心理上更要堅忍。⑵修的範疇對人而言是多元的，不僅只限於外在言行的精進，更重的是針對內心涵養的深化。⑶修會對人的心性、言行產生改變，其所顯示的差異，不僅自我可感受，他人也能分辨。⑷對人而言，修是永無止境的進程，因為修可使人不斷讓自我生命推陳出新，人在有生之日都應該修。

道教傳承並融合了我國固有文化，法門雖龐雜，但道門中人始終視修練為核心要務。從早期追求肉體不死，轉而求靈魂永世，從依靠外丹（術）走向內丹（功法），道門丹道理論和修練體系漸趨完整且紮實。為了實踐宗教主張，道門以「性命雙修」為其修練的主軸，延年益壽和長生不老（死）納為修練的理想境界，返璞歸真、天人合一則是修練的終極目標。

不論佛教的「度」和道教的「修」，除了能讓人今生今世「圓滿」度過，更是為了人在今生之後的目標而努力。佛、道兩家觀點相同：⑴人的肉體會死亡，生命也極短暫。但人自出生後的一切活動累積，並未隨肉體死亡和生命消逝而化為烏有。⑵人在死亡後，只代表今世生命的終止。換言之，就時間和空間上論，死亡只是從這一刻起生命自此空間灰飛煙滅，但並非真的就已不存在。⑶在今世的生命結束後，如何使自我生命中無形、非物質部分能有理想歸宿，是世人在生命結束前應該努力的課題。⑷依據宗教法門所示途程，生命中無形、非物質部分如能使其「去蕪存菁」就能有好歸宿。⑸有形生命結束後，無形、非物質部分去處，在佛教謂之登極樂、淨土，在道教則是成神、成仙，率皆聖潔之勝境。⑹至於生命中需要去蕪存菁的無形、非物質部分，就存在於人的心、性、靈之內。

肉體解脫，心靈釋放，精神自在，這是佛家的度；求得一顆無情慾染雜、定靜的心，精神上超脫，本性回歸自然，這是道家的修。所以佛家的度和道家的修，都是目的也是過程，其結果都是在使人的心嚮往「彼」境界，性符合「彼」境界，乃至有形生命終止後，無形、非物質生命能到達「彼」境界。而「彼」境界，就是人的未來世，也是現在世之後的理想、美好境域。

就結果而言，佛、道兩家所遙指的未來世，就是真我要（可）達的境界。佛家要在今生今世（肉體）—假我能了脫生死，擺脫因果，免入輪迴，以期「真我」進入不生不死的涅槃。而道家的「借假修真」則在借軀殼—假我修真我，以期今生今世（肉體）在死亡後，「真我」能羽化登仙。於是，何者為殊勝？有何區別？哪家法門才是上乘功夫？到底如何修？

佛、道兩家對人未來世所鋪陳的途徑及境界，名稱雖各自不同，但就實務而言：(1)未來世是宗教的各自定義，不需強做比較，何者殊勝沒有定論。(2)度或修的形式或許可以區分，但假我因為受何影響而質變無法辨別。(3)造就真我需藉由對假我下工夫，其過程稱之為修行。修行的途徑因修行者條件而定，也因個人所遵從的有形師與無形師而異。特別是，無形師是佛菩薩，是道神仙，乃至於是儒聖者隨緣而定。(4)假我的一切修行途程既在創造、鞏固真我，於是有時就必須對修行者融入、融合不同「處方」，以增益修行的功效。(5)營造真我、具體檢視真我的素質，是依照假我的自我體會、給人觀感、社會評價，這些都靠自我德性的積極培養及真實呈現。(6)修養品德是儒家一貫主張，這不僅是做人處事的基礎，也是人卓然立於天地之間的張本，更是修行者成就真我的功課，以及人畢生堅定不移的目標。(7)儒家對修養品德的立論、內涵，如同成就真我之南針，指導修行者前進，又如同對真我之檢測劑，供修行者驗證自我德行是否合於標準。

修行的目的在成就真我，能否成就則又視假我的品德境界。假我品德愈精進，愈(可能)接近真我。很顯然地，修行者必須秉持儒家信仰，並與釋、道兩家法門結合、交織，以建構、維繫強而有力的自信。時下，有些坊間修行道場即宣稱：(1)奉行儒家德行；(2)修練道家功夫；(3)嚴守佛家戒律的修道方針，以符合「三教合一」之修行見解。

依據此方針而修行者，日常除謹守儒家為人處世準則外，在持之以恆的修道過程中，並以「佛道雙修」為修行之引導。「佛道雙修」在概念及實務上，是要融通佛家與道家的精義，並非將彼此混為一體。佛、道之修行本各有其宗旨與境界，佛家宣揚跳脫輪迴，永生於西方極樂世界；道家則教人於今生即修練成聖，永（長）生不死。雖然道家修練成仙後，來世亦可跳脫輪迴，但佛、道之相異處，修行者自我當知區別，不可混淆。佛門的修行，主要面向在：唸（研讀、唱誦）經、禮佛、佈施、持戒、濟眾等。至於道門的修行，綜合各派別主要是：靜坐、練氣養神、學習科儀、符籙、扶鸞等。

主張佛、道雙修者之目的及設想效益，在於藉佛家經典、教義蕩滌修道者之慾（貪）念，使其淨化心靈，不妄想。至於兼持道家法門，則係透過靜坐、靈動等，使修道者回歸自我心、性之本源，並清除體內濁（晦）氣，涵養純淨正氣，進而得以靈通，有神通力。而研修科儀、符籙、扶鸞等，則為培養修道者具備行道、濟世之術數。但能否並持佛、道法門，固在修道者是否擁有能力與條件，也在其所奉之有形師素質。

兼融儒、釋、道門行修，民間道場之見解如下：⑴首先，修道者應先針對其外在言行舉止修正缺失，此為（自）外在修，也可視為修道的起步。雖然，人不可能瞬間即消除弊病，但自志心修道起，修行者就要時刻自省，如有缺失當即調整。爾後持續精進，使自我德行益形完美，務期達到儒家「止於至善」的境地。⑵其次，相容並蓄佛、道修行法門，此為內在修。蓋佛家之修行（心）法，本即著重身、口、意的內省與淨化，是向自我內（心）求，從內修。而道家以元神（靈）淨化為修行核心，其實也是尋找本我、真我的過程。因此，一佛道雙修」，在進入與邁向修行的核心時，產生了殊途同歸之效應。而有些道場為凸顯此一修行特色，標榜此種修行途徑，遂簡而約之名為「靈修」。

在實務上，以儒家之禮法為本，並行佛、道法門修行者，有以下特點：⑴不刻意劃分，也不區別佛門或道門之修行途徑。⑵不分辨哪一個法門比較好，因為本質上「法無高下之分，以適合者行之」，哪些人適合由外而內的修行法門，哪些人適合由內而外的修行法門，全憑個人體會與應用。⑶各家法門在修道過程中，彼此間自然會發揮相互結合、交互應用之效益。例如，在靜坐的修行過程中，從「止」入手的靜坐，可以訓練自心之靜止，以培養「定力」。而從「觀」入手的靜坐，則可訓練心的察覺力和敏銳度。止與觀的靜坐方法，一則難以分別係屬佛或道之修行途徑；二則都足以使心靈解脫，開啟內在智慧，引導自我反思，洞悉生命價值，意識人與天地相融，氣（意）與冥陽相通，提升自我靈力。

確實，靈乩修行內容就無法門之分，其靈通對象也無宗教之別。靈乩的特性，主要在靈通能力的發揮與運用程度，不在宗教的分別。所以，靈乩辦事時：⑴並不只是稟請一教之神尊降駕，往往聚集道教神尊與佛教聖駕分別開示。⑵有時蒞臨道場的聖駕並非只有一教，佛、道聖駕都可能隨時降駕。⑶神佛雖分別降駕並開示，但最後合併神佛所示，顯示出彼此尊重，其結論悉相同，此純屬自然之整合，絕非刻意也無法安排。

依佛教法門，修行主靜，以心、性修持為主，其虔修者多散發慈悲、友愛、樂於濟助之形（印）象。而道教為達性、命雙修，除要求心、性的淨化，另融入增益修行者精、氣、神之動態訓體。此一訓體內涵及目標，藉靈修者平素之靜坐、靈動，反覆操練、鍛鍊行之。靈動除可強筋健骨、增益體魄，修行者之身、心、性、靈、氣在有形、無形的空間，不斷地反覆交互感應，除強化精、氣、神及體能外，其心、性亦得以超凡而不俗。因此，靈修應屬於整合性之修行，靈乩也是三教法門交互應用之具體展現者。

三教之融通共證

欲印證宗教，應先能實踐。自實踐宗教所揭櫫之教義、法門中，論其印證。換言之，已志心信仰該教教義並篤實奉行其法門者，先經由個人體悟，再結合他人相同體會，以明其印證。以靈修途徑實踐三教之義理，綜合而言，其途程應如下：⑴經由不斷內省、淨化，剷除個人心、性缺失，重塑人格，使自我心、性得以靈明。此外，不斷推升自我心、性使之能與天地等齊，俱足一如天地恩澤萬物，撫育萬物之情懷，達到如《孟子・盡心上》所云「上下與天地同流」之境界。⑵融會貫通三教之經典、教義，能闡而述之，發而揚之。信奉某法門後能產生之實益，雖在於機緣，亦在於個人投入幾分真心誠意。靈乩既奉三教，能靈通天地、冥陽兩界，氣聚五行，足立太極、八卦、蓮花之上，可謂「天之驕子」、「出類拔萃」，則當更竭力於貫行三教論說，利己益人，以回饋世道。

雖然，向他人宣揚某宗教、某法門，聽聞者未必信服，語云：「信者恆信，不信者恆不信」。但實務上，如遇當事人身心遭逢困苦，求援無門之際，靈乩憑藉大膽假設，小心求證之過程，或能藉此機緣，濟困扶危，助人一臂之力。靈乩果能應用其術，闡述所學，發揚所習，此亦正逢其時。只要虔心助人，必能獲神佛相助，此毋庸置疑，實乃神佛有意助靈乩以堅定其修道之信心也。

佛家講六道輪迴，有因果、業力之說；道家講天人合一，有天人感應；儒家敬鬼神而遠之，三教皆指涉鬼神與冥陽兩界。欲闡揚三教者，如不能具神通力，明鬼神之對策，難以服眾。實務上，真正融通三教之靈修者，必能神通。具神通力者，雖能藉貫通陰陽之靈力，推斷他人因果、業力，但未必適宜時時皆顯示其神通，且亦未必次次皆能使人信服。靈修者臨時、事而發揮及運用其神通應隨緣，千萬不可過度膨脹神通，亦不可自恃於己之神通而倒果為因。

坊間存有不肖之修行者，以世人皆畏懼鬼神，經常喜歡將許多難解之事，動輒稱當事人受制於鬼神，應向鬼神告解。於是趁機裝神弄鬼，加以唬弄並斂財、騙色，令人髮指，此正是社會大眾對修行者詬病處。鬼神並非實無，自古以來鬼神世界即已深入人心。神在天界，紫府、仙宮是神仙居所，「幽冥世界」則是世人常說的鬼界，乃鬼魂存在空間。《淮南子・

說山訓》：「視之無形，聽之無聲，謂之幽冥」。人雖無法看清，也看不見鬼神所處狀態，但可意識及感應其存在。鬼神之所以並非實無，乃因如無鬼神，為何社會中屢聞不鮮，許多蒙受冤屈之相關當事人皆稱感召鬼神相助，使冤情得以昭雪，真相得以大白。

人們常將形跡隱祕，不為人知的事，稱之為「神不知，鬼不覺」。其實，這種說法是人在自我安慰。姑且不論世人所做之事鬼神是否全然知曉，「舉頭三尺有神明」是否真實。但人若為非作歹，最需要面對的是自我內心之掙扎與煎熬。因為難以撫平內心矛盾，有些人做錯事後，會因良心發現而投案自首。「良心發現」，是人因為內心正確認知是非、善惡，乃觸發善良之心，進而悔悟並修正自己言行。良心發現是迷途知返，每個人一生中都有次數不等的良心發現。良心發現反映了人的「良知」，顯現出人的「良能」，這是儒家的性善論。

人天生具有良知、良能，因此人性本善。良知、良能固存在於人心，但人性並非純（全）善，且並非人人皆善。因此，人世間訂有法律，以滿足治世之需求。法律之功效，一則嚇阻與禁制，以抑制人性的非善；一則懲治與拘束，以刑罰非善者。可惜法律只能於事後處罰人之行為，無法導人於事前體悟良善之價值。因為無法誅心，泯除人性之惡，用於治世、治人，法律只能治標無法治本。

法律受認同，是人內心感受其制約，不得不服從。宗教受信仰，是人內心主動而真誠，無怨無悔。認同法律，人約束自我言行，凡事再三思考。信仰宗教，人流露良好品德，自性地展現善心善行。法律與宗教均具社會規範之效能，但宗教所以較法律更見其價值，原因在於：⑴由於人們自願、虔誠的信仰，所以宗教導引、規範人們（言行）的力量有時優於法律。⑵除了義理外，宗教的神鬼論以及善者登天，惡者入地獄之論說，無形中發揮強力教化，這是法律難以比擬之處。

宗教受信仰，非關其誘人以「果位」，或者成神、成仙的想望。而在於：經由宗教的薰陶，使人能層層、次次浚滌自我內心的污濁，排除種種貪念，摒斥過分慾望，保持淡泊名利人生觀。人能呈現這些心性，豈非儒家所念茲在茲於世人者？欲達此一境地，又豈能不藉佛、道兩教途徑，率爾而成。是故，佛、道兩教法門之精要，絕非使世人於善惡之念起時，心懷神鬼庇佑或降災之思。而在於虔心遵從兩教進而沐化己心者，能起自我「誅心」之效。

誅心，謂揭露、指責（他）人的思維與用心。依從釋、道兩教法門，其所生之誅心，並非對外檢討他人，而是對內自我批判；並非對他人質疑，而是對自我反問。釋、道兩教法門誅心之術，導人以己之長，攻己之短，即「以心治心」。以心治心，是一種自我負責的態度，是不假他人的自我體察，是自我智慧的展現。能以心治心者，因為不讓他人因攻我而生罪過，內心恆喜悅。何謂以心治心？即《呂祖（孚佑帝君）心經》所言：「以長長心，治不悌心。……以恭敬心，治無禮心。……以自愛心，治無恥心。……以仁慈心，治暴戾心。……以忠厚心，治刻薄心。……以果報心，治謀奪心。……以施與心，治慳吝心。……以中正心，治偏袒心」。

心存鬼神之念者，其中含有一層至關重要意義，即有「天理昭彰，報應不爽」之意識。換言之，有鬼神信仰者必知有天理，鬼神皆天理之彰顯。鬼神必反映天理，世人不必多疑，亦無須過分懼怕於鬼，或盲目奢望於神。天理必不使為惡者邪念得逞，蓋鬼魅必折損之；天理亦必不使為善者心念落空，因神祇必護佑之。

與鬼神對應，儒家雖然沒有人能通鬼神之論，但其誠意、正心之主張，等同勸人只要「平生不做虧心事，夜半不怕鬼敲門」，鬼神又能如何。在道教，修道者雖致力於神通，但道門勉人多行善、厚植福德，所謂「諸惡莫做，種善奉行」，以遠禍消災。至於佛教則認為，人的禍福並不緣於鬼神，而在於個人能否除業報、種善因。此與儒、道之見解顯然不謀而合，不出於對個人「行得正，坐得直」的要求，也就是《太上感應篇》所云：「所謂善人，人皆敬之，天道佑之，福祿隨之，眾邪遠之」的道理。

孟子曰：「盡其心者，知其性也，知其性，則知天焉，存其心者，養其性也，養其性，所以事天焉」。儒家對人的最高期望，能知天、事天，遵天理而行。能遵天理者，雖未必皈於佛、依於道，但已然潛修身、心、性、靈、氣，於神通之境亦不遠矣。

修行者非常注重、在意神通，心中反而並不清楚神通的真正途徑。修行而沒有深植濃重的鬼神意識，捨本逐末，如何求神通？修行者是否神通，能達幾分神通，要看鬼神襄助多少。所以，端視修行者誠心幾許，能以敬天地之心同敬鬼神，以感天地之心同感鬼神，自然具備神通。(唐)司馬承禎所謂:「(元)神不出身,與道同久。且身與道同,則無時而不存。心與道同,則無法而不通。耳則道耳,無聲而不聞;眼則道眼,無色而不見。六根洞達,良由於此」(《坐忘論・得道第七》)。忝為靈修而已登此境界者,則自我之身、心、性、靈、氣當已融於天地間,無彼界此界之分,此乃上乘之靈修者,靈乩或應能如是之乎。

明朝正一派道士(天師)張宇初云:「上士純信,克己勤行,虛心谷神,唯道來集」。「唯上士者,「(修道)行有餘力,若儒之性理、釋之禪宗,更能融通一貫,猶為上士」。「唯道來集」中之道,為天地之道,鬼神之道,儒、釋、道三教之道。虛心谷神,唯道來集,意謂其心、性已為空,乃至其靈亦為空,是為無我,則道可入於其心、性、靈,此為得道之人,亦為上乘靈乩追求境界。上乘之靈乩應如是:其「道有深力,徐易形神。形隨道通,與神合一,謂之神人」(張宇初語)。由於修道已到達高階層次,而道產生很深影響力,使上乘靈乩之容貌與神情、神態,乃至於給人的氣(磁)場感受也逐漸改易。至於其外形,亦隨著修道已臻融通境界變化,所以其言行舉止令人肅然起敬,儼然如神,與神合一,(可)稱之為神人。上乘靈乩既然如此,則必能共證三教於極致,發揚三教於極限,一如《西升經》所云:「與天同心而無知,與道同身而無體,然後大道盛矣。而言盛者,謂證得其極」。

天地人合一的靈乩

一般靈修者必也心存「天人合一」之想，且深自期許盼能力行。欲達天人合一者，設想其進程為：⑴天人合一乃大道、自然所生化，天經地義。⑵志心靈修者只要全力修心養性，從六根（眼、耳、鼻、舌、身、意等六種感官器官）、六識（六種感官器官的作用）修起，消除心中的貪、瞋、癡三毒、六慾，以自己的願力，感應太極及兩儀陰、陽之氣，即可進入「明心見性」境界。⑶能入明心見性境界，則本靈可以逐步感應上天傳達訊息，而靈氣也漸能通於陰陽兩界，神佛也能明確地讓我清楚具有何種使命，然後我也深切體會神佛濟世度人之慈悲，這樣的相互對應、彼此配合稱之為「天人合一」。⑷但天人合一之過程與結果並非一蹴可幾，但只要有耐心，一步一腳印，紮好根基後持之以恆修行，終必有成就之日。

天地人合一之論說

道教經典《五篇靈文》云：「始得天人感通，先天之氣，自然歸之」。此或為靈修者脫胎換骨，邁向天人合一的進程與境地。「得」字可以有兩種解讀：⑴「獲得」，始得意思是，開始獲得。(2)「可以」，始得意思是，自此可以。天人感通之天，為無形之天，即陽界、陽界諸神佛也。能天人感通，係靈修者能以靈與天相通。換言之，欲得天人合一之境界，先要能夠以靈會通無形天界，瞭解陽（神）界所欲傳達訊息。此時，靈修者如心有靈犀、心意相通，深自體會無形界所示下，則進一步能以氣相通，並感受強烈磁場，全身頓時佈滿並彙集周遭陽剛之氣，是為先天之氣來歸。

能天人感通，天人相應，靈乩也。靈乩之所以能天人感通，感應先天之氣，係因「天者先天氣也，人者後天形也。修仙之士，若常涵養如如不動之天心，靈妙不昧之元神，行住坐臥，攝於玄關一竅之中，自然目不妄視，耳不妄聽，口不妄言，內真外應，先天之氣，自然感通，歸於吾身矣」（《五篇靈文》）。因此，檢視靈乩之素質，其起心動念必持感念天地仁德之思，懷抱慈悲平等對待萬物之心，禮敬天地神明，和諧、善信冥陽兩界，為人心口始終如一，心地正直、行為（事）端莊，常保神清氣爽康健之身。如此，先天之氣、先天之靈能入於其人，天人之間始能以氣、以靈相通相應。

天、人得以相互感通，則天、地、人必相互感通，畢竟天、地之間本即相通與相應。天地人合一之論說及實踐，亦適足以反映三教之整合。(1)首先，靈修者如不能遵守儒家立論，誠意、正心、修身，敬謹地奉行仁義道德，嚴守社會倫常，則此非正人君子，天地必不能應其人。(2)其次，依道家之精神，人既居天地之中且得以並稱，則靈修者之修為及角色當為：

「感天應地，呼應天地生生不息之規律，深體和服膺天地以及冥陽兩界之法；敬守天地間萬事萬物得立之道，使萬物生死不違其命，萬事運行不失其理」。⑶再其次，靈修者如確依佛家法門修持心、性，當已具備無量無邊之慈悲心，並時刻將己心比擬如佛心，念念利益於無量眾生，使其所在之處即如同有佛。

總之，能潔身自愛，又為名實相符的謙謙君子，並時時秉持志心成佛、成道之情懷，亦堪稱具天地仁人之本心。禮天地，敬鬼神，修仁義，重道德，承天（命）濟眾，以身弘道，此更當為靈修者、靈乩之唯一寫照，亦為結合儒、釋、道三教之教義者言行、心性之必然，忝為天、地、人合一者殆無負哉。

天地人合一之實踐

修道者必先「靜寂清澄」其心、性、靈，此為修道之根本。不論是道家莊子主張的摒除雜念，使心境虛靜純一之「心齋」，或者佛家的「禪定」，其目的都相同。都在藉「靜坐」淨化和靜化心、性、靈，此為修道之基礎功。所謂：「學道之初，要須安坐，收心離境，住無所有，不著一物，自入虛無，心乃合道」（司馬承禎語）。起心動念修道，其因緣個人不同，有些是屬於自發性的選擇，有些是屬於莫名所以的發心，有些則是受他人感染與激勵，或因受惠於他人乃思起而效法。

但不論是以何因緣而修道，其進程都應是持續、長遠的，必須以耐心、謙卑的心學習。切不可只是求修道之虛名，或拾其皮毛，給人修行假象。修道貴在真心實修，專心一志，力求務實務本。修行法門，各有不同，無須比較。選擇哪一種法門修行，都可以近道、成道，只是途徑不同，形式不同。選擇哪一種法門修行，視與有形師、無形師的機緣與傳授，也視個人條件而定。不論修道有（能）成與否，切不可故作玄虛以欺世，藉裝神弄鬼的浮誇清談以盜名。

「內修誠正信實，外行慈悲喜捨」。除了真心實修外，修道者平日更要多積德行善，參與濟貧、救苦等公益行列，以達真實行道之境界。雖然慈心善行應出於靈修者內心自發，而非迫於情面。不過這種藉由初時自我強行，久則自然發於真心，進而完全至誠的懿行，也會讓靈修者習以為常，因而不斷地將其心、性推向至善的境界，最終真道自然可得。

《太上清淨經》云：「既入真道，名為得道。雖名得道，實無所得」。靈修者得真道與否，雖並未顯露任何跡象，但其修行仍應恆保「以天心為主，以元神為用」之原則。此天心，「才妙圓之真心也。釋氏所謂妙明真心，心本妙明，無染無著清淨之體」。天心即是天地仁人之心，是靈通冥、陽兩界，性合儒、釋、道者之心，也是靈修者之本心。此心極其玄妙，極其清明，此心無垢、無瑕，是無污染、無附著的清淨之體。以是之故，靈修者之心「是太極之根，虛無之體，陰陽之祖，天地之心，故名天心也」（司馬承禎語）。

靈修者之心，體天地之心，如同天地之心。天為陽，地為陰，天地之心，乃陰不離陽，陽不離陰，陰、陽相合之心。靈修者之靈，是元神真靈。王重陽云：「元神者，乃不生不滅無朽無壞之真靈」（《五篇靈文・序》）。以體天地之心合其靈，以識陰陽之心同其靈，靈修者之元神最真，元神最靈。元神即真靈，元者根本、原始之義，神者神氣、神靈。神氣、神靈原來人人先天皆有，本不壞不滅，為人之「真我」。但因受後天貪、瞋、癡心等之蔽，致使人邪心、邪性萌生，人之神氣、神靈遂喪失殆盡。故靈修不僅要能潔淨身心、清除靈性所受污穢，更要積極改正缺失，回歸靈修者之真我，回歸其天地仁人之心，回歸其神氣、神靈。

如能將己心等同於天心，靈乩之造詣應已超凡出俗，在「知行合一」過程中，以其本心御靈，心隨靈動，靈隨心轉，一切理所當然。靈乩應與動輒自稱帶天命、奢言替天行道，誇誇其談、虛矯做作者，絕不相同。靈乩係真實懷抱天地之心者，其行事順天地以應人，慈愛、利益眾生，在在處處必善之又善。上乘之靈乩，務期「為天地立心，為生民立命，為往聖繼絕學」。既能悟真道、得真道，則上乘靈乩可傳聖道矣。

天地人合一之實相

「夫道者，神異之物，靈而有性，虛而無像，隨迎莫測，影響莫求，不知所以然而然」（司馬承禎語）。道本是神妙而奇異，靈巧有性情，虛幻且並無具體形象。是否已追隨、迎奉了道，既無法測度，而道能發揮多大影響，難以請求，也無法祈求。道確實無法言說，何以會如此，但道就是存這種特性。雖然如此，靈修者仍可以透過俗稱心電感應方式，感應道的靈驗，也可以透過靈或氣以感受道，並與之相通。所以，世間事物、人情義理是否順於道，是否符合道的標準，必須有形與無形界皆合一始可名之。

實務上，有許多（自稱）已是修道者，當被詢問何謂修道，修了幾時可算入道，在何時可以得道等等連串問題時，仍不能給予具體而完整的回答。雖然，靈修可以說就是已在（修）道，但論真正修道或入道、得道，絕非是妄言其人已法力無邊，可感應滿天神佛並與之靈通，亦不在宣稱其人已練成虛實難明的神仙法術。反而是在社會生活中，能給他人感受其和善風貌、溫文舉止、誠信言談，以及潔淨品行者，方足以名為修道、有道之人。

靈修者修道、得道給人之印象與具體感受如何？就其實，靈修者如已近道則應該是：⑴靈修者的心境，必然常保平靜而喜悅，不起任何波瀾。因為多數的靈修者，在此之前，都曾不滿意自我的品行、人格，也經常意識自我人生的空虛，和苦思不得人生未來的出路與對策。經由靈修，可以感受自我心、性、靈的日益潔淨，了悟生命的意義與方向，體認生命起始與終止乃自然過程，從此心如止水。⑵由於自我品德逐漸陶鑄，加以心、性、靈、氣已優化並超脫於以往，使自我內心常存無比歡欣。又由於對人生觀、生命觀都有嶄新體認，日常生活不生苦惱，不再恐慌歲月的消失。⑶能善體天地仁人、慈悲於人之恩德，恆以慈眼視眾生；以慈心對萬物，與萬物平等一體，不以天生為人即心存高傲。這種但求利益一切有情眾生，不忍害之的心思，使自我浸潤於慈悲，自然熄滅所有憎惡、憤懣、貪婪之心。⑷由於經常誦、聽各家（教）經典，研讀先聖、先賢至理名訓，將教義與生活規範具體整合；以生活上之實踐彰顯宗教之義理，以宗教的義理強化生活上應有的節制，並充分做到嚴以律己，寬以待人。日常與他人應對，亦謹守仁義道德，舉止有度，行事有法，人情義理面面俱到。⑸以誠敬的心詮解有形、無形界事物，以謙虛的心接納不同法門見解、論說，以赤忱的心協助心靈困頓的人。

日常保持清新而莊重神韻，給人感受其淡泊靜趣胸襟，此為靈修者修道、得道的外在形象。至於，豁達的風範、聰慧的才思、慈悲的言行、正直的心性、靈敏的機智，則應是其內在修為的反映。此外，既自稱修道者，凡是待人接物講求順應自然，盡心隨緣，但亦持為所當為之精神。總之，但凡行事皆依天理、順人情，不強求、隨其緣、不違逆，可謂近於道、依於道。而時時事事皆能寬豁大度、胸懷磊落、至情至義、公心無畏、廣結善緣於世道，亦可謂行道矣。

「無」是道家觀念，也是靈修者重要的體認。道家的無，其主要核心在指引修道者徹底地返璞歸真，使心、性、靈臻至無我境界。道家的無與佛家的「空」—空以得本體，彼此義理與內涵未必等同，但其目的都是要先消除自我心、性上的（偏）執念，捨棄以自我為中心的心態，這應該是靈修者永不離心的信念。因為，唯有能持捨棄自我之心，才能轉而存利他之心，才能關注眾生，這也是決定靈修者能否入道，是否得道的最初階標準。

準此，《太上清淨經》將「空」與「無」自然整合。要求修道者了悟其心、形、物，三者皆應入於虛無，並到達「內觀其心，心無其心；外觀其形，形無其形；遠觀其物，物無其物」之境。所謂：「三者既悟，唯見於空；觀空亦空，空無所空；所空既無，無無亦無；無無既無，湛然常寂」。靈修者，如能空其所有（心、性、形、物），則可進入無其所有之境，自然常處於寂靜狀態。能常處寂靜，則靈修者心不受驚擾，性不慌不亂，其行亦不忮不求，此即儒家之「知止而後有定，定而後能靜，靜而後能安」（《禮記・大學第四十三》），亦等同於佛家之戒、定、慧境界。

靈修者既已入於空、無，則心、性、靈散於天地，優遊於天地，來無形跡，去無痕蹤，與天地融而為一。如《淮南子》所云：「同氣於天地，與一世而優遊」。又說：「欲以返性於初，而遊心於虛也」（《淮南子・卷二俶真訓》）。雖然，天地似虛、似空，但實不虛亦不空；冥陽兩界似無，但亦非無。依常人的認知，天地之為物，不過是人們所居住空間。但天地實在並非僅只如此，人受天覆地載，存活其間，利用天地所孕育生態，永續自我生命。但如天地不能和諧以從人所願，人將無以維生，難以立足。所以天地並不是（虛）空、無之物，天地亦有其性，非任人予取予求，可隨心所欲、任性對待。人當感念天地恩德，永遠恭敬、誠心以對，則天地自然可順人所需，成人所求。

人固賴天地以生，天地猶賴人以立，凡此於有形與無形之天地皆然。於有形之天地，天施甘霖、拂和風，地生五穀、育眾生，以顯其道，以示其德。於無形之天地，天注生死、定福禍，地決審判、斷善惡，以顯其威，以示其能。因此，不論有形或無形之天地，均藉其對人的恩德彰顯權威，樹立人們之信仰。

無形之天地歸屬於陰（冥）陽兩界，為鬼神所在，凡人肉眼未必可見，常人亦未必全信其存。但說來奇怪，人無時無刻都在想能獲神祇庇佑，也絞盡腦汁想避開鬼魅。而一般人見神則喜，趨之若鶩；遇鬼則恐懼，避之唯恐不急。其實，神鬼皆應人心，見神或遇鬼時，全在人心如何對應。神鬼既可以靈、以氣通於陽世（間），視其為神，感其為神，敬其為神，則以誠心、虔心對之。視其為鬼，感其為鬼，敬其為鬼，則亦應以誠心、虔心對之。人果真皆能持此心，則神鬼亦以誠心、虔心對人。如此，見神有何喜？遇鬼有何懼？再說，神與鬼既非常人所能遇，不能遇通靈者並與之感應，神鬼又何必顯其靈、現其氣？因此，遇神應有所示，遇鬼亦應有所求，不論有所示，或有所求，人率皆（需）以禮、以誠應之，則遇神鬼又何必存分別心？

總之，靈修者知天地，如知人，事天地，亦如事人。知天地，應先體認「天地之道」，瞭解天地運行，以及天地之中五行相生相剋的原理。⑴天地乃相合，「天地不合，萬物不生」（《禮記・哀公問第二十八》）。⑵天地乃相順，「天地以順動，故日月不過，而四時不忒（差錯）」（《周易・彖上》）。⑶天地乃相交，「天地交而萬物通也」。

天地之間，氣分陰陽，自地上升為陽氣，自天降下為陰氣。陽氣溫暖，陰氣寒冷。陽氣屬剛，陰氣屬柔。在地球運轉，以及日夜交替的天體運動下：⑴陽氣與陰氣剛柔相濟，彼此融合，萬物獲得均衡能量而生存。⑵寒冷之陰氣至極，乃轉生溫暖的陽氣，溫暖的陽氣至極，又轉生寒冷之陰氣，如此互相推動形成寒暑，天地順此自然次序而使四時變化、更迭。⑶陰陽之氣上下交融，上有所動下則順服，上下通達，萬物因感受陰陽之氣，觸動其生命力並得以滋長。

不論相合、相順、相交，天地是相互依存而對等的，天地所代表的陰陽也是相應相生的，人不能只仰望、讚揚於天，而俯視、貶抑於地。其次，應瞭解在「天人關係」中，人仍是依附於天地，不可能自外於天地；人必存於陰陽之內，不可能超越陰陽兩界。修道者之所以應懷抱「天地與我並生，萬物與我為一」之心，其中的一個意義是：人生存於天地之間、陰陽之內，彼此始終都維持在交感的狀態；而萬物與我當融為一體並存於天地之中，天地、陰陽兩界對人與萬物也都一視同仁。因此，天地、陰陽兩界待人以情，人事天地、陰陽兩界則應順天地之理，一如侍奉長上，即所謂：「仁人之事親如事天，事天如事親」（《禮記・哀公問第二十八》）。

靈修者事人，則內存謙心、誠心，外行有禮、有節，並持隨情適意、尊重他人的原則，此亦屬依循本心為人處世，符合儒家「允執厥中」之精神。子曰：「未能事人，焉能事鬼」。《荀子・禮論》亦云：「事死如生，事亡如存」。靈修者能體認事天地，事人的道理，並以此心、此情善視冥陽兩無形界，則亦應了然於如何事鬼神。如此，存於天、地、人三界之理、之情相通，行事、執法之原則亦率皆相同矣。

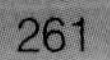

第五章 靈修者與靈乩之識別

許多靈修者都言之鑿鑿，看到、也去過不同的「世界」，目睹天堂、地獄、天界、仙界等。心能造作萬法，彼等所見未必就是實相，但所言無形界之各種異象，也未必要視其為妄語。當今之世或有能人、異士，果真能縱橫於時、空之間，直言他人前世今生。唯能知過去者未必通曉未來；能言過去、未來者，未必有改善、度人、濟世之能力。即便有改善之方，也未必發生預期效果。追根究底，天、地、人三界應各有統屬，各有所司，如何能有人獨自擅專？

靈界顯化之景象，高深莫測，其真假有時亦難辨。靈界之事，恩怨情仇總是糾結纏繞，因果業報也都彼此是非，凡此種種豈易釐清？與聞其人可涉及冥陽兩無形界之事，雖未必可盡信，但亦不宜輕蔑之。唯聲言靈通者，論靈界之事務必慎之又慎，對無形界之感應，更必須詳加辨明，切不可自誤，亦不可誤人。有些靈通者或存真心濟世度人，然其才識、能力卻僅及以管窺天之境，且所知、所見未必為真相或全盤真貌，正如作證之人亦只能就己所見，描述其事。等而下之靈通者充斥坊間，彼等常妄言虛飾，所論真假難辨，混口飯吃而已。尤有甚者常憑空揑造，故弄玄虛，詐財騙色。此等神棍，報應隨身，害人終必害己。

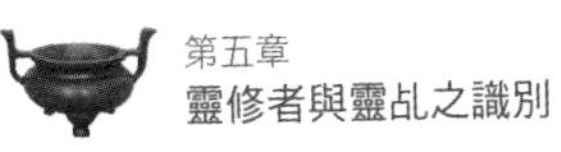

靈修者呈現的價值

靈修者不必過於在意是否靈通冥陽，或靈通已臻之境界，而應著重於自身靈修的努力過程及心得。靈修不在累積浮華而無內涵、不著邊際的說法，畢竟潛心修行的過程中，時時檢視個人品德是否已提升，言行是否已優化，是否具備悲天憫人胸懷，是否更加厚道、寬容於人等等，方足以顯現靈修的真正價值。

靈修者有幾分真材實料，自我本應心知肚明，實在無需隱瞞，亦無法遮掩。一旦需用所學，需顯所識，是真才實學或坑矇騙拐，即見真章。靈修能有成，除因個人的心志、願力與執著，也帶有幾分機緣。但實務上，持何種心態靈修，往往會影響靈修的結果。換言之，靈修最終能達「登峰造極」，能得真知卓見者，必其來有自，除係循規蹈矩，亦步亦趨終底於成外，個人心念有時會決定成就的高下。

快樂的靈修者

靈修應被顯現的價值與主要目的，在於：⑴從起心動念論，靈修者可達境界雖無法預期，但因為潔淨了自我心性，改善了品德、人格，所以內心常保喜悅、平和、滿足。特別是有些洗心革面的靈修者，因為出現與以往不同的人際關係，其情更甚。⑵從價值與過程論，靈修在激發積極追求靈性不斷提升，涵養超俗的生死觀。靈修者應深刻體認，肉身的衰亡不足傷感，這是生命必然過程，凡人絕無例外。經由不凡的修為，靈修者在生命終結後，靈魂或能一如浴火鳳凰般再次重生。因此，靈修者對於生命的終將消滅必然無所恐懼，反能更樂觀、盡情地揮灑自我人生，即便斷然地結束生命也了無遺憾。⑶從個人實益論，經年累月、持之以恆的修練（鍛鍊），靈修者由於靈動而體魄強健，更由於不斷地靈動而深化了靈通力，乃至進而神通。靈修者展現之神通，雖然未必次次都是對冥陽兩無形界投射，有時反倒是接受來自無形界的針砭、規勸，乃至於示警等受益。⑷從社會化功能論，靈修者如再進一步具備宣教能力，以及發願慈悲行善，亦可勉力於濟世度人之事。

在實際的經驗中，靈修呈現的價值與目的，有時並不見得如此明顯，靈修者也未必立刻就能感覺和體會。而是要眼見或親歷一次或再一次的事件後，靈修者始能深刻領悟，從而堅定其靈修的信心。此外，有時靈修的價值也並不是經由靈修者自己表現，反而是因為受惠於靈修者，他人衷心的感激所反映出。

實務證明，靈修或靈修者經常呈現如此樣貌：⑴靈修使人平靜，使人快樂。由於靈修者常能解脫慾望，以及理解世間事的無常與無奈，所以靈修者不致為物慾所煩惱，也能看淡世俗，內心常存喜樂。⑵除了心存喜樂外，靈修者的心性也是開朗、豁達、自由的。靈修的過程，可使靈修者心平氣定，思緒清晰，思慮周延，所以凡事都能從容思辨。又由於相信世事如棋，變幻莫測，所以何必無事庸人自擾、多愁善感？在實務上，大凡靈修者往往存「船到橋頭自然直」心思，對人、對事都不致過於焦慮、憂愁。許多事常會使人感到不可思議，出現令人意想不到的情況，困境有時也可能會峰迴路轉、及時化解，有如神助。⑶由於經常能得祂力之助，靈修者會有益增智慧，迭迭頓悟、開悟之現象。發生這種現象，對靈修者而言並不足為奇，與其說是來自無形界之助，毋寧說是由於靈修者思維能力已經提升，以致近乎突然開竅。未靈修前，靈修者凡事可能多以利己為前提，進入靈修之後，則常以利他為考量。靈修者如仍然持利己之心，則雖已入道，亦無法顯現今昔有何差異。能具利他心，則靈修者內心才能感受自我的生命價值，體會生活的意義，也才符合靈修的目的。⑷因為常能靈通冥陽兩無形界，對如何謂之生，如何謂之死，以及人從何處來到陽世間，死後又去至何處，凡此種種靈修者已知其梗概，了然且無所困惑。因此，靈修者對生命的領悟應該是：「惜生，但不貪生；覺死，但不怕死」，始終心平氣和、冷靜的面對人生。

慈悲的靈修者

何謂慈悲？泛愛眾生並給予快樂（與樂），謂之為慈；憐憫眾生，同感其苦，並拔除其苦（拔苦），謂之為悲。依慈、悲而發的心，就是慈悲心。靈修者慈悲心的境界，應該是「無緣大慈」、「同體大悲」。不論有緣與否，均予以平等救度為無緣大慈；以眾生之苦為己苦的同心、同感狀態，稱同體大悲。靈修者慈悲心的對象，既不論其有緣或無緣，亦不論在世間或出世間。如此說來，靈修者慈悲心的對象，應包含：⑴天；⑵人；⑶阿修羅；⑷畜生；⑸餓鬼；⑹地獄等六道。

慈悲心是分享心、利他心，每個人與生俱存，是天性。但隨著年齡增長，由於受分別心、自利心影響，人顯現慈悲心的對象日漸狹隘，乃至只及於自己，或者只限身邊的至親至愛。時下人們所說的同理心，就是將心比心或同情心，與慈悲心比較仍有落差。同理心或同情心是「小愛」，慈悲心則是「大愛」。

靈修著重自我教育、自我訓練、自我啟發。實務上，靈修者學習成果，有時被感受出等同慈悲心增長的結果。因此，慈悲心可被視為檢驗靈修者的標準。靈修者都會有功果，靈修者的功果，有時常與其慈悲心的增減成正比。慈悲心散發的境地，充分反映靈修者已臻境界。靈修者如果少了慈悲心，靈修就難有進展。因為，靈修者可能會是神佛的代言人，慈悲心如不足，神佛難以助其成就。

功果猶如功德，佛教用語稱之為「果位」，指的是修行所達到的境界。小乘佛教有四個果位，分別是：⑴阿羅漢（四果）；⑵阿那含（三果）；⑶斯陀含（二果）；⑷須陀洹（初果）。大乘佛教共有三個果位，分別是：⑴佛；⑵菩薩；⑶阿羅漢。小乘佛教認為現今世界只能有一個佛，即阿彌陀佛，不可能有第二個佛，可見佛在小乘佛教中地位的至高無上。大乘佛教認為眾生皆有佛性，人人皆可成佛，個人修行的最高境界就是佛。雖然修行者內心不應在意功果，但如果沒有功果的意識有時難以鞭策自我。

孟子曰：「惻隱之心，人皆有之」。惻隱之心是憐憫、同情心，是不忍之心，是最起碼的慈悲心。慈悲心雖為先天所具，但慈悲心之抒發因人而有廣、狹之別。靈修者的慈悲心可經由後天培養、激勵，由近及遠，由小至大，由淺入深，循序擴張，以求盡情發揮、盡性流露。

如何培養、激勵慈悲心？⑴言善行善，以啟動慈悲心。《太上感應篇》曰：「語善，視善，行善，一日有三善，三年天必降之福」。言善、行善雖未必能求得福報，但存好心、說好話、做好事，總能友善於人。不論大小，不別親疏，不存喜好，能懷善心、舉善行，就是慈悲心的啟動。老子曰：「上善如水」，這是進一步勉人，最美好的善心、善行應似水一樣。也就是說，靈修者的慈悲心，應如同水一般，流向自然，毫無偏私；所達之處，滋養萬物；靈活柔軟，無微不至；隨物相融，不與之爭。總之，慈悲心的流露，應讓人有親親如水感受，滋潤他人心靈，使人溫馨地接納而領受之。⑵將心比心，以彰顯慈悲心。「己所不欲，勿施於人」（《論語・衛靈公》）。由於自我曾感受過困苦，進而產生離苦的心，所以不忍別人再有相同的遭遇，這正是慈悲心的流露。靈修者能夠瞭解自己所以受苦，也應想到會有眾生承受相同之苦。因為自己不願繼續受苦，也應決心幫助他人離苦，這是最低限度的慈悲心。欲彰顯慈悲心，可先對自己最愛的人做起，逐步擴及身邊親友，再擴大至其他人乃至一切眾生，即便是自己曾經記恨、嫌隙之人。(3)佈施濟助，以提升慈悲心。靈修者濟苦憐貧之慈悲心，應無所分別，否則其慈悲心將無以為繼。慈悲心是無所分別心，一方面對人無分別心，一視同仁，不分親疏遠近、不分畛域。另一方面對事無分別心，苦無大小，不厚此薄彼、不揀佛燒香。一旦眼見、耳聞、心想他人面臨困苦，瞬間即起人溺己溺、人飢己飢之感，當下即應即時伸援。靈修者佈施或濟眾係義不容辭、為所當為之事，不應計較是否累積功（陰）德，或是否能受報於後。(4)濟世度人，以昇華慈悲心。靈修者應常自視、自省是否心存慈悲，祈願眾生與我是「我苦他樂」，並依此願力行而不怠。至於能發誓願，心如菩薩，行如菩薩，亦步亦趨以資證道、弘道者，則又再推進其修為。

此外，檢視靈修者之慈悲心，必見其存捨己救人之心，但未必求其必有捨己救人之舉，以免陳義過高。果能竭己之能、盡己之力普施慈悲，繼而擴展其慈悲心，真心實意地濟世度人，為遭逢困頓之眾生排難、解憂、脫困，使受者身心免於苦痛，重獲安樂，此亦何嘗不可視為大慈悲心之展現，靈修者當自勉之。

智慧的靈修者

「慈悲無敵人，智慧無煩惱」。慈悲無敵人，是指有慈悲心的人，心中已沒有敵對者，既已捨棄過去的宿仇，也不會有現在的冤家，更不會產生未來的對頭。此敵對者，包含一切與我行事作對之人或之事，或者在意見、理念上與我對立之人與事。此敵對者，既存之於我心中，也存之於我心之外；係屬有形，也屬無形。

我既不視其人、其事為敵，則我心無嗔恨。其人、其事已然不與我為敵，則我心無所憂慮。除不與其人、其事為敵，我尚且友好其人、其事，則我心更無煩惱。《老子》曰：「善者吾善之，不善者吾亦善之，得善」。嗔恨、憂慮、煩惱三者，彼此相生相隨，相累相積。靈修者一旦受嗔恨、憂慮、煩惱攪擾其心，不願離脫且固執其中，則如陷迷陣，常沉苦海。

靈修者應具聰明才智，深刻體認：(1)自我嗔恨、憂慮、煩惱之心得以續而不斷，以致我身心承受其苦，實皆因「我執」而起，非關其人、其事。(2)因我心執著，遂無法忘情其人、其事，難以擺脫與彼之糾纏。因於我執，人對世間事常生愛憎心，對世間人易起分別心。(3)對世間事既生愛憎心，則我心存喜怒哀樂；對世間人起分別心，則我心有貪戀取捨，此皆人慾，非修道者應具之心性。凡具人慾者，難明真道矣。

我執依何而起？對人與事心存我執而不能破，全因其「相」或「住於其相」。所謂相，是對於人與事的印象、外表、情狀的認定，也是當前眼見、心想、耳聞的刻板。而住於相，則是指我心中堅持己見，認知其人、其事即是如此，不能改易。但人只要轉變思維、觀點、心態，其實那些既成的刻板態樣，往往只會是一種暫時的假象或錯覺。《金剛經》有云：「凡所有相，皆是虛妄。若見諸相非相，即見如來」。此即慰勉對人、對事能不住於相者，是見真道者，亦為上智而不惑者。

人的苦惱既因我執而起，若不持我執，則苦惱將無所依存，且亦得以輕易擺脫。靈修者當已深除我執，視一切世間人與事皆為「常」，並以平常心和平常性看待、面對、處理之，此即俗話所謂「習以為常」。而能真心實意的體會，毫無懷疑的接納、力行此一信念，可名之為「真常」。《太上清淨經》曰：「真常應物，真常得性，常應常靜，常清靜矣」。真常者，即能常存並真正進入心性清靜，不憂不擾之境者。所謂：「是故體道者，不怒不喜，其坐無慮，寢而不夢，見物而名，事至而應」（《通玄真經纘義卷之四．符言篇》）。能具備真常之心性，且又能依此為人處事者，則永不牽絆於紛紛擾攘之世俗，此為快樂、逍遙者，是體真道者，為上智而不囿者也。

子曰：「為仁由己，而由人乎哉」（《論語．顏淵第十二》）。又曰：「我欲仁，斯仁至矣」（《論語．述而》）。要成為一個合於真道的慈悲者，全由自我誠心行仁義，豈依他人教導、提醒？而只要我真心誠意行此仁義，則仁義即可實現。雖然應持仁義之心，行仁義之行，但有時仍需正確抉擇與決斷，唯有如此始稱有智慧的慈悲心。慈悲心的抒發，切不宜盲目，亦不宜有婦人之見，必須以智慧分辨後行之，否則不僅無濟於事，反而受人利用。此外，行真正的慈悲心，仍必須兼顧接受者的離苦心與自尊心，如此慈悲心才不致遭到排斥，這也是智慧的表現。

實務上，靈修者雖未必通曉自我之慈心善行，能成就此生和來世何種功德。但心性常存慈悲，又具備正確的認知與殊勝的分辨力，不啻有助於靈修者圓滿、喜悅自我人生。除能助己、利己，除我之苦；亦能助他、利他、利眾生，度彼等之厄，此方為具無上智慧之靈修者。

為人處事，除了順天理、應人心，明陰陽、合正道，依本心、本性而行慈悲外，靈修者如再融入其無上智慧，則達天、地、人合一之境乃水到渠成。能以廣大慈悲心為根本，兢兢業業虔心修身、心、性、靈、氣以立天命者，為能連綿不斷其仁義之心、仁義之行以全正道者。快樂的靈修者，亦為慈悲與智慧的靈修者，謹而守之，不離不悖，真道得證，為上智而不惘者也。

靈乩道途進退在我

靈修的過程與結果，在求「道」。為求道，靈修者當從明師、堅心志、勤懇學。至於何謂道，有時非三言兩語所能說完，而靈修者對道的體認也是漸增漸明的。道途之上，對所求是進或退當有依循，靈修者應以智慧審慎剖析，是道則進，非道則退。道看似廣泛，其實：⑴道是在求自心的清靜與慈悲，自性的真空與圓融。⑵道乃至公至正、毫無偏頗之人間事與世間法，靈修者很容易體會。⑶道有明確的追求目標，而非僅是玄虛之術。司馬承禎有云：「道有至力，染易形神」。這句話說的是，道有很大影響力，可以沾染和改變一個人的外型、神韻，乃至於修正人的心性和昇華其靈魂。以此觀之，求道之事，不可不慎而重之。反之，亦可以此檢視修道者改變如何，道途之上已然精進或者原地踏步。

靈乩從明師修

靈修要從「明師」，明師不一定有名，名師也不一定是明師。廣為宣傳，眾所周知，雖有其名，但未必是明師。何謂明師？明師應有以下特點：⑴明師要有慈悲心，又有先見之明，能察言觀色，見微知著，主動提供協助並解除他人心中困惑。⑵明師光明磊落，毫不遮掩，不譁眾取寵，也不自我吹噓，真才實學，實至名歸。⑶明師平易近人，值得信賴，因材施教，誨人不倦，毫無保留地傳授知識與認真指導。⑷明師雖不見得博古通今，但多少上通天文，下知地理，人情練達，處事圓融。⑸明師必也靈通冥陽兩界，能洞察因果，直視問題核心，雖不動聲色，卻胸有成竹，臨事不亂且自有詮解之道。⑹明師惜緣、隨緣但不攀緣，門生修行進展快慢，均以愛心、耐心待之和鼓勵之，並總為失足者保留機會。

明師是修行的先進和先驗者，於有形與無形兩界俱獲認同，既曾得助於他人，則傳道、授業、解惑，亦屬為所當為。能者為師，明師由於修道時日已久，歷經千錘百鍊，故如能以其累積經驗、悟道心得為從眾釋疑，傳授各種知識與技能，使代代相傳，並廣為流布，可稱功德無量，益己益人。

然而明師應領有何項證照，其有形、無形界之能力從何識別，所具學、術依何標準判別、鑑定，凡此率皆無從定論，故實難分辨其人是否為明師。一般初習靈修者，多投身宮廟、神壇等道場，並拜宮主或住持為授業師。由於迷茫無所知，又懼怕被拒於門外，故對所從是否為明師未敢多想，也無從多問。其實，能開神壇、宮廟者不一定是明師，明師也未必設立有形道場。雖然大多數的宮廟，都由宮主或住持操辦有形、無形事務，但部分則可能另有法師、乩童負責辦事，所以誰的道行較高，很難分辨。

明師傳道，除了有形、無形界之學與術外，貴在靈修心法的傳授，以及門生學習過程中的導正。理論上，如同正規的學校教育，明師應該是有學問，也要有教學的技術，經設定科目後擬定教學目標。但實務上，明師多半利用各種場合，諸如：法會、朝山、宮廟慶典、進香、科儀等，透過觀摩學習，以機會教育的方式，帶領門生領悟其中奧妙，驗證所學、所知。明師也會在日常談天說地的過程中，順勢導入為人處世的道理，舉例分析、比較不同對象的言行優劣，以深植天地相合、冥陽相對、因果相生的道理於門生心中。

明師對門生的教導，講求因其心、性誘導之。每位門生的心智、思維條件有別，對事物的領悟、認知力也不同，加上對明師信仰的深淺度不一，所以學習的成果就有等差。實務上，即便靈動一項，明師所傳授的過程並無差異，但各個門生所展現及發揮的卻各不相同。有些門生的靈動生龍活虎，步罡踏斗鏗鏘有力，移形換步身段優美，變化多端令人目不暇給。有些則動作僵硬靈活不足，步伐既不穩健，手腳也難協調，動輒氣喘吁吁。

因為清楚門生特性，所以在靈修過程中，明師常會依個人情況採差別式教學。例如：有些著重於靈動，以增益其體能。有些著重於靈文，以配合降筆所需。有些著重於靈通，以配合與冥陽兩界溝通。至於靈乩，則各項才能皆可教授，使其德智與術數兼備。

靈修之過程，明師亦難揠苗助長，尤其涉及冥陽兩界之事，仍必須門生個人日常自我充實，佐以心領神會，尋其關鍵。所謂心領神會，即靈修過程中，但凡逢人、神交會之際，感心動、意動、氣動時，即瞬間掌握契機，當下乘其勢，任我心虔誠、我意馳騁、我性發揮、我氣遊走，如遂得其鑰，從此順利開啟神通大門，步上靈乩坦途。實務證明，有強烈企圖心及求知慾的門生，經常這個宮那個廟四處遊走，遇人便問，臨事即探究，雖未必無師自通，但卻能旁徵博引，乃至舉一反三，故其靈修道途自然進展神速。

明師要有關愛的心，門生靈修經久如果都無法進步，見其心性已有渙散現象，則可勸勉暫停修行，以免喪失信心。倘使門生有舉止失措，人情義理失當，亦應有將其排除於門外之決斷，使之警惕。當然，明師也要有耐心，等待門生或能自行蛻變。學無常師，明師更要有雅量，鼓勵門生無妨多比較，如一旦門生想改投他人門下，亦未嘗不可，切莫存心阻攔。

門生應以明師為借鏡，視為師法的對象。對明師雖未必奉若神明，唯門生內心常懷感恩卻絕對必要。「名師出高徒」，古往今來，師徒關係的對應雖有：「弟子不必不如師，師不必賢於弟子」之說。但就理論上，明師既聞道於前，且費盡心血傳道於門生，可謂：「沒有功勞，也有苦勞」。所以明師於有形、無形界的位階，理應高於門生。此外，民間流傳一種說法，「師父總是留一手」，意謂門生永遠不及老師。靈修道途，師徒之間當秉持「薪火相傳」的理念，使彼此心心相印。明師但能盡心提攜門生，門生亦心懷尊師重道，畢恭畢敬，始終不忘執弟子之禮。有朝一日門生如能「青出於藍，而勝於藍」，則明師亦足堪欣慰，與有榮焉。

靈乩依心志修

靈修的內涵應與社會生活結合，靈乩應在和人群的互動中，不著痕跡的彰顯靈修的結果，體驗和實踐靈修的價值，而非僅醉心於追求諱莫如深、難以捉摸的玄虛之術。靈乩必須融入人群之中，本立身行己、推己及人之思，絕非整天一本正經，望之如不可一世，內心切不可只存獨善己身，而是要能兼善天下。

靈乩理應具雍容雅步、神清氣爽之像，德才兼備之風範，如此不僅令他人景仰，也為靈修者建立形象。特立獨行，別樹一格之舉止，有時既難以讓人親近，又容易迷失修道方向。所以，不能談笑風生且親眾、從眾者，焉能感動群眾，又如何濟世度人。禪宗六祖惠能大師（六三八—七一三年）名言：「佛法在世間，不離世間覺，離世覓菩提，猶如求兔角」。此即強調靈修者在社會生活、群眾交融過程中，體道、行道的重要。

靈乩於道途必悠然自得，進退有常。行進於道途，靈乩正確心態應該是：⑴信己已所有，不迷己所無。靈乩應心誠意堅，相信自我確實已獲得有形、無形界所賦予的能力，心安神定，不宜盲目追求虛幻而得不到的。⑵有形自當重，無形亦不忽。靈乩應重視有形界的人與事，對那看不見的無形界，或已過往不在世間的人與事也同樣要尊重，冥陽兩界均一視同仁。⑶應從己所感，莫擇己所疑。靈乩應該相信自己，依照自我對人、事的感覺，有幾分證據說幾分話，乃至對無形界亦然，不要執意選擇自己仍存疑惑者。

雖不奢想因修道而形貌玉質金相，但靈乩總要心性光明正大，為人正直，所謂：「直道而行，不為物動，不以情拘，但行其當行，事其當事」（《周易‧乾卦》）。自始至終，靈乩之心境應保持如下：⑴思前想後人生事，心似天地總悠悠。靈乩一向著眼的就在我為何來人世間，離開此之後又去哪，人的一生該做什麼事。將自心比擬如天地般悠遠，不要侷限在眼前。⑵世間名利如浮雲，隨風散去無蹤影。靈乩該當心性淡泊，視名利如敝屣，如過眼雲煙，既留不住也不想留，盡除煩惱。所謂：「君子寡慾，則不役於物，可以直道而行」（宋‧司馬光《訓儉示康》）。⑶是苦或樂誰論定，不離凡塵不離道。靈乩不以物喜，不以己悲。不應認為得到了物質享受就快樂，失去了自己曾經擁有的，或者不如別人所擁有的就悲哀，就自覺受苦。人生的感覺是苦或樂，全是價值認定或自我意識罷了。凡事若視其為苦，則苦；若能視其為樂，則樂。自始至終不離開社會、群眾，竭盡心力奉獻於道。

靈修非天馬行空，既非高談闊論，也非言之無物，更非僅是優遊於自我感覺良好之境域。靈乩已達之境界，不能言過其實，天花亂墜，必須忠誠反映，如過於膨脹自己，一旦不見其效，不竟其功，自貽伊戚。靈修之功，於己於人，應在扶危救困，猶如使將溺者得以攀木，獲救於彼岸。靈乩當時刻捫心自問，是否能名實相符。

靈乩應立之心志如何？⑴醉心玄術，高高在上，不如走入群眾。在社會生活中，需求靈乩顯現其靈通力畢竟不多。更多時候，靈乩要展現的反而是對人的體諒、義助，乃至於包容、寬宥。何謂「道」？千萬別霧裡看花，誤認道就是顯神通，求道就是追求與神佛在一起。恰巧相反，求道是追求與群眾、人群在一起，真實地與旁人水乳交融，接受他人的是非善惡，在人群中以關懷代替說教，以付出代替批評，以己身涵養影響或感染他人。《論語・里仁》云：「聖人之道無他，忠恕而已」，大概就是這個意境。⑵講經說法，頭頭是道，不如以身作則。靈修者常有貢高我慢的心態，以為自我得天獨厚，無論向他請教出世、入世問題，常會以自己的先知先見，引經據典訓誡、貶抑他人。靈乩萬不可如此，既深入靈修的核心，應經常以自我為模範，自身言傳身教、身先士卒的做法，有時反而能精準詮解修道精神，也較具引導、影響力。⑶頂禮膜拜，焚香祝禱，不如心到神知。這並不是說對神佛的禮敬不重要，或者可以忽略其儀規。而是比較上說，修行重在實質，不在表面文章。修道之人多如牛毛，得道之人卻少如鳳毛麟角，其理何在，不辯自明。語云：「道在聖傳，修在己」。靈修者到底斤兩如何，亦豈止是自我心照不宣而已。

靈乩隨緣而修

靈修者形形色色，能持其志而不懈者所呈現的過程，大抵為：⑴由斷續而趨近穩定──由最初啟信，不明就裡，斷續所學，進而能領會靈修之奧妙，信心油然而生，穩步於修行道途。

⑵由淺薄而漸至深廣—由基礎的靜坐、靜心、調息，進階至起靈、靈動、靈通而能交感冥陽兩界。⑶由勉力而逐能體會—由勉強去改善、修正自我心性，進而能體認利他才是修道的目的。⑷從為己而轉向神佛—從靈修的初心以言善、行善是為厚植自我福報，轉而累積能量，以彰顯神佛濟助、度化世人之慈悲。

靈修過程中，靈修者身、心、性、靈、氣的不斷改善，促使自我生命的逐步優質化，如能務實地將靈修心得融入生活中，藉此也可以提升生活品質。不容諱言，靈修如不能融入生活中，修行的走向會枯燥而單調，內心因而逐漸疑惑並停滯其腳步，於是就出現門檻、障礙。靈修者若無法再自我鼓舞，往往很難持續其修行熱情和渴望。

靈修進而能為靈乩者，其格調必然不同，其心靈性巧，瞭解修行所為何來，每日心境充滿善念、喜悅，總期望時時、處處皆有意想不到的善緣。解決一般靈修者修行的盲點，破除其修行障礙，在於建立「緣起即道場」、「生活即道場」、「修行以天地神佛為師，以經典教義為師」等觀念與認知。

一般而言，修行、修道的場所，不論其規模、設置如何，通謂之道場。既為道場，就隱含或顯現修道的情境。就字面上的意義，緣起即道場就是，只要有了緣，不論有形、無形界的人與事，都該是修行、修道的情境與內涵。至於生活即道場則是，每個人在社會生活中，不論居於何種身分，皆應各存本心，各盡本分，這就是修道。為人子女者當盡其孝順之道，為人父母者當盡其慈愛之道，為人兄弟姊妹者當盡其恭敬憐愛之道。而以天地神佛為師、以經典教義為師者，已將天地神佛、經典教義完全融通於自心，並以之為修行本源，起心動念均能回歸此本源，將自我與此本源結合成本體，以為修道。

建立緣起即道場的觀念與認知，使靈修免除了場域限制，無拘無束，在在處處都可修行，凡事也都是修行，擴大了修行的深度與廣度。生活即道場，則不侷限、拘泥於制式場所內的修行，是一種自由、自在，不分時段的修行。一般道場大都陳設神佛塑（畫）像，神聖莊嚴，令人起虔敬肅穆之心，使修行者容易融入其境。但須知，神佛既屬無形，則當無所不在，為何需藉其法像方能靜心，方能相互感應。再者，修行並不是在道場表現給神佛看的，即便神佛要看，也是看修行者於日常生活中，如何反映修行的成果。因此，修行未必行之於有法像的道場，修行者應學會沒有神佛法像在前，也能自我揣摩、分辨，什麼樣的言行和品德才是修行者應有的標準。

靈修者雖依其心志隨緣而修，但尚須獲得助力，始克有濟。如何得其助力？能身體力行並堅持修道目標者，自然得助。不能堅持及力行修道目標者，縱然心存萬千期望，還是很難得助。「同道相益」，能力行修道目標者，是真心修道者，自然會獲得來自各方同修、志同道合者的助益；未能力行修道目標者，只空有修道之名，假充學道之人，助之何益？

真心修道者「得天獨厚」，可得天地神佛之助，可得經典教義之助。「同氣相感」、「同心相映」，真心修道者可以感應天地神佛仁人之思，可以靈通天地神佛，為與天地神佛有不解之緣者，其修行可逕以天地神佛為師。真心修道者，嫻熟、融通經典教義，講經說法鞭闢入裡，佈道弘法靈感有如湧泉。因此，真心修道者闡釋經典力求靈活反映，以盡其真；傳揚教義亦能圓通呈現，以全其善。真心修道者，以經典教義為師，為全然與經典教義相映相合者，可稱經典教義之代言人、有緣人。

道場是修行者的修道場域，一般的修行者甚為重視其道場的形制、設置，總想千方百計彙集天地神佛靈氣於此，以為修行聖地。然道場彌足珍貴之處，並非其有形的擺設，而是修行者於此處能否獲得啟發，順利開展修行，圓滿爾後道途。不論是靈氣或者人氣，道場所以能將之彙集，應是道場主事者既為有德、有道的修行者，又是有學、有術的傳道者，以及一心一意的衛道者。道場唯有如此，善男信女始能川流不息，天地神佛方能感而應之，門生亦能景而仰之，不論彰顯天地神佛聖恩，志心傳道授業等，均可見其功。「良禽擇木而棲」，靈修者如必要依附道場，宜審慎觀察後，隨心、隨緣謹慎擇之。

道場於有形界，場域大小不等，各有其形制，亦可見未設形制者。靈修者之道場未必設於有形界，亦可以無形界為道場。靈修者之道場可廣亦可狹，至廣可以天地六合為道場，至狹則可以自心做為修行道場。靈乩以及上乘靈修者，修行道場無廣、狹之分，亦未必依恃有形或無形之道場，靈修所在毋需刻意，一切隨處、隨緣。

道場由於整合了修行者、陳設、修行文化，創造出其修行情境。由於有了修行者、陳設、修行文化，並保持活動與互動，所以道場也是一種修行狀態的呈現。此外，道場也以其揭櫫的目標，供置身於其中之修行者，乃至全體社會評價。道場是在社會互動、社會支持的環境中，經由修行者不斷投入、轉換過程、產出等，所形成的回饋系統。此一回饋系統是否能顯現活潑生動之氣，欣欣向榮之貌，全賴道場在社會中所獲評價高低，以及信眾的支持度。「近朱者赤，近墨者黑」，靈修者對道場應詳加辨明，知所取捨，不可鄉愿，能客觀審慎才能無束無拘，順緣且順心地修道。

靈修者對人、對事的心仍有七情六慾變化，有是非好惡的感覺。靈修者有時慈悲，有時也會冷漠，有時似天使般溫柔，有時卻像魔鬼般難以降伏，旁人不解其心，自我有時亦甚難明。靈修之目的，即在當面對三教九流，眼見、耳聞、心想其人或其事時，或調伏我心之剛強，或鼓舞我心之懦弱，或化解我心之傲慢，或激勵我心之謙卑，使我得以歡喜心善待其人、其事。靈修在使彼我之間，若得其緣，不論是善是惡皆能隨遇而安、隨緣而定、隨心自在、隨機應化，一切順其自然，如期有幸或竟能息息相通，乃至同心向道，同證菩提。

靈乩產出由天而定

做為神諭代言人，靈乩傳達神意的真實度鮮少受議論。但因為獨自交感神明，以一人同時分飾兩種角色，靈乩必須不假思索地振筆疾書或直接口述，將感通內容完整記述、傳真。由於神明敘事速度甚快，要迅速且同步反應有時也需要依憑個人能力。換言之，能夠為靈乩者須經檢擇，由神明以及自我（元神）根據個人能力、條件共同篩選，以合任者居之。至於乩童就（比較）不需要比照這種條件，因為乩童辦事時，與神尊交感係以一問一答方式進行，可以有充裕時間詳細問明、瞭解須知事項。

靈乩多成於因緣契機

加入靈修行列，可能是個人自我意向、意念，也可能是經由他人引薦。有些人會接觸靈修是因為身心遭逢困頓，總想尋覓一個慰藉或解脫途徑。但也有些人卻是莫名所以的投入，聽到旁人述說靈修的各種好處，半信半疑，遂姑妄信之，姑且試之。平心而論，能體會靈修之實益者，多半需要先懷著些許想像，之後抱持果真靈修有千百個好，既入「寶山」焉能空手而回的心思，以支撐其後續的道途。

在靈修途程中，影響與左右靈修者並使其能確獲實益的要素，主要為：⑴接受並信任明師指導，亦步亦趨跟隨業師，用心體悟靈修要領。⑵靈修能與日常生活相互融和，在實際生活中體驗修行的要義，務實反映靈修心得。⑶比較社會生活的苦樂，能主動參與行善佈施以回饋社會，在內心喜悅中展現靈修價值。⑷並未誇大或吹噓自我靈修心得，讓有緣進入靈修者得以自在、隨興感受相同體會，分享福音，益己益人。⑸見賢思齊，經常就教於同修或前輩，改進自我學習上的盲點。⑹勤走宮廟，感召神佛慈悲與聖德，驗證自我修習成果。如果能力行以上各項者，則靈修是條快樂的學習坦途，絕對有助於優化、美化、善化自我人生。

靈修者因見聞習染，或者自我本靈開竅，或者真受神佛指點，久而久之，靈動、寫靈文、說靈語、感應冥陽兩無形界，均屬正常。至於靈乩，則與能靈動、能寫靈文、能說靈語、能感應冥陽兩無形界之靈修者，比較上更進一步。靈乩的靈動，不僅只是自我本靈的運動，而是包含了心、意、氣、形、體，乃至促使周遭磁場的整體連動。靈乩的靈動，不僅是在有形界可感知的運動，甚至同時與無形界以不可見的動能與之互動。換言之，在靈動時，靈乩的心可以交感神佛的意，身體可交感神佛的氣，或者眼可以看見神佛的形，或者氣可融入整個神佛所在的磁場。

寫靈文、說靈語、感受冥陽兩無形界，對靈乩而言，其內涵與一般靈修者也有不同。靈乩書寫的靈文，其形式為白話文，以五、七、九字為一句，詞句對仗工整，文意頭尾相接，內容平鋪直敘，前因後果詳盡，人物景致躍然紙上，讀來恰似穿越時空。不論上稟天地諸神佛，或由神佛敕下之疏文，內容涵括的人、事、時、地、物相關項目，率皆完備，通篇無所遺漏。

至於說靈語，其所呈現標準也如同寫靈文。有些靈乩能寫靈文，同時也能說靈語。但說來奇怪，竟有靈乩對神佛的感應不以靈文寫出，而以吟唱娓娓道出事情始末。彼所吟唱雖為白話，偶亦夾雜文言，但語詞通俗易懂，詞藻也不失優美雅致。一般說來，靈文、靈語大多是在「辦（問）事」時才會派上用場。靈文、靈語是人與神佛溝通的媒介，也是彼此訊息、意念傳遞的顯現。因此，靈文和靈語可視為靈乩與神佛的共識。

靈乩，虔心修道且品德操守可稱之人，命中注定與神佛有緣之人。能成為靈乩，除自己的道心、品行外，不經明師引薦及協助清除修行障礙，仍難與神佛結緣。靈乩得成，於時間點得遇明師，正當其機緣；於空間，陰陽交會，蒙受神佛提而拔之。靈乩既成，因緣際會，天緣巧合，故當善自珍重務求上進，以毋負機緣。

人非聖賢，靈乩或偶有言行舉止逾越常規之處，但倘仍得明師指點，或能自省而不迷，使其尚不至於離經叛道。若一旦失其理智，有虧於仁義，則與神佛感應俱失，對無形界亦不復有靈力矣。因此，靈乩於道途，對人應不離不群且謹守分際，對事當親則親，當避則避。舉凡情慾、名利等，眾多考驗既恆亙眼前，諸般引誘亦此起彼伏，試煉不斷。故靈乩時時、事事皆應反覆思量，千萬潔身自好，切莫自毀於道途。

起心動念靈修者摩肩接踵於道途，但有志之士未嘗不見其半途而廢。靈乩只要有違倫常禮教，雖所習、所知之術不至喪失，但有形、無形界將兩不相幫，靈力日漸削弱，形同孤兒，道途之上前功盡棄，可謂功虧一簣。神佛還在，未曾離人而去；神佛也可以等，等人幡然警醒，但時間稍縱即逝，歲月幾何？人生幾何？靈乩善自珍重之。

靈乩得成於能知天命

「南斗注（入）生，北斗注（入）死」。南斗不是一顆星，共有六顆且排列成斗（勺）狀，故名之。南斗六星可見於南天（方），是二十八星宿中的斗宿。宿指列星，如同一堆星的宿舍。古人將南斗六星具體執掌化，分別為：⑴司命；⑵司祿；⑶延壽；⑷益算；⑸度厄；⑹上生，成為六司星君。北斗是在北方的七顆亮星，其排列亦成斗形且與南斗位置相對，彼此都是恆星。北斗七星主要神格為司命神，稱北斗真君，受命與三官大帝一起考察人的功過善惡。古人認為南斗主壽命、主爵祿，北斗掌管人世間生死禍福。

當人在降生之際，南、北斗星君即秉承玉皇上帝及三官大帝之命，在降生於人的靈中注（點）入陰陽之氣、福祿、姻緣、災禍、生死限期等，並列載於冊。此一過程，如同現代將各種檔案下載於個人後，其原始資料仍存儲於雲端是為「正本」，另有「副本」則送至地府。

因為地府主管個人生死期限，以及在人死後查閱其生前功過以判定賞罰，所以也會有一份個人檔案。個人一生的各種檔案，有些會加密，無法被查閱、解讀，如災禍、生死期限等。但檔案中已注入之災禍、生死劫難等，如果能遇見有緣人，可以協助當事人避過並加以破解，這就是民間信仰上所謂的「化解」。

人的一生禍、福、得、失，既然早在出生前就已經注定，這就是天命。如此說來，天命應該是：⑴不可違，因為已由天上的神祇注定並登錄，須按既定流轉。⑵不可測，因為天上的神祇如何注定與舖排，凡人無從臆測。⑶不可逆，因為既由天上的神祇注定，則凡人無法更改。⑷不可知，因為天上的神祇如何注定，以凡人的能力無由得知。但果真如此，人的一生也就失去了努力的誘因。因為努力與否，未必能夠改變已定的命運。

但實際上，除了天災、戰爭、傳染病等不可抗拒的因素（但有人遭逢其中卻能免此災難），上天應該是依照一個人在陽世間作為，與在陰間所產生的相對應關係（陰德），逐漸舖排人的命運。所以，上天到底如何注定一個人命運，其實還是可以揣測出的。秉持「陰不離陽，陽不離陰」之原則，可以推斷自我的命運。也就是說，以明白的心去看自己，細心審視自我做人處事是否正直，是否合於人道，而這在陰間也必會有公正的評定，於是可以順情、順勢推斷出自我命運將如何發展。所以人的天命如何，自我是可以約略判斷、知曉的。

凡人做人處事必先求合於人道，進而合於陰陽之道，再進而合於天地之道。雖似層次分明，實則一以貫之。合於人道之事，必合於陰陽之道，亦必合於天地之道。人道可推論陰陽之道，陰陽之道亦反證人道；人道可輝映天地之道，天地之道亦回應人道。人世間合情合理之事，不起怨聲，不生嫌隙，符合公平正義，始合於人道。既合人道，眾生無不平之鳴，各得其所，各安天命，遂合天地之道。合於人道之事，亦必合於陰陽之道；人道可推論（斷）陰陽之道，陰陽之道亦可反（驗）證人道。蓋行合於人道之事，一則必使陽世間一切作為，無損於陰德。一則應使離世者無怨，以安其相關在世者之心；使在世者無悔，以慰其相關離世者之靈。不失於陰陽兩界，能兼籌並顧者，既合於陰陽之道，當合於人道，準此必也合於天地之道。靈修者一言一行應循此基礎，而靈乩之標準則當更甚於此。果能如此，則無須再長吁短嘆謂天命靡常。

陰與陽實非相生相剋，應是相合且相生相濟。所謂相合者，不悖不逆，並立並存。相生相濟者，乃陰助陽，陽亦助陰。「有陰德者，必有陽報」（《淮南子・人間訓》）。藉由累積陰德以改變原本惡運，其案例層出不窮，當事人一時雖未吐露，日久現人心，終必傳揚於世。陰德有虧而遭減祿減壽之事，亦時有所聞，此並非只是神怪小說情節，不過涉及私人隱私，一般難以窺探。在陽世凡有運途、家業不順遂，體魄、心神不安者，推斷其人必有虧於陰德之事，不需再求神問卜，當事者應洞若觀火，心知肚明。靈修者若亦復如此，當即痛改前非。所幸「上天不罪悔過之人」，靈修者於陰陽兩界，先不論能立何功德，應竭盡所能，力求彌補前過，以化解怨懟為第一要務。

總而言之，在陽世能為正而直者，在陰必不虧；反之，有虧於陰者，在陽亦失其正道。因此，靈修者何須探求天命，自我盤算在陰陽間得失如何，一切了然於胸。《太上感應篇》：「是以天地有司過之神，依人所犯輕重，以奪人算。算減則貧耗，多逢憂患；人皆惡之，刑禍隨之，吉慶避之，惡星災之；算盡則死」。故天道難容失德於人道者，必糾舉而逞罰之，世人當謹記「天道好還」並非只是示警之言。上天對凡人既如此，於靈修者勢必「愛之深，責之更切」。

靈乩是後天的產出，係自我經年累月虔心靈修始成。可以為靈乩，應「仰無愧於天，俯不怍於人」（《孟子‧盡心上》）。能不虧於陰者，始無怍於陽，否則何以應對天地。因此，靈乩應多行仁義於世間，累積陰德於冥冥之中，以化解業力。除了身體力行慈悲、勤於助人，有時「拜懺」也能帶來省思，有助消除往昔罪業，泯除靈修道途的障礙。

從明師學習、堅定個人心志外，在心性純化的過程中，靈乩能否有成，自我在陰陽兩界的定位推移，具有決定性的因素。易言之，靈乩修為的向前或止步，乃至倒退，這種推移看似天命，以為是受冥陽兩界無形力量主宰，其實是決定於自我。能一心向善，矢志為善且行善者，於世道既為他人樂於接受，在無形界也就被神佛認同，自然就可常保順暢、無礙地與無形界相互交融。

靈乩但盡人事聽天命

「盡人事，聽天命」（清・李汝珍《鏡花緣第六回》），這句話常用於自勉或勸勉他人，在為人處事上應持坦然心態。因為對這句話的認知不同，每個人為人處事的態度也有不同。「盡人事，聽天命」可以解讀為：⑴人只要盡力、努力去做，其餘聽候上天的命令。⑵人只要盡力、努力去做，其結果如何，就聽候上天的（安排）以及由我的命。⑶人只要盡力、努力去做，然後聽候上天如何與我們呼（對）應，再決定後續行事。

「盡人事，聽天命」與「謀事在人，成事在天」的意思相近，都強調為人處事時，個人在主觀的態度上，應該主動、積極。也就是講求努力過程，不要預先設定自我的立場。因為只要是預先設定立場，難免瞻前顧後，心存疑慮，如此將阻礙事情的進行。「盡人事」，要求真心誠意的付出，不可存有僥倖和敷衍。務實地盡人事，雖然有時其結果會令人喜悅、滿足；但有時結果並不如原先設想，反而令人沮喪。至於聽天命，在自我的態度上，對事的結果是持被動、放任的。也就是，事情的結果以及後續的發展會如何，自有上天的安排，內心不必太在意。

自祈願領受授業師教導，虔心修行，靈修者心態不宜心猿意馬，應心無雜念，積極學習。如有先進、同修在列，亦可向彼等時加請益，以期擷取心得，修正自我。靈修的目的，在求自我心性的調整與改變。靈修者應經常自我對照、比較，將自我的現在與過去對比，將自我的現在與他人比較。唯有經過比較，才能感受自我今昔差異，才能體會靈修的價值，才能領悟靈修的目的。反觀內照，經過持續地對比，反覆的修正，靈修者當能感受身、心、性、靈、氣日漸趨於純化、淨化，乃至無垢無瑕，此方為靈修追求的目標。

靈修過程中，促使靈修者持續改變的力量為何？或者停止其改變的力量為何？有人以為，獲得天地與神佛的認同和肯定，是支持靈修者努力的動力；反之，則使靈修者裹足不前，甚至終止其修行的道途。其實，持續靈修與否，全在個人的選擇，與天地和神佛何干？所謂獲得天地與神佛的認同和肯定者，毋寧說是因為自我言行趨近於善，得到他人敬重，使他人欽佩，連帶產生歡喜心以及自我肯定，堅定了持續靈修的信心和意志力。

天人感應說之所以存在和成立，全在於個人的為人處事合於他人需要，為他人所認同，既合於人道，也就合於天地之道。能行合於天道與地道之事，就被視為是天地與個人相互配合與感應的結果。《太誓》曰：「天視，自我民視；天聽，自我民聽」。意指天地看我怎樣，是否與我相互感應，係依照民眾（他人）怎麼看待我；天地聽到的我怎樣，是否與我彼此感應，係依照民眾聽到的我是怎樣。所以，民眾是一面鏡子，反映出我做人處事的好壞，也向天地反映出我給人們的觀感與視聽。

因為如此，所以靈修者在盡人事時，必須時刻衡量是否符合人道，以符合天地之道。靈修者一旦做人處事都符合人道，即已盡人事，至於其結果，不論是：⑴聽候天命；⑵或是聽候上天的（安排）以及由我的命；⑶或是聽候上天如何與我呼（對）應，再決定後續行事等，都屬於靜觀其變，隨機（緣）應變，趁機而動，不需再多費心神。

靈修的過程和結果，有時就是論人與天地的對應，感受或感應自我在天地之中的存在感。不可否認，這種存在感有時在自我的感覺，自覺是否被神佛認同與肯定。但靈修者的自我感覺是否正確，並非依自我認知，而是要經由他人的反應與附和。因此，靈乩在辦事時，應觸類旁通，反覆推敲，抽絲剝繭，逐一與當事人共同釐清其困境所在。靈乩自我的智慧展現，有時應多於對神佛的依賴。減少、降低個人的判斷力，全依對神佛的感應，有時未必精準。這並不是神佛的不可信賴，反而會是人心理上的偏執。所以，看似應依天命，但靈修者不可忽略在人、神關係中，人的本位與人為的努力。

盡人事，聽天命，不僅是一種中道的思想，也是一種持平的精神；既是靈修者應回歸的人生態度，也是靈乩的修行心法。盡人事，是自我的本分；聽天命，則是尊重他人，聽候上天的抉擇。盡人事，是自我為所當為；聽天命，又是自我胸襟曠達，不在意上天的對待。盡人事，應符合他人的需要；聽天命，也在考量他人的感受，不計較上天的安排。能盡人事，也能聽天命者，其心態持平、公允，心境冷靜、沉著。靈乩心性應如此，修為亦當如此，所謂執兩用中之道，靈乩之道也。

第六章

靈乩弘道求真善美

修行者有了道行後，不僅個人要持續精進，還要心懷傳道、弘道之使命感，以匡正社會風氣，為挽救世道人心盡一份力，此亦本分。確實，修道者也多熱忱於闡道，常想趁機弘揚自身對道之領略，以期感染他人。但宣揚悟道心得之際，以自我對道之體認和詮解為正知、正念，視他人的知見則是一知半解，此為修道者通病。而習於認為未能及時修行、修道者乃虛度歲月，將流浪於生死之間並永沉苦海，此亦為修道者自以為是的睿智。修道者如何平實地傳道、弘道於他人，而不會為他人望之即退避三舍，確屬難能可貴。

傳道、弘道者應先悟道，唯道之理有時極其淺顯，有時又極其深奧。道所論，既至細至微、渺乎其小，又至大至廣、無邊無際。道之精妙如此，縱然已沉浸於道途多年者，焉知已看清、摸透了道。但既論悟道仍不宜天馬行空，應具體指涉。實務上，修道者論悟道時：(1)有時體悟的是天與地之間的關係；(2)有時體悟的是神與神之間的關係；(3)有時體悟的是神與人之間的關係；(4)有時體悟的則又是神與鬼之間的關係；(5)有時體悟的是人與人之間的關係；(6)有時體悟的則又是人與萬物之間的關係；(7)更多時候，悟道指的是人與天地關係的體悟。當然，悟道指的不僅是對天、地、神、鬼、人之間彼此關係的體悟，還應包括理解如何圓融、和合彼此關係，乃至使此一關係到達至真、至善、至美之境界。

靈乩弘道之意義

弘是發揚、光大、彰顯、驗證，弘道就是盡力圓滿、彰顯、呈現「道」。修道是為利己，是要使自我在世能與天地融通、和諧；弘道則是為利他，是要使他人能轉禍為福，趨吉避凶，化險為夷。靈乩所弘的是儒、釋、道三教義理，是天、地、人三界法理。靈乩弘道的意義在於：依據儒、釋、道三教義理，對天、地、神、鬼、人之間彼此關係行扶危濟困，撥亂反正，使相互之間能交互輝映、相得益彰、相輔相成。

每一個修道者心中多少都隱藏著弘道之想，並自認為是修行的成功榜樣，希望他人也能循相同腳步前進。其實，修道者弘道之對象非僅限於向外，對他人；更多時候弘道應是先向內，對自我。修養自身、端正自己、提升自己，事實上就是自己對自己弘道。確實，「反躬自省」，這是弘道者應最先有的意識。自我就是一個最需要被弘道的對象，我的一言一行需要再修正，我的身心應加以蕩滌之急迫性尤有甚於他人。

但修道者真正想的是對他人弘道，唯弘道豈容易哉？弘道之所以不易在於兩個面向，一在對方，一在自我。首先，為免徒增他人困擾，弘道者應先瞭解欲弘道的對象。因為每個

（欲）修道者各有其修道背景以及心性差異，所以弘道時要先設想如何與之應對。

每個修道者入道的原因並不相同，有些人是為了人生迭遭瓶頸，歷經百般波折，希望藉修道能順其心。有些人總感覺內心空虛，缺乏精神、思想上的引領，希望藉修道以定其心。有些人覺得有股無形力量在召喚，常有莫名所以的感應，希望藉修道以安其心。有些人是臨病體衰，心中備感惶恐，想藉修道以靜其心。有些人是家學淵源，長久受環境薰陶、影響，自然而然就入了道，許許多多，各有不同的導引與誘發因素。因為如此，所以每個修道者對其他修道者所傳佈未必認同，也未必接納。

再說，修道者心性（意識）都較為自我。對他人的見解，雖未必當面反駁，但內心大多持排斥與存疑。就實際觀察，每個修道者心態也都不同，有些信其所從與所學，始終安於其道，無所疑惑。但有些修道者常疑其所學，總不能滿足內心的想望，仍四處苦苦問道。有些修道者雖不疑其所從與所學，但又習於自闢蹊徑、獨樹一幟，在同修（儕）中總令人有格格不入之感。

面對各式各樣的修道者，如何能有效弘道著實是項學問。因此，弘道者自我必須有：(1)理論；(2)技術與實證能力。弘道者的理論不能只是想當然耳，必須經過驗證始能服人。至於技術與實證能力則是完成理論，當眾驗證理論的過程。對修道之事而言，雖然推演天、地、神、鬼、人間的一切關係，以及歸結彼此相互對應關係確實有其理論，然更重要的是通曉如何驗證，以及能夠驗證其理論。因此，弘道者必須有驗證技術，也要有驗證能力。值得一提的是，有驗證技術與驗證能力者常自謙，謂其全係憑神佛相助始能成。

《論語・雍也》曰：「己欲立而立人，己欲達而達人」。靈乩既忝為修道與弘道者，有如站立於修道者行列之首的標兵，除應時時自我省視外，亦應援手其他（想）修道者，以全彼等向道之志，並在助人過程中驗證自我所學、所能。唯靈乩弘道時必須講求：⑴針對不同對象；⑵運用不同方法；⑶思考不同目標；⑷適時、適事、適人、適情指點、指引。除此之外，弘道時尚必須結合理論及技術與實證。在弘道過程中，由於能通盤考量天、地、神、鬼、人間之對應，使其他人也能趁機體悟為何應協和、和順冥陽兩界彼此關係，此深具宣教意義。至於能應用己知、己學、己能使一切關係彼此和諧、和氣，並止於至真、至善、至美，則更增添靈乩個人以及靈修之價值。

弘道要針對不同對象，係指要分析、瞭解修道者的心理。有些人心儀於神通，但疏於探討道之義理，或者對道之具體認知仍嫌不足。於是，應助對道之體認仍有不足者，導正其心態。例如，或因才學不足，或因認知不深，致有些修道者常「重陽抑陰」，對陽世之人的作為百般呵護，對冥界幽靈則持輕忽心態，少了同理心。因此，行道時雖然滿足了陽世之人的需求，卻失去了對冥界應有的情義。試想，今日陽世之人，有朝一日也會去到冥界。屆時，如有不平，向誰申訴？故遇有此心態之修道者，應予以導正。

至於運用不同方法，係指在理解修道者的修行障礙後，弘道時應思考採行理論先於實證，或實證先於理論，或者理論與實證並行之策略。陰陽相通、相容，相生、相對，此為道的法理之一。所謂理論先於實證係指，讓求道者先領悟此法理，其後以「技術」驗證此一法理。例如，有些修道者之修行難以精進，實是個人陰德有虧，以致屢遭頓挫。採行理論先於實證時，首先應讓修道者反省道德上缺陷，承認自己過失。其次，再設法協助其彌補陰德，以改善困境，促使其真誠體認修德對修道者之重要。至於採行實證先於理論，則是先讓修道者能順利修行，在修道的過程中使其逐漸察覺自我道德上的過失，並設法彌補。重視陰德、彌補陰德並非自我心理治療，在人前與人後之作為都能一致，無所欺瞞，是修道者最基本的道德素養，否則修行無益，修道亦難成。

對修行的想法，每個修道者都希望有朝一日能與天地同參，到達「天人合一」的境界。然而修道的（最終）目的，無非只是要修道者：⑴能開悟，明瞭人生的意義，實現（自我）生命的價值。⑵能明心，瞭解自我內心本應是善良的，言行也應當順著內心積極向善。⑶能見性，不斷修正自我，找回真正的本性，重返真我之境。但不必諱言，實務上每個修道者真正想要的是無比神通力，另外也想要趨吉避凶，袪病延年，無疾而終。唯因素質不同，且加以各有其（先天）業力，故修道者所想未必如其所願。換言之，修道者能否有幸蒙天地青睞，於其道途精通所學，仍需先天與後天（條件）的搭配。因此，對修道者弘道時應剖析其侷限，鼓勵其勤於所長，略其所短。例如，有些修道者長於靈動，訓體既然有助其強身健體，則勉其循此精進亦能達天人感通。至於能扶鸞降筆助人者，則勉其於盡展所長時，務求誠心、正心，以期從代天地宣化過程中益增自身修為，建立功果。

能驗證者方是真才實學，靈乩之才學必須能攤在陽光下，經得起他人質疑與檢驗。靈乩不可住在象牙塔裡，應務實地面對世道人心，明辨社會是非善惡；體認陽世之人如有不公不義作為，陰間亡靈必然也難安，陰陽未必始終和合。故靈乩所知、所識、所學不是鏡花水月之說，亦非空中樓閣之術，應能靈活運用天地所賦之才學，處理有形與無形界間之牴觸，化解仇恨，紓解糾葛，平和彼此憤懣。靈乩應真正做到協助有心向化者彌補其過失、缺憾，解決積存於天地人之間過去、現在、未來之糾結，使冥陽兩界臻至祥和。

使天地人交互輝映於心以求真

終其一生，人都脫離不了以下關係：⑴與（他）人的關係─每個人時時刻刻都要與他人互動，維持生計。⑵與神的關係─每個人都常祈求上蒼，希望獲得神明慈悲與眷顧，今生今世都受神明庇佑。⑶與鬼的關係─每個人偶爾都會有親人亡故，雖生死已異界，但生人對死者有時總不免魂牽夢縈，心存掛念。又或者，想到總有一天，自己也免不了一死成為鬼。應對與處理人、神、鬼關係，人人都希望求得彼此敬重，或幸蒙寵愛，或和合以對。只要自我先能正心，端正自己言行，並以真心誠意善待所有一切有形與無形，則人、神、鬼之間關係自然安和，無須多所罣礙。

修道者堅持不斷地正心、修身，終必得道。能得道者，出神入化，既洞悉一切人、神、鬼間玄機，如何應對彼此關係亦遊刃有餘。基於「靈魂不滅」之論，存在於人、神、鬼間，最可能為常人所憂慮、疑問而不易解答者為：⑴終其一生未能行善之人，離世後始悔悟，能否救助，如何救助？⑵人既須經前世、今生、來世之歷程，且六道輪迴終而復始，不幸淪入下三道者，能否「自力解救」，或領受「他力解救」？⑶生前多行不義但臨終悔改者，能否免入地獄刑罰？

為善者雖未必善終，但為惡者必不得善終。亡靈既入冥界，收因結果，率皆有其規律。修行者雖或能通曉離世者於陰曹地府之境遇，但仍應拳拳服膺天地造化之權，不可踰越。靈魂縱然不滅，人、鬼已殊途，靈乩不過凡人也，六道輪迴豈能與聞，又如何論挽回、干預。靈乩為了滿足陽世親人關懷冥界之情，協助彼等行濟度、薦拔，尚屬合情合理作為。為惡之人當受磨難於地獄，其罪重大者，本就求出無期。但天地心存悲憫，諒亦盼望刑期無刑，地獄終有成空之時。陽世之人如能心存救拔冥界至親，彰顯其不離不棄之愛，則天、地、人三者於冥界之心可謂一體。

誰主六道輪迴之浮沉？天、地、人共主之。人在世，為善為惡皆由人，則六道輪迴之權操之於人。人既棄世，六道輪迴之權本在天地，唯陽世之人如仍不見棄亡靈，則亦或能得天地憐憫，使已離世而生悔悟心者得以度脫。陽世間有愛，於已受刑罰者常勉其更生，想必冥界亦當有相同法理。天地施恩又豈獨厚陽世之人，而薄於幽冥。

人受天覆地載，天覆者，天庇佑也；地載者，地供需也，率皆施恩。天覆人以仁，有慈雲慧日，和風瑞雨，使四時循序，寒暑如常，是謂天道；地載人以義，生黍稷稻粱，桑麻瓜豆，使人壽年豐，衣食無虞，是謂地道。天道昭地道，地道彰天道，交相輝映。順天地仁義之道，人能永不磨滅；體天地仁義之心，人可世代綿延。是故，天地示其德，懷其德，人能受其德，享其德。人若不明天地之道，不悟天地之心，則天地未必恆常施恩於人。

聖人所以倡言敬天如父，敬地如母，在使人人知天地為無形之父母。人居天地之中，能上視天地如父母，則能待他人如兄弟姊妹；凡盡孝敬心待父母者，於其兄弟姊妹亦存友愛之心。仰以彰天地之德，俯以顯五倫之道，人心法天地之心，是謂人道。天地存心，人映其心；人能證其心，則天地亦應其心。天道、地道、人道雖謂之為三，實則合而為一。

能行人道者，能體天地之道。展現、闡揚人道，豈止針對人間，冥陽兩界亦為人道恢弘之域。靈乩行道、弘道不應有對象之分，亦不可有畛域之別。過去、現在、未來三世，人間與冥陽兩界，世人與鬼神，率皆為靈乩弘道之境域。於世人能弘道，於冥陽兩界亦能弘道，始為真能弘道；弘道於人間，使人間之懿德善行亦能顯應於冥陽兩界，為能弘真道者。

能弘真道，或真能弘道者如何檢視之？能斷因果輪迴、指點迷津、講經說法者為能弘真道者乎？或能驅魔降妖、道貌岸然、清淨寂滅、不食人間煙火者為真能弘道者乎？謂之真道，或見於天、地、人三界，或隱於天、地、人三界；真道當顯則顯，當隱則隱。真道如光芒，照徹天、地、人三界道路，指引神、鬼、人。真道如銳劍，斷除天、地、人三界邪佞，端正神、鬼、人。真道如權衡，均平天、地、人三界，評判神、鬼、人是非。

猶如船隻航行大海需要辨別方向，弘道者之初心亦應先行定位：⑴以正直之心行事於世人；⑵以誠實之心善待幽冥；⑶以謙虛之心上侍神明。至於弘道者之作為，則應常懷人溺己溺之思，解紛排難自當納為無可旁貸之責：⑴使在世之人能時時無愧無悔，事事心安理得；⑵使去至幽冥界者能了因斷果，解脫世間糾纏，心無罣礙；⑶使上界神明體察世人之正信善行，賜福添壽。

總之，弘道者倘能如是：⑴解疑釋惑於人，使心陷迷惘、窘困之眾生恍然大悟。⑵宣教於人，使人不獨有利於己，尚且心思共利於冥陽兩界。⑶參贊天地化育，使神、鬼、人間意和、氣和，彼此以心傳心，以心映心。⑷化解是非、消弭恩怨，使天、地、人三界具得秀明清朗，同登無怨、無爭、無擾攘之境，此為能弘真道者，為真能弘道者。

因緣果報此等玄妙之事，世人雖疑信參半，但天地之間有稽查善惡之機制，使人因深信種善因得善果，種惡因得惡果，不敢任意為惡。但世人仍多投機，以為果報可以謀求規避。殊不知，勤於廟中上香求神拜佛、備足供品並行三跪九叩禮、內心懺悔不已者，其心意不可說不誠，亦不可說不感動神佛。然於神佛座前萬分虔敬祝禱、真心懺悔者，應以實際行動表現改正自我德行，修正自我作為，此方為神佛真正寄望世人之所在。

世人尚未參透，以為因緣果報定之於天地神佛，其實人的因緣果報萌於自心，決定於自心。一心懷抱寬容之人，心性光風霽月，對他人不生怨氣，自然廣結善緣；一心不忘感念之人，心存結草銜環，對他人知恩圖報，自然事事亨通。人但能如此，必然心神安寧過活，終其一生與任何人皆和氣無爭，果報如何，不問可知。一心思忖報復之人喜好興風作浪，總是隱藏無限奸邪；一心盤算計謀多端之人，始終嫉賢妒能，滿肚子都是壞水。此等小人成天與他人結怨，不僅個人無法平靜度日，亦使他人難以安生，果報如何，不問亦可知。

因緣果報，天、地、人三界共同認定，靈乩幸能與聞。靈乩能悟真道，解玄機，理陰陽，忝為真能弘道者、能弘真道者，自當敘事有理有據，既要能體天地之意，亦要能使他人（信）服。天地何以必藉之靈乩，使種善因得善果之事能證，種惡因得惡果之事亦能證，其中原由：⑴天地一心要使世人中能有見證者，以免種惡因得惡果者內心不服，謂天地有不仁。⑵世人多忘事，要有人能協助種惡因者回顧以往過失，使其往事能歷歷在目，以辨今日惡果由來之真偽。⑶使世人知天地與人交相輝映，人心若善且好種善因者，天地自必相應，使成善果；人心不善且好植惡業者，則咎由自取，天地亦難相合。⑷驗證人能與天地相應相合，則世人安樂，天地和諧，是謂真道。

使天地人生生不息於仁以求善

人得以全其命、維其生，創造自我，獨立思考，擁有完整人格，率皆因為擁有身、心、性、靈、氣等生命要素且彼此配合運作。析論這些要素之衍生，性、靈為天地所賦，身為父母所成，此三者不能由個人自主，唯心與氣則可由人自主。但不論自主與否，榮耀自我生命並提升其素質或使之延展，或使之活化，全在於對生命要素能勤於修練。首先，人憑藉修練其性、靈，遂得以感通天地，體悟生命的意義，開創自我生命之價值。其次，人再憑藉不斷修練身、心、氣，除純化、淨化其性、靈，其氣則可通天地神明，其身既強則體自健，其命無形之中益發延長。

人之身、心、性、靈、氣，以何為要？心居其要，心為總綰。心雖隱藏於身，不為他人所見，唯心能知人世間善惡，別是非、辨邪正，自我之喜怒哀樂莫不隨心所感，愛恨情仇亦莫不依心所適。心能使人明瞭應以仁義待人，使人不致弱肉強食，彼此相殘。因為心之能如此，故人之性、靈、身、氣表現遂順心所趨、從心所欲，以顯其心，以明其人。

孟子曰：「盡其心者，知其性；知其性，則知天矣。存其心，養其性，所以事天也。殀壽不貳，修身以俟之，所以立命也」。（《盡心上》）能竭盡自己心思者，就知曉他的本性；能知曉他的本性，就可以瞭解上天對他的安排。上天之所以要保存他的本心，培養他的本性，就是要他與天保持和諧。人生命的長短不一，努力修養身心以靜候上天安排，這便是建立自我生命之基礎。身、心、性、靈、氣於自我之內的彼此關係已明瞭，進一步當明瞭如何修練彼等，使其完美呈現自我之對外關係。

因為天地賜（賦）予每一個人的性、靈不同，以及父母遺傳的基因不同，使人天生就彼此不同，且不容諱言各有等差。此等差異不僅只表現於形貌，還有俗稱的氣質、風範。試觀世間之人，有人生就機巧，刁鑽古怪；有人生就靦腆，憨厚老實；有人生就純真，古道熱腸；有人生就吝惜，一毛不拔，百人百性，此為天性，無法解釋。臺灣俗諺：「一樣米養百樣人」，表示人的天性千變萬化，隨人不同。人的天性所以各不相同，是否在生滅相續的過程中，今生再世為人者傳承自前世，或者隨著輪迴轉世而來無從選擇，此不得而知。

除了天性，佛家尚有前生的業，會傳至下一世之說，即所謂：「帶業轉世」。業有善惡之分，亦有輕重之別，隨人降生無從迴避。佛家認為業因生業果，「因」在過去，「報」在今生。自種其因，自受其果，今生的苦報，是由於過去所種的惡因所召感，集合過去的善業、惡業，而有今生的善報、惡報。天地何以必使人承受前生種種業因，使人生就苦樂不同際遇有別，此亦無從得知。

雖然如此，天地亦留有餘地，使人心可以由人自主，使人能以心轉性，以心轉業。換言之，經由自力或外力影響，人可以使我與他人相同，同樣慈悲、寬厚、仁義，同樣獲得善報；人亦可使我與他人不同，少了貪婪、仇視、嫉妒，也就遠離惡報。人自我心性的轉換，會對生命產生什麼影響，難以預判。但在實務上，有無數案例證明，由於自我心性轉換，使人克服重重難關，掙脫人生困境，步上光明坦途。

畢生深受困頓、窘迫、苦楚者，以帶業如帶枷鎖，認為是天地好與之計較，使其平生運途難以順遂，備受煎熬。天性善於貪斂、虛偽、蓄謀者，內心總感有如繩索束身，以為天地偏袒，使其生就無法盡展所能，寸步難行。實則天地何曾干預人的業，又何曾編排人的性。人生就之天性，以及帶業轉世，如瓜熟蒂落，日落月升，順其應然而然，天地並未參合，不過旁觀爾。

個人當自我警醒，我之天性其真實樣貌如何，是否自以為是而無須改異，以致旁人已怨聲載道而己卻不自知；我之業障是否已滅，或是否舊業未了，又造新殃。生活中，人人隨時隨事都會不經意地為害他人，即便是長年修道者或有再高深的道行，無意間也會發生損人的言行。有時，雖未必是本意，也未必真存害心，但卻因我之天性使然，則又使己業再添一筆。所以，人每當起心動念時，必須再慎思即將展露之言行是否為害他人，再次對自己心中的意念嚴加檢視。這對常人而言是改造自我之言行，對修道者則是再精進其修為。藉著循序漸進的自我警醒，我們將可以超越「性為因，業為果」之境界，這就是以心轉性，就是以心轉業。

人人都帶業，但因緣果報如何，天地或示警於人，或不示警。能不害人，是個人根除冤業的起始。能不害人未必是為善，但至少是不為惡，不會生不利於他人之心，不致造業。人如果能從不害人、不為惡做起，不起惡心，不存惡意，不生惡行，嚴謹自我的言行，於是惡業從此終止。人不為惡，個人將少受一分苦，世間也少了一分害。不為惡的進一步是為善，凡一言一行都以益人、利人為前提，即是為善。善行不論大小，只在存心，為善雖要盡力，但也要量己之力。為善不必好高騖遠，能行小善者，才會有大善行。

人要時時為善，唯尚應有另一層思考。善行非僅只針對某一人，也要能對人人有益、有利始稱為善。只對某人有益，而對其他人不利，則此善並不可為。為善是扶危濟困，是匡扶社會弱勢，是仁心義舉，其目的在使人人都能公平、喜樂地享受生命。善行不純是對他人經濟上之濟助，應該擴大其內涵，舉凡能為他人消災解厄，拆解冤業，或行撥亂反正，使誤入迷津、歧途者回歸正道，凡此亦可視為行善。畢竟人的弱勢並不是只在經濟面，也有人是受先天或後天災殃拖磨，以致遍嚐辛酸，有苦難申。

為鼓勵人們多行善，宗教界也將行善賦予誘因、吸引力，宣稱行善、為善是積功德。積功德的說法是為了紓解自我冤業，使己前愆得贖，如此一來行善就染上自利色彩。以別人的不幸，換得自我的功德，太過算計，則為善、行善之本心、本意尚未純正。志心為善、行善心態應該要純正，應本此信念：⑴善行要發自內心，真誠、靜默的為之，不可張揚自己的德行；⑵為善是單純的付出，沒有任何條件，毫不思考回報；⑶如果有一絲一毫不捨自己的付出，則善心未誠，不宜勉強；⑷要感受別人真正的需求，不可使自我之善心成為他人壓力。

為善、行善者散發了心中的愛，是體現真道者。因為愛是個人主動的意識表示，是內心決意後的行動，只有已經捨棄成見、好惡，真心實意地敬重一個人才會有愛。心中是否有愛，是否能積極行善，這是對人的評判，也是對修道者最根本的試煉。坐而論道，不如起而行之。行善既是修道也是弘道，當即見即行。不論如解倒懸，或只是略施援手，行善看似有程度之分，但善心沒有高下之別。

天地長養萬物，萬物除了各擁謀生本能外，亦依其本性各安其命。有性之外，也有靈，使萬物得以生氣盎然。萬物中，唯有人生性迥異，彼此大相徑庭，善惡不一。但天地獨恩寵於人，使其靈高於其他物種，不僅可上知天文下知地理，且能感通天地，與天地融為一體。人雖獨得天地厚恩，然良莠不齊，非全係性善者。其性惡者為滿足私利，常暗生害心不利他人。故萬物中唯人有因果報應，依其害心定果報之深淺且累世累劫。

天縱英明使聖賢出世，欲藉其言教、身教扶正去邪，鼓舞人之善（性），泯除人之惡（性），以期黎庶源遠流長，蒼生永世不止。聖人以神道設教，使民安分守己，知所敬畏。然過化存神，雖性善之人亦偶有為惡之心，性惡之人亦不失為善之行。善惡之心與性相互激盪，此起彼伏接連不斷，於個人、於人人皆然，伊於胡底。此不僅為修道者立定使命，亦為弘道者留下揮灑空間。靈乩誦經習典，修道有成，既悟先聖先賢救民濟世心志，當思踐履，全力勉人、助人除惡性斷惡心，以期修道與弘道與時並進，冀上不負天地恩德，下不虧有形與無形界翹首期盼。

凡靈乩者，天地豈止賦予一神通、一利器。然縱有萬般神通與利器，靈乩所感、所應、所聽、所視當合而為一，即所思從天地之心，所行從天地之意。天地之心為使世人之仁心、仁性源源不斷，不休不止；天地之意為使世人皆能因自我先善，而使天下人人亦皆能善，從而人世間得以和樂無爭。靈乩之使命即在不斷地助人明辨善惡，導人去惡行善，進而創造人人性善、心善、行善之風範，以全其應盡之社會責任。

使天地人相輔相成於德以求美

《中庸章句》：「道也者，不可須臾離也」。先聖先賢體天地之心，畢生於弘道之途努力不懈，靈乩固難望其項背，但心志亦不可須臾離此。對修道者而言，並非不知弘道之旨趣，是否俱足弘道能力，可協助他人解決疑難才是癥結。許多修道者見少識淺，道行不過僅有半桶水。一來不知他人是否有疑難，其次也不清楚他人疑難所在，再其次自己又沒有處理疑難的能力，所以想弘道也無從著手。但相較而言，清楚自己所學有限，不敢輕率班門弄斧知所收斂，以免誤人誤事之修道者，總比那些只有皮毛而瞎混唬弄者有良知。

靈乩弘道時，仍著重對已修道者行之，此舉猶如選種及育苗，期其根深葉茂自行壯大。靈乩對修道者弘道之要項應為：(1)說法—以身教代替言教，將修道者應知、應守之準則、規律，悉數解說。(2)說藝—潛移默化，由淺入深，一點一滴將藝能向後進解析，使其盡得真髓。(3)說心—使其茅塞頓開，授以能獲天地青睞的心訣，具備全然的神人溝通能力。(4)說德—使修道者登堂入室，不僅習得應具技能，更要其耳濡目染，心領神會修為與道德素養應臻之境地。

修道首重修德，修道之核心在修德。修道者修為可達境界與其德成正比，其德愈高者，其道行愈深。有德者令人心生敬愛，使人感受其美，與有德者親近總有如沐春風化雨中。德之表現有內隱，有外顯。有些德屬形而上是內隱的，與他人無關不牽涉旁人，如個人心態、思維、觀點。有些德屬形而下是外顯的，會影響他人，如個人行事風格、處事原則、言語舉止等。此外，修道者之德有時顯現在有形界，有時顯現在無形界。有德之修道者所以常擁有多般神通，對神人之間溝通的各項技能、本領無一不精，這是因為其德已獲無形界認同、肯定。

有德之修道者在與無形界接觸，以及處理冥陽兩界之事時，往往有多方的思考，以免顧此失彼，損及他方利益。處理無形界之事，特別是處理冥界相關之事，有些修道者未能將冥界納入天、地、人一體運作的考量。這種缺陷屢見不鮮，探討其因或為：⑴修道者與冥界溝通並不真實；⑵個人對冥界法理解析能力、條件不足；⑶向來對冥界的態度都以壓制、隔絕為著眼，既缺少了同理心，也缺少了宏觀角度，更重要的是缺少了人道思考，令人遺憾。

人、鬼、神三者就時間而論，是循序而至的。今日在生為人者，他日死而為鬼，如其有德，有朝一日或能升格為神，豈不美哉。就空間而論，人、鬼、神三者雖相隔但何曾相離，只是冥、陽異界未必能通，但亦非不通。陽世生人，往往祈求異界之鬼神護佑，豈知異界未曾發出任何祈求。陽世間生人沒有接收到訊息，不表示異界沒有絲毫需要。

向來冥界幽靈企求於陽世生人，或向後世子孫討報者，大多屬代為補過，以平添其德。

如此說來，在冥界仍有清算之說法，誠非虛言。然世人常誤會，以為多行超渡並向神佛虔心祈求，就能薦拔先人。殊不知，先人倘無功德如何能獲超拔。後世子孫能代先人行善，以先人之名積極佈施，是真正能增益先人功德並得神佛與天地肯定的舉措。先知先覺苦口婆心，雖疾呼世人自己平生多修德，死後可免煩擾子孫，可惜並未使人人醒悟。

修德是難事，因為：(1)人天性徇私，凡事都先以自我或與我相關聯者為考量、權衡，本來就缺乏無我或者為「公」的秉性。(2)謙讓是修德的最基本表現，也是一種最初的無我意識，但因為人都怕吃虧，往往極力排斥不利於己之事。要能邁過謙讓這一門檻，人修德才算有望。(3)大多數人雖知道自我未必符合有德之標準，但很少有人會承認自己品行的缺失。修德之必要，知易行難。(4)「每日三省吾身」，這是人人皆知的修德途徑。人雖常自我檢討，或者心存修德之念者多矣。但每臨事時，大多數人又都隨興而為，忘卻曾有的修德之想。

關於修德，仍有幾項概念需要闡明：(1)人人自小就已接受品德教育，成人之後之所以仍乏善可陳，實因心性不斷受污染。(2)修德可以彌補前愆，此說未必可考，尚未去至地府，罪過是否已贖無法探查。(3)有些滔天罪孽終生難贖，避免將來鑄下大錯，修德宜早不宜遲。(4)修德不必歸因於信仰某一宗教，做人本就應該知書達禮，並不是在皈依於某宗教之後始然。(5)神佛護佑的是有德之人，不是皈依的信徒；神佛認同的是有德的言行舉止，不是其人的信仰。(6)不可以為有信仰就是修道，就是修德。(7)修道與修德永無止境，兩者常常不分彼此，修德至深，修道至極。⑻無德者損己又傷人，折損自我心、性、靈，他人既難容，天地又豈肯忍。

天、地、人三者率皆各有其德，德之內涵、要義為何？德之內涵，於天為天道，於地為地道。天道、地道是天、地運行法則，可區分為：⑴有形、可見；⑵無形、可感。《周易・繫辭・下》：「天地之大德曰生」。天、地的最大之德為使天下蒼生得以生存。換言之，天道、地道之所以存在，其意義就是使一切可見、不可見的有情、無情眾生皆能生存。

天有太陽生光與熱，太陰（月亮）致潮汐，地（球）有磁場、引力等能量，雲行雨施，使四時八節依序不亂，茂林豐草遍野，飛禽走獸處處，人與萬物生機勃勃。天既生人，必使其得以存而活之，故須養之、育之、教之。初民社會，天先使先聖出世，教民植穀採桑、馴牛牧羊、鑽木取火、結繩記事，使民衣食無憂，處順安常。走出初民社會，人與獸爭轉為人與人互殘，恃強凌弱，浸至四海鼎沸，兵燹連天。為免蒼生塗炭，再有繼聖降世，以神道設教，代天宣化，使人人偃武修文，沐仁浴義，抱誠守真，望能永世其昌，此為有形、可見之天道。

除了有形、可見之天道使人能自生不滅外，天地之間另存在著無形、可感或不可感之天道，與有形之天道共同運作，相互配合，以成就天地的恩德。晝與夜、男與女、善與惡、正與邪、禍與福、盈與虧、陽與陰、正（面）與負、左與右，自然界與非物質界，凡此種種皆顯現出：⑴天、地、人之間，不僅存在有形與無形的對應或配合；⑵即便在有形界或無形界，也都各自有存在其內的配合、對應、變化之現象，以成其道。在實務上，著實令人難以想像，有些存在於無形界的因果對應關係，竟使冥陽兩界事物恰如其分，各得其所，這都不是一般言語所能表述。這也就是天、地、神明偉大所在，不得不令人五體投地。正所謂：「陰陽合德，而剛柔有體，以體天地之撰，以通神明之德」（《周易・繫辭・下》）。

天地之道應於自然，應於化生萬物，以符人需，以供人用，天地之心不可謂不誠，天地之德亦不可謂不大。然人未必能體悟天地之誠意，常謂：「人定勝天」。人定勝天，雖可視為人顯現其聰明智慧，但亦隱含反天之道的想法。於是乎不敬天地恩賜之心，肆無忌憚傷害天地之行為，遂日益氾濫。為全其無法無天的貪婪與慾望，人們為所欲為地傷害大地，濫墾濫伐迄今未曾歇止，大地暗自嗚咽，山河哭泣，其傷害已難彌補。地球日漸暖化，冰河加速融解，海水平面上升，生態與環境惡化已令世人束手無策，天災地變頻仍勢所難免。

地球暖化起因於溫室效應，氣候異常致使災害不斷，這豈是上天刻意？天地何曾失德於人，災難萌發實歸因人禍，是人的德性出了問題。人本應有其德，即孔子所言仁愛之心，孟子所述本善之性，結合二者使人得以泛愛眾而親仁。但人天性中善、惡並存，有德者常隱惡揚善，失德者則隱善揚惡。聖人之所以設教，著經立論，意在佈道揚德，移風易俗，端正人心人性，使善者愈善，惡者去惡遷善。惜世人未必個個認同積善修德之論，其利慾薰心、貪得無厭者何曾受教化，而使邪心、邪行銷聲匿跡。而無心向善、有心為惡者亦何嘗受感召，使其惡心、惡行得以偃旗息鼓。

德有最低的標準，也有最高的標準。孟子所謂：「惻隱之心，人皆有之」。推己及人，設身處地為他人想，這是做人的根本。人既愛己命，不想他人害己，就不應妨礙他人生存，更不可加害其他眾生。對那些可能輕易就會受到傷害的生命，也要生出同理心、仁愛心、慈悲心，這是德的最低標準。至於「志士仁人，無求生以害仁，有殺身以成仁」。將生命和仁（德）加以比較，仁比生命還重要，有仁者不會為求偷生而損害仁，甚至在必要時，可以犧牲自己性命來成全仁，這是德的最高標準。古往今來，雖然鮮少有人能成就此最高標準，但修道與弘道者一定要抱持此心志，以雖不中亦不遠矣之精神身體力行。修道與弘道者具備仁（德）之心，不僅是針對人，更要擴大，乃至對一切可見、不可見的有情、無情眾生，均一視同仁。

天地調理四時，協和萬物所需，使事事順理成章，物物綿延不息，這種大恩大德，不應被認為理所當然。人一定要虔敬、感念有形之天地，也要誠敬、崇奉無形之天地。人不能侈言勝天，人應仰天、順天、體天，秉承天地之德，以期永享其德，則人不衰不滅。再進一步，人能不失其德，並與天地合德，使天、地、人三者相輔相成，則不僅天長地久，人亦得以千秋萬世，豈不美哉。

結論

在靈修道途，能穩健踏實前進，且持志不餒虔修者當可獲如下效益：⑴有效裁汰劣根，樹立全新之我。有些靈修者在比較自我修行前後，幾乎判若兩人，徹頭徹尾改頭換面，這充分驗證靈修可以重新塑造一個人。⑵美化自我心性，調整自我生理。靈修者在修行過程中，因為時加自省，以及受經典、教義洗禮，在不斷調控心性下，無形中優化了自我內在與外在。在能自律調整心緒下，連帶使生理平和運作，減緩老化現象。⑶激發自我潛能，活化深層智慧。靈修重新營造了自我心理情境，由起伏至穩定，由拘泥至豁達。因為心理轉變，連帶促使自我見解扭轉，固有僵化思維解構，由保守漸形開放，由呆板趨於靈活。塵封的潛能自此激發，深埋的智慧亦得以重新啟蒙。⑷培養身體動能，增強生命活力。靈修實務中，不論靜坐時的靜心、調息、養氣，或靈動時的練氣、訓體、靈通，都有助於平衡身心，增強自我體能，常保充沛精力。⑸洞悉生命意義，了悟死生之道。受自我靈性引導，靈修者心緒大都能日漸自由而無罣無礙，一旦內心趨於恬靜，自然就消除對歲月流逝的憂愁，也不再為年華老去而焦慮。(6)破除名利之想，已然與世無爭。靈修者由於深切體認什麼對自己才重要，內心常淡泊名利，瀟灑自在與世無爭，瑣碎之事毫不在意，延年益齡已然可期。

靈修者喜好持何種法門修行都是好的，畢竟皆有異曲同工之妙。佛家的修定，藉由唸佛（號）、誦經、持咒、靜坐、參禪等過程，培養安定、清淨、平和、沉靜的心性。修行者只要能夠心靜，自然生智慧，對人生之各種疑難、困惑與煩惱，都可迎刃而解，輕易擺脫困境，無憂無慮。而持道家法門者，於形神雙修、性命雙修的鍛鍊中，既強固了精、氣、神，又融合了佛、儒兩家修心練性的理論，無疑地增添、深化了修行內涵。佛、道、儒三家的主張和力行之道，都同樣在勉人培養良善品德、無上智慧、健康身心，率皆為優化、圓滿自我人生的絕佳策略。

坊間修道之處多不勝數，在未能確立自我靈修體系之前，如何選擇合適道場，端賴靈修者明智評斷。「山不在高，有仙則名；水不在深，有龍則靈」。要挑選合宜靈修道場、明師，避免耗費心力，少走冤枉路，對靈修及靈修者而言，這句話是最貼切的提點。靈修者容易受街談巷議影響，以為某宮廟、某老師有無比神通，法力高強，能知過去可斷未來，消災解厄無所不能，遂深為欽仰。選擇道場、跟隨老師，應先平心靜氣地感受道場氛圍，客觀地端詳老師內涵，問明修道規矩再做抉擇。不宜一廂情願認同，更不可一頭即行栽入，小心謹慎為好。

靈修者彼此分享、坐論靈修功課及心得時，不必相互比較能否與無形界共振，反而應審視彼此待人接物的優缺點。對其他靈修者所顯現本質、學能上的長短處，心存定見即可，無須多所批評。靈修既在自我心性的完美化，靈修者如能敞開心胸，放下堅持，聽聽別人怎麼說我，想想如何調整，可以加速靈修步伐。靈修者最忌太有個性，總是排斥他人見解，如此等同固步自封。能見賢思齊，學習他人長處避免類似短處，截長補短寬廣自我視野者，方能優遊於靈修的真境界。

靈修者自始至終，最要緊的是勤於修心、修性。能心無旁騖，真心誠意地投入才會產生效益，名實不符者事倍功半。俗話說心如脫韁野馬，這是在形容心一旦失去控制，就難以再掌握。如何安定浮動的心，沒有標準模式，只能說由淺到深，由外而內，從表入裡，逐步的推至深入幽微處。除了能察納他人雅言謙虛地修心、修性外，靈修者也要時刻思索，還有什麼也應列為修道的要務。修道之人皆有體會：⑴修道之事，以陰功德行為本，以操持涵養為要。⑵陰功德行，即視善、聞善、言善、行善。⑶凡素好行善者，才能有所得，才會進步。

⑷積德少或積德不真者，入道難深。

雖然靈修者不免經常論及鬼、神，能與鬼、神交感也是機緣，但識鬼神、通鬼神並不是靈修的核心。鬼、神是人的前世或者來世，人要成鬼或成神是在來世。所處既在當下人世間，而且也只能生活在群眾中，靈修者就該為了完美過渡今生而著力。因此，靈修者應有以下認知：⑴人道能善盡，天地齊助力。從來已得道者，不論著書、立論皆異口同聲，都認為修道之人應先善盡人道。善盡人道者必忠孝節義、仁愛慈悲、樂於濟助、廣積陰德，受人敬佩。人道既能善盡，天地亦感其以身示道之誠，則天理必與人情相互輝映。所以靈修者不可捨本逐末，忽略眼前為所當為的個人、家庭、社會責任。⑵冥陽雖有別，等禮而敬之。對一般靈修者而言，能感知冥陽兩界稀鬆平常。但有時要能清楚分辨鬼神也並不容易，遑論確信彼所感召並會通所盼之事。故對鬼神皆應持平和、恭敬之心，以同等之禮對待之。鬼神確實有，有神必有鬼，無需多加質疑。靈修者不宜將鬼神之事隨興說出，要先以善心體察自我感應，有了定論再說不遲。此外，世人通常敬神畏鬼，但人無其德，神不助人。至於鬼又何須懼怕，與己無關之事鬼絕不現身；既現其身，必有所求，援而助之，豈非功德一樁。

靈修者的性格應內斂、外放兩者兼具，內斂其心性與修為，使自我益發沉潛、寂靜，外放其靈氣與品德，使人敬而仰之、親而近之。靈修既是個人內在心性、外在言行的真、善、美化，靈修者不宜將修行之事刻意表露，更不宜將自我感悟、心得力推於人，使他人徒生反感。

靈修者總想行道、助人，但需審慎瞭解對象，而且要持一切隨緣態度，不可強求。靈修者行道時，應讓他人於不知不覺中感同身受，欲助人時亦應於無聲無息中進行，讓他人真心感懷。不論行道或助人，皆應設想對象（受者）的可能感覺，並留給他人自行抉擇的空間。人世間事，因緣和合，緣起緣滅，萬般都是緣，凡事悉皆依其自然，順其自然。靈修即是在如此情境下代代相傳、永不磨滅，而靈修者也是在如此情境下，前仆後繼、永不止息。

跋

個人孜孜矻矻於靈修道途數年，有幸累積如下心得：⑴天地神佛果真能回應人內心對無慾、無爭的仰望，也能滿足人對心靈平和、性理圓通、言行樸實、體魄強健的期求。⑵人憑互賴、互信，以誠、以敬可與冥陽兩界相互交感。然得蒙與冥陽兩界會通之際，內心之樂有時卻不如反躬自省時來得多。

雖已能達眼見即可心領神會其他修道者對神界之祈請，以及與幽冥界之交關所為何來。但總覺得人世間的一切擾攘，交相爭利、鉤心鬥角、彼此妨礙，實歸因於人不瞭解自我在這世間應扮何種角色。如果告訴世人今生、此時扮演神，或者扮演鬼，來世就會成神或鬼，這樣人就會知道要如何面對他人，與他人相處。

實在說來，冥陽兩界是絕對理性世界，是非不容混淆、黑白必定分明、善惡終歸有報，必正直而公平，絕無偏無黨。冥陽兩界亦是感性世界，通情也能達理、講信進而修睦、厚德並且載物，雖寬容而慈悲，但亦有為有守。人應當存此正確心態認識神鬼世界，千萬不要再蒙昧與茫然，過分奢求。

對修道者中肯的建言：⑴先放下過去、未來之想，畢竟過去已然，未來不可知。修道者要面對眼前情勢，趕快把握現在所有條件。修道者現在如果有修為，自然會扭轉過去的業，也會衍生未來的福報。⑵不要向誰求問個人因果，因為誰又能論斷誰的因果。已然之事能知道就知道，能處理就處理，不知道或不知如何處理就暫時擱著，時間到了就會知道，就知怎麼處理。唐朝高僧黃檗希運禪師（？—八五〇年）的「隨緣消舊業，更不造新殃」之說，即在鼓勵一般人，從現在起多積德、行善，以此化解個人因果和冤業。這一勸勉不僅適用於常人，更適用於所有修道者，不論其道行深淺。

盱衡當下，眼見許多勤於訪道者仍夙興夜寐，對修道之盲點苦思突破，彼等慕道、渴道之志著實令人敬佩，問道、求道之心亦使人景仰。然觀念澄清，論點匡正，經驗校準豈難哉？實事求是，作者衷心期盼本書真能裨益所有修道者，減省無謂虛耗，不會再枉費心神。本書力圖不蔓不枝，言簡意賅，通篇細讀也確屬言必有中。幸甚！再次祝福有志於道途者！

國家圖書館出版品預行編目資料

啓動靈性開悟的六堂課 / 李生辰著.
－－第一版－－臺北市：宇河文化出版；
紅螞蟻圖書發行，2015.09
面； 公分－－(靈度空間；18)
ISBN 978-986-456-007-3（平裝）

1.靈修

192.1 104016585

靈度空間 18

啟動靈性開悟的六堂課

作　　者／李生辰
發 行 人／賴秀珍
總 編 輯／何南輝
校　　對／鍾佳穎、李生辰
美術構成／Chris' office
出　　版／宇河文化出版有限公司
發　　行／紅螞蟻圖書有限公司
地　　址／台北市內湖區舊宗路二段121巷19號（紅螞蟻資訊大樓）
網　　站／www.e-redant.com
郵撥帳號／1604621-1 紅螞蟻圖書有限公司
電　　話／(02)2795-3656（代表號）
傳　　真／(02)2795-4100
登 記 證／局版北市業字第1446號
法律顧問／許晏賓律師
印 刷 廠／卡樂彩色製版印刷有限公司
出版日期／2015年 9 月 第一版第一刷

定價 300 元 港幣 100 元

ISBN 978-986-456-007-3 **Printed in Taiwan**